U0939622

本著作为湖南省社科基金基地委托项目“虞舜文化与湖湘精神动态建构研究”
（批准号：15JD24）最终成果

湖湘地理

人文中国

虞舜二妃与湖湘文化精神

YUSHUN ERFEI YU HUXIANG WENHUA JINGSHEN

肖献军 胡娟◎著

虞舜二妃与湖湘文化精神

北方联合出版传媒（集团）股份有限公司

万卷出版公司

图书在版编目(CIP)数据

虞舜、二妃与湖湘文化精神 / 肖献军，胡娟著. -- 沈阳 : 万卷出版公司，2020.5（2022.1重印）
ISBN 978-7-5470-5284-6

Ⅰ. ①虞… Ⅱ. ①肖… ②胡… Ⅲ. ①舜-文化-文集②地方文化-文化研究-湖南-文集 Ⅳ. ①G122-53

中国版本图书馆 CIP 数据核字(2020)第 001582 号

出版发行：北方联合出版传媒(集团)股份有限公司
万卷出版公司
(地址:沈阳市和平区十一纬路 25 号 邮编:110003)
印 刷 者：三河市嵩川印刷有限公司
经 销 者：全国新华书店
开本尺寸：170mm×240mm
字　　数：215 千字
印　　张：16
出版时间：2020 年 5 月第 1 版
印刷时间：2022 年 1 月第 2 次印刷
责任编辑：张冬梅
责任校对：高　辉
策　　划：张立云
装帧设计：潇湘悦读
I S B N：978-7-5470-5284-6
定　　价：65.00 元
联系电话：024-23284090
传　　真：024-23284448

地域文化研究的潜在价值及研究新方法

域本作“或”,“从口,从戈,以守一。一,地也。”[①]本义为疆界、疆域,因而“地域”就是一定疆界范围内的区域空间,是自然因素与人文因素相互作用形成的综合体,地域“应该在地理空间上容纳历史过程”[②]。文化总是产生于一定地域之上,必然打上地域的烙印,《诗经》《楚辞》都是这样。文化的地域性也较早受到关注,司马迁、班固、颜延之、魏征等人都有论述,刘勰在《文心雕龙》中也说:“若乃山林皋壤,实文思之奥府,略语则阙,详说则繁。然则屈平所以能洞鉴《风》《骚》之情者,抑亦江山之助乎?”[③]但前人对文化地域性的论述多片言只语,直到20世纪末,地域文化研究领域依然还属于“冷门”,仅留下了少数著作和为数不多的论文。

21世纪初,地域文化研究日趋火热,不仅出现了数以百计的单篇论文,而且还出版了众多的地域文化研究专著。多次在山东、四川和重庆、上海等地召开地域文化学术研讨会,涌现出了一大批卓有成就的地域文化研究专家,如袁行霈、杨义、戴伟华、李浩等,他们的研究方法与学术成果,开辟了地域文化研究的新天地。然而,由于地域文化研究起步较晚,加上地域文化涉及的领域及知识面较广,因而在研究中不可避免地存在一些问题。这些问题主要表现

---

① (东汉)许慎,藏克和等校订.说文解字新订[M].中华书局,2002:839.

② 杨义著.重绘中国文学地图的纲目[J].北京联合大学学报(人文社会科学版),2007,(2):17.

③ (南朝)刘勰撰、杨明照校注.订增文心雕龙注[M].中华书局,2000:576.

在对地域文化研究价值的认定及地域文化研究的思路和方法上，下文将就此两方面作重点论述。

一

地域文化的价值是多方面的，有审美价值、认知价值、道德价值、宗教价值等。对于这些价值，当代学者研究较多，也较深入，可以称之为地域文化的传统价值。除了这些外，还有一些学者较少关注的价值，可称之为地域文化的潜在价值。它包括地域文化的精神价值、功利价值和史料价值等。随着社会向前发展，这些价值与当代人的生活联系日益紧密，它们在地域文化价值中的地位也越来越重要，甚至有超越传统价值的倾向。今天我们研究地域文化，不仅要关注地域文化的传统价值，更要关注地域文化的潜在价值。下面，将对地域文化的这些价值作补充说明，希冀能够引起地域文化研究者的注意。

（一）精神价值

1922 年，罗素在《中国问题》中说："显而易见，中国目前的问题主要归结为经济、政治和文化这三个方面。它们之间相互关联，不能单独加以讨论。我个人认为无论对于中国还是对于世界，文化问题最为重要。"[①]所谓文化问题，其实最主要是文化精神问题。每一地域或城市的人民都有其特定的精神价值内涵，这是一个地域区别于其他地域最根本、最原汁的东西。地域或者城市精神的形成是历史长期积淀的结果，诚如黑格尔所说："我们在现世界所具有的自觉的理性，并不是一下子得来的，也不只是从现在的基础上生长起来的，而是本质上原来就有的遗产。"[②]而文化，特别是地域文化是地域精神的重要载体，研究地域文化，不能仅仅局限于通过文化本身的分析来展示该地域的精神本质，还要还原地域精神产生并形成的内在机制，探讨地域精神形成的本原，进而增强当代地域精神的凝聚力。地域文化研究要"注意地域传统文化与现代文化之间的关系。要以传统文化研究为基础，加强对现代文化的研

① [英]罗素著、秦悦译.中国问题[M].学林出版社，1996：1.

② [德]黑格尔著.哲学史讲演录[M].三联书店，1956，(1).

究”[①],湖湘地域文化研究也是如此。

以长沙精神为例,1995年,由十万长沙市民投票确立“心忧天下,敢为人先”为长沙精神,虽然长沙精神的提出时间不长,这种精神也并非在所有长沙人身上都具有,但精神本原作用于当地民众却是长久的历史过程。也就是说“心忧天下,敢为人先”这种精神很早就存在于这一地域之上,且形象地体现在地域文化中,只是没有从语言上进行概括。从虞舜、屈原、贾谊、杜甫、曾国藩、蔡锷到毛泽东,他们身上都集中体现了“心忧天下,敢为人先”的精神。经过近五千年的积淀,长沙精神才得以形成,并最终以极为精练的语言表述出来,进而为广大市民所接受、认可。在这个过程中,舜帝南巡的作用是功不可没的,但仅研究舜帝南巡是不够的,从舜帝南巡到长沙精神的最终提出,在如此长的时间里,是哪些人最先意识到这种精神?又是谁在传承这种精神、扩大了它的影响?这种精神是否在历史长河中一直被认同?为什么这种精神最终为广大民众所接受?这些都应在考量范围之内。因而,研究地域文化的精神价值不能把发生在该地域的文化名人的活动作为个案来看待,而是要把出现在该地域上的众多的对历史做出贡献的人士作为一个整体来观照,这个整体可以是某个时段或者某个朝代的,甚至可以跨越朝代或古今。地域精神的形成并为广大民众所接受虽然主要依靠出现在该地域之上的文化名人,但出现在该地域影响较小的次要人物同样对地域精神的形成起着重要作用。这些次要人物是连接珍珠的纽带,没有这根纽带地域精神这根项链就无法形成,而贯穿起珍珠的纽带也因为珍珠的美丽而变得耀眼夺目。

(二)功利价值

钱穆曾说:“文化乃群体大生命。”[②]他认为一个民族的文化就是一个生命体,是活的。作为中华文化圈一部分的地域文化自然也是如此。但由于互联网的发展,传统文化受西方文化影响较大,工业化速度的加快也日渐压缩传统文化的生存空间。地域文化对当代人直接影响越来越小,地域文化正在由活力四射走向消亡。要改变这种现状,必须加强地域文化功利价值研究,除了

① 木实著.地域文化与文学——一个正在崛起且应当引起关注的课题[J].理论学刊,2006,(12):126.

② 钱穆著.晚学盲言[M].东大图书股份有限公司,1987:185.

要展示文化本身所具有的艺术价值及精神价值外,还要注重研究它的现实价值,要研究古代文化的现代接受及向现实生产力转化的可能性。从近年文化研究动态看,后一方面无疑是做得不够的。当前学术界对古代文化的研究,更多关注的是文化的艺术及精神价值,这种研究当然有其作用,但学者在研究前一定要多想想:是否能把自己的研究与现实结合起来,既要能够进入古人的精神世界里,又要能够回到现实,不要让耗费自己一生精力研究出的成果,毫无实用价值,影响力度也仅在极小圈子范围。

地域文化研究在传统文化和现实功利中间搭起了一座桥梁。首先,地域文化研究有利于挖掘文学创作、戏剧创作等的素材。当前,无论是文学创作还是戏剧创作,都表现出了对古代社会的极大关注。各类以古代社会生活为题材的小说、电视剧、电影层出不穷。但经历了一段时间的发展之后,历史小说或历史剧创作已陷入了题材枯竭的境地。以唐代为例,无非就是写写唐高祖创业、贞观之治、武周代唐、开元盛世、安史之乱等,大多是人们耳熟能详的题材,缺乏创新意识。有的作者或编导为了迎合读者或观众的心理,不惜歪曲历史事实。要解决现实中面临的困境,必须加强对地域文化、地域史料的研究。中国古代除了宫廷生活适合于小说、戏剧创作外,还有许多地方题材可以开掘出来,如在湖湘地区“二妃”这一题材就极具挖掘潜力,有钱起与湘灵、李群玉与二妃的故事流传,还有郑亚之的《湘中怨解》也受二妃传说影响很深,它们都是很好的小说或戏剧题材。与宫廷题材易枯竭相比,由于中国古代地域极广,跨越时间又长,因而地域题材可以说是取之不尽的创作源泉。地域文化研究,要努力承担挖掘创作题材的任务。

其次,当前人文旅游日益兴盛,地域文化研究可以促进人文旅游的发展。1991 年,竺岳兵在“中国首届唐宋诗词国际学术讨论会”上正式提出浙东“唐诗之路”,时近三十年,“唐诗之路”人文旅游取得了卓有成效的成绩。但像这样成功的例子还不多,对人文旅游的开发在一定程度上还可以进一步深化,这就需要加强地域文化研究,寻找新的具有一定潜力的人文题材。例如,在湖湘境内也存在一条如浙东“唐诗之路”的路线,这便是“湖湘贬谪之路”,舜帝、屈原、贾谊、李白、刘禹锡、韩愈、柳宗元、苏轼等人都经历过这条路线,经历这条路线的贬谪名人比经历浙东地区的名人还要多,创作的作品还要丰富,而且其背后蕴藏着无数辛酸的故事,比浙东"唐诗之路"更具开发的潜力。但要真正开辟一条"湖湘贬谪之路"出来,地域文化研究要先走在前面。

地域文化的功利价值还表现在许多方面,如永州地区还保存了一些与舜帝相关地域性极强的民俗,如庙会、祭神等,这些对于丰富和发展地方民俗活动仍然具有重要的借鉴作用。在非物质文化遗产日益受到重视的今天,这些研究比纯文化研究更具现实价值。但要完全挖掘出地域文化的这些功利价值,还有待于研究的进一步深化。

(三)史料价值

梁启超说:"中国古代,史外无学,举凡人类智识之记录,无不从纳于史。"[①]作为"过去人类思想行事所留之痕迹"的地域文化,自然便具有了史料价值。

有关舜帝与二妃,先秦两汉时期的资料主要集中在《尚书》《史记》《孟子》《墨子》《山海经》《楚辞》《史记》《列女传》等中,与舜帝二妃直接相关的资料总计不过万字,对于全面研究舜帝与二妃是远远不够的,因此需要寻找更多的史料。如果站在地域文化的角度来研究虞舜、二妃就会发现与其相关的史料不仅不欠缺,而且还十分丰富。虞舜与二妃涉及山东、河南、山西、浙江、湖南、广东、广西、福建、河北等地,这里仅以虞舜、二妃在湖湘来说明这个问题。在先秦两汉典籍中,虞舜与湖湘的相关史料不过数百字而已,学者仅就以上文字进行研究,很难产生新意。如果把研究放入特定地域之中,如湖南之永州和岳州,就能够挖掘出大量的史料来。以舜帝与永州为例,相关史料包括以下方面:(1)考古发掘。如在马王堆出土的有舜帝陵标志的帛书地图、宁远玉琯岩前发掘的舜帝庙遗址、道县鬼崽岭遗址等,这些考古成果正好可以印证舜帝"葬于江南九嶷"。(2)民间传说。在湖南永州地区,流传着大量与虞舜相关的民间传说。如象耕鸟耘、舜斩蛟龙等,传说、歌谣、文学创作因为运用了想象、夸张等手法,资料的可信度可能不如经史文献,但长期以来流传于百姓之口,具有强大的生命力。司马迁在《史记》中记载舜"葬于江南九嶷"也是从民间传说中而来。(3)现存陵庙。在永州地区,现存有舜帝陵、舜帝庙等,这些陵庙直接与虞舜、二妃相关,另外还有潇湘庙、象祠及以舜文化为主题的雕塑、广场、

① 梁启超著.中国历史研究法[M].华东师范大学出版社,1995:42.

楼台、公园等。通过这些相关建筑物资料，可以了解虞舜崇拜在民间的分布情况。(4)相关山水。如东安舜皇山、宁远九嶷山、蓝山舜水河与望嶷桥、零陵苹岛等，这些山水的命名也与舜帝南巡相关。(5)相关活动。如在宁远多次举行的祭舜活动、各类学术研讨会等，文化活动的举行，使得虞舜文化研究进一步深化，与虞舜文化相关的创作进一步繁荣，民众对虞舜的接受越来越广泛，受虞舜文化的影响越来越深入。(6)地理方志。永州地区历代以来的地理方志如《永州府志》《宁远县志》《蓝山县志》等，也记载了舜帝与永州的关系，反映出了历代民众对舜帝的崇拜。

二

地域文化有较大的研究价值，但也存在一定难度。在研究过程中，要特别注意研究方法的运用。

首先，要加强调研法在地域文化研究中的应用。当今对于地域文化的研究，以宏观理论阐发居多，实地调研方面做得有所欠缺。究竟要怎么做，这里以《虞舜、二妃与湖湘文化精神》为例加以说明。研究无疑要从宏观层面准确把握虞舜文化的本质特征，但特征的得出不能只建立在他人研究的基础之上，或者只建立在先秦两汉少量文献的基础上，而是要深入该地域进行调研，获取更多活态资料。这些调研涉及舜文化的方方面面，如舜帝、二妃陵庙在湖湘地区共有多少，它们分布在哪些地区，规模、大小、建筑风格有何特点，它们在地域的分布上有何规律；民众祭祀舜帝可分为哪些类型，祭祀的具体日期是什么时候、祭祀的场所在哪里，祭祀过程是怎样的，参与的民众有哪些，祭祀的规模大小如何，祭祀具有何特点；舜帝传说在民间传播方式是怎样的，在民间流传了哪些与舜帝相关的传说，这些民间传说属于什么性质，数量有多少，主要集中分布在哪些地域，从民间传说中可以看出民众对舜帝怎样的态度，民间传说中蕴含着怎样的地域精神；在该地域出现过哪些名人，他们是否创作过与舜帝相关的作品，作品的名称是什么，数量有多少，文化名人在舜文化的传承过程中有何作用；该地域与舜文化相关的遗址有哪些，从这些遗址中出土了哪些文物，这些文物分属于何朝代，它们有何用途，这些出土文物是否能与相关文献相印证，它们在文化传承过程中有何意义等等。做好了这些调研，将对《虞舜、二妃与湖湘文化精神》研究本身提供极大的帮助。

地域文化的调研虽然不属于研究的主体部分，甚至有时不能作为研究的成果出现，但地域文化的研究却离不开调研，它是地域文化研究者研究的前提，没有这些扎实的调研工作，地域文化研究将陷于空洞的理论研究之中，很难得出科学而又实用的结论。

其次，要注意比较研究法在地域文化研究中的运用。地域文化研究从一开始就注意到了用比较研究法，1905 年刘师培发表《南北学派不同论》①，就从地域的角度对南北文化进行了比较研究，21 世纪出版的几本地域文化研究专著，如《地域文化与国家认同》《中国地域文化通览》《唐代地域文化与唐代诗歌》也大都采用了比较研究的方法。现在要弄清楚的问题是：为什么要在地域文化研究中贯穿比较研究法，在地域文化研究中应怎样运用比较研究法，究竟要比较一些什么、从哪些角度去比较，通过比较要得出什么结论，比较的意义又是什么。

要解决地域文化研究为什么要用比较研究法的问题，首先就要认识到地域特征在地域文化研究中的重要作用。我们先放大眼界想一想，为什么欧美古代文化与中国古代文化有那么大的不同，可以说最主要的原因是地域因素造成的，但是要注意不要把地域的概念仅仅理解为自然地理，还应包含人文地理和政治地理等，黑格尔《历史哲学》中说："我们不应该把自然界估量得太高或者太低：爱奥尼亚明媚的天空固然大大地有助于荷马诗的优美，但是这个明媚的天空决不能单独产生荷马。"②丹纳在《艺术哲学》中也指出："有一种'精神的'气候，就是风俗习惯与时代精神，和自然界的气候起着同样的作用。"③因此，以大地理观看地域决定论是很具有合理性的。正因为地域的作用在地域文化研究中如此巨大，而地域特征特别是自然地理特征又很明显，如果不通过比较，就很难看出这个地方的"界限"与其他地方究竟不同在什么

① 刘师培著.南北学派不同论[J].国粹学报，1905.3-10.

② [德]黑格尔著、王造时译.历史哲学[M].商务印书馆，1963：123.

③ 傅雷著.傅雷译文集[M].安徽文艺出版社，1981，(15)：79.

地方。也就是说,文化的地域特征是在比较之中才得以明显化,没有比较的地域文化研究不可以算作是真正的地域文化研究。

就我国而言,更多的研究者注意到的是南北文化之间的比较,这是一个比较大的地域概念范畴,其实在南方文化中,吴越文化、湖湘文化及巴蜀文化又是有差别的;地域概念还可继续缩小,吴文化与越文化、巴文化与蜀文化、湖文化与湘文化也是有不同的;甚至还可以更小,如吴文化中,运河文化与太湖文化又有差别。总之,地域是一个相对概念,它可以无限缩小,也可以无限扩大,随着地域概念无限扩大,地域文化之间的差别也就无限在扩大;地域概念无限缩小,地域文化之间的差异也在无限缩小。因而,在地域相对扩大时,比较的主要是它们之间的差异性,而地域相对缩小时,则不仅要比较它们的差异性,也要找出它们之间的共同点。所以地域文化研究的范畴绝不只局限于南北,东西地域文化也可以研究。南北文化的差异在很大程度上是一种政治的差异,有时甚至是政权的差异,因而政治地理明显;而东西文化的差异,政治因素要小得多,地域多被自然地理特征如大河大山分割成块状,这样造成东西部之间的交融远不如南北之间的交融,因而地域文化更多带有自然地理特征和民族地理特征。

在确定研究对象之后,要解决的问题是比什么和怎样比。对于地域文化而言,要比较的第一个层面是自然地理方面,如山川、河流、气候、物产等方面的不同和相同之处及对文化的影响; 第二个层面是人文地理环境的比较,如历史传统的差异、文化传承的断续、民俗风情的异同、建筑园林的区别以及它们对文化形成的影响;第三个层面是现实环境对地域文化的影响,如当时的政治、经济、军事、科举、交通等诸多方面对不同地域的不同影响以及这种影响在地域文化中的反映。既要注意宏观层面的比较,更要注意微观层面的比较,要让宏观指导微观,宏观结论从微观比较中自然得出。

比较不同地域的文化,不能为比较而比较,一定要注意比较的意义。要揭示出不同地域文化的独特特征,要对地域文化进行本质还原,要直击形成地域文化特质的内在原因。通过地域文化之间的比较,要揭示出此地域文化不同于它地域文化的精神面貌,并从中看出,当今不同地域具有不同的地域精神是有其历史原因的。以虞舜文化为例,从流传的文献看,虞舜活动范围极广,山东、河北、河南、山西、湖南、广东、广西、浙江、江苏都有文献记载虞舜的活动情况。但虞舜在这些地域活动内容并不相同,产生的精神影响也有较大差别,如山东地区文献记载舜出生于此地,有关虞舜孝道传说较多,因而对山东地区道德文化影响较大。但湖湘地区不同,湖湘地区是舜帝南巡之地、归葬之地,也是舜与"二妃"悲戚爱情故事产生之地,虽然道德文化对湖湘地区影响较大,但对贬谪文化的影响也是巨大的,这一点与舜对山东地区的影响有别,这就是文化的地域差异性。

再次,要从历史的角度探讨地域文化对地域精神的影响。在进行地域文化研究的同时,也要看到时间因素在起作用。要把地域文化的发展看作是一种有生命的过程,不同生命的生长会在不同的阶段呈现出不同的特征。通过同一地域不同阶段的比较,还可以发现,不同阶段的地域文化虽然有不同的特征,但也有相联系的内核,这便是地域精神,要认识到这种地域精神对当代地域精神文明建设的重要作用。虞舜文化作用于湖湘的时间非常早,这从《山海经》中保存的与舜帝相关的神话传说可以看出来。但虞舜文化从本质上看属于中原文化,与南方文化存在较大的差异性。湖湘文化是怎样吸收虞舜文化的精髓而形成具有自身特色的文化是一历史过程,这一过程离不开上古史学、湘楚民俗学、两汉民族学、唐代文学、宋明理学、清末经世之学。因而有必要按时间顺序梳理虞舜文化与湖湘精神演进的关系。虞舜文化在修身、齐家、治国等方面有重大的思想价值,但这些价值在山东、山西、江浙、两广和湖湘地区的接受具有较大差异性。虞舜文化与湖湘文化发生关系首先在于舜帝南巡与归葬九嶷,其后,在湖湘地区巫文化主导下舜与二妃开始神化,这在屈原的《湘君》《湘夫人》《离骚》等篇目中可以看出来,屈原在创作与虞舜相关题材的作品中把忧患与爱国意识倾注其中,从而使得虞舜文化内涵得到了深化。两汉时期,湖湘地区民族矛盾激化,湖湘民众尚武精神突出,这不利于统治者的治理,他们开始在虞舜南巡中探求解决问题的方案,但三国两晋时期的动乱加剧了湖湘民众的反抗。六朝时士人南下带来了中原文化与湖湘地域精神的第一次融合,但一直到唐宋时期,这一问题才得以解决。强大的唐帝国使得朝廷对湖湘地区的控制得到了加强,贬谪制度得以执行。大量文人被流贬到湖湘地区,士人爱国、忧民、贬谪之悲在作品中体现出来,柳宗元堪为代表,他被贬谪为永州司马后，多次撰写文章颂扬虞舜道德文化，同时也把革新精神带入湖湘地区。宋代是湖湘精神演进的转折点，宋代以前，虞舜文化对湖湘精神的影响还处在被动的“外化”阶段，进入宋代则由外化转向化外，由被动吸收舜文化到主动融合舜文化。到近代，曾国藩、毛泽东等人则把湖湘精神从实践的角度向全国范围内推广。

由此可见，湖湘精神的建构是一个动态的历史过程。这个过程有积累、剔除，其中爱国、忧民、尚武、经世、和谐，经过历代的沉淀，都融入了湖湘精神之中，最终使湖湘精神摆脱了偏执、狭隘等缺点，成为影响中国近现代历史进程的一种新的精神形态。虞舜文化引导、促进了湖湘精神发展；湖湘精神的发展丰富了虞舜文化内涵，使得虞舜文化具有了实践意义。虞舜文化丰富的精神内涵与特定地域相结合，在一定程度上会引导该地域文化的发展，同时，虞舜文化影响作用于特定地域和人物身上，也使得虞舜文化具有了鲜活生命力。

做地域文化研究难度之大是难以想象的，同时也是极具挑战性的，地域文化本身具有的跨学科性、价值的多样性等要求学者能够以高瞻的眼光和开阔的胸襟来研究地域文化，不仅要从宏观的角度整体把握地域文化的特征，还要能够深入微观层面，运用调研法、比较研究法和历史研究法全面展示地域文化多方面的价值。

目录 Contents

下编　二妃影响下的湖湘文化

21 世纪(2000—2019)虞舜文化研究现状述评

虞舜是五帝之一。天下明德自虞帝始,虞舜对整个中华民族影响巨大。自古以来,学者对虞舜文化的研究就没有中断过,这可以从历代对《尚书·舜典》的解读看出来。但从先秦至清末,学者对虞舜的研究主要在于对典籍文本的解读与分析,理论上的研究一直有所欠缺,虞舜文化研究也多附着于上古文化研究之中,还未从上古史研究中脱离出来。

20 世纪的虞舜文化研究多在疑古与信古之间进行,同时也开始构建上古史研究的学术体系。顾颉刚在《与钱玄同先生论古史书》中提出了以下观点:“时代愈后,传说的古史期愈长”“时代愈后,传说中的中心人物愈放愈大”“即不能知道某一件事的真确的状况,但可以知道某一件事在传说中的最早的状况”[①],引起了胡适、钱玄同、刘掞藜等人的激烈讨论。稍后,王国维著有《古史新证》一书,言曰:“吾辈生于今日,幸于纸上之材料外更得地下之新材料。由此种材料,我辈固得据以补正纸上之材料,亦得证明古书之某部分全为实录,即百家不雅驯之言亦不无表示一面之事实。”[②]开始注重从考古学的角度去证实古史之真伪。梁启超也有《中国历史研究法》、张光直著有《考古学六讲》等,这些研究为虞舜文化的研究提供了新方法。除上述提到的学者外,蒙文通、陈登原、丁山、徐中舒、吕思勉、陈安仁、郭沫若、吕振羽、范文澜、陈梦家、蒯伯赞、徐旭生、袁珂、李学

① 陈仲庚等.虞舜大典(近现代文献卷)[C].岳麓书社,2011.6:3.

② 万里、刘范弟等.虞舜大典(古代文献卷)[C].岳麓书社,2009:39.

勤、裘锡圭、杨东晨、黄崇岳、张学海、周苏平等学者，或在研究方法，或在理论构建，或在考古实证上做出了突出成绩。

进入21世纪，虞舜文化研究取得了重大进展，研究开始向纵深方向发展，虞舜文化开始从上古文化研究中独立出来，形成了完整的理论体系，涌现出了一大批虞舜文化研究专家，其研究主要体现在以下四个方面。

一、文献整理日趋完备

20世纪虽然有袁珂等学者在整理神话过程中同时也对与舜文化相关的文献进行了整理，但整体来看，本阶段对文献的整理还处在初创阶段，尚未取得突出成果。仅上虞市政协文史资料委员会1997年编撰的《虞舜文化》成果较为突出。该书分三部分：第一部分为虞舜研究，收录现当代名家虞舜文化研究成果；第二部分为舜的传说，主要收录上虞、绍兴等地虞舜相关传说。第三部分为史料辑选，主要收录记载舜帝事迹的文献。然受篇幅限制，所有收录都只是精选且有不少著作遗漏，收录文献也偏重上虞地区的虞舜文化。

从21世纪初开始，由湖南省舜文化研究会、湖南省舜文化研究基地、湖南省舜帝陵基金会共同策划，万里、刘范弟辑录校点了《虞舜大典》（古代文献卷），该书2009年由岳麓书社出版。该书“按传统分类法分为经、史、子、集四个部分；考虑到读者阅读和使用的方便，另将历代碑铭、祭祀文及诗词歌谣曲赋赞颂等韵语单列‘诗歌韵语’一类。所有部类所录文献原则上均按作者年代先后编列”。该书收录了自周秦至清末的传世文献资料，内容极为丰富，凡与虞舜相关的“生平事迹、政治思想、道德教化、典章制度、科举文化、历史遗迹、传说掌故、供奉祭祀”都在收录范围。该著作收录文献多达200万字，是一部可以详细了解舜帝及其相关文化的很好的工具书。后来，万里在此基础上对古代舜文化文献进行了精选，于2011年出版了《舜帝历史文献选编》。

《虞舜大典》（古代文献卷）整理出版后，湖南省舜文化研究会、山东大舜文化研究会、湖南省舜文化研究基地联合起来，由陈仲庚等整理出了《虞舜大典》（近现代文献卷），该书2011年由岳麓书社出版。该书搜录自1912—2011年百年来的“学术研究专著、专论，也酌收一些民间故事、诗歌散文等非学术性的著作”[①]。字数多达 800 万。该书按体例分为三编:论说编、考据编、纪述编。“三编之下,共分十四子目”,其中论说编下子目有五类:历史类、哲学类、文艺类、政法类、经济类。考据编下分六类:方舆地望考、相关人物考、典籍文献考、舜帝生世考、典章制度考、舜裔姓氏考。纪述编分三类:民间故事、陵庙祭颂、采风报道。该书将舜帝历史功绩以及后人阐发传承集中到了一起,“不仅让我们看到了一个鲜活的舜帝,也看到了中华民族向心力和凝聚力的渊源所在,不仅有现实的实用价值,而且有历史的收藏价值”(唐之享语)。[②]

2018 年,湖南省舜文化研究会、湖南省舜文化研究基地和九嶷山舜文化研究会联合,由陈仲庚等编撰出了《虞舜大典》(图像卷)。该书由岳麓书社出版。该书按图像内容性质,分“人文遗迹、相关活动、自然风光三部分。每一部分按湖南、山东、山西、河南、浙江、两广的顺序分六编进行编排”[③],并设置了“舜陵、舜帝祠庙、其他祠庙、纪念性建筑、文物考古与历史文献、祭祀典礼、学术活动、文艺创作、文化宣传九个三级栏目”。与《虞舜大典·古代文献卷》和《虞舜大典·近现代文献卷》不同的是该书不再注重文字的收录,主要收集的是与虞舜相关的历史图像。这些图像部分来自于历史文献的书影,更多的是实地拍摄,因而该书更能体现舜文化在当今地域的分布及对不同地域文化的影响。

相比较而言,虞舜文化的文献整理起步较迟,但取得的成就巨大。《虞舜大典·古代文献卷》《虞舜大典·近现代文献卷》《虞舜大典·图像卷》三者相互配合、互为补充,构成了一个完整的虞舜文化文献整理体系,虞舜文化的相关历史文献大多囊括其中,成为舜文化研究者的有效工具书。

二、学术研究日渐深入

在文献整理的同时,学者对虞舜文化研究也同时展开。与 20 世纪的研究相比,21 世纪的研究更具系统性和地域性,更注重研究的实际价值。同时,也涌现出

---

① 陈仲庚等.虞舜大典(近现代文献卷·凡例)[C].岳麓书社,2011.

② 搜狐网:http://news.sohu.com/20090905/n266482342.shtml.

③ 陈仲庚等.虞舜大典(图像卷·凡例)[C].岳麓书社,2018.

了一大批舜文化研究专家,如唐之享、陆魁宏、何光岳、吕芳文、万里、陈泳超、王田葵、陈仲庚、周亚平、张京华、巫瑞书、吴宝炎、俞日霞、王继宗、谢玉堂、孟祥才、李鲁烟、毕泗生、陈应基、袁庆宏、安作璋、叶雨青、吕步震、李学智等。他们的研究,共同推进了舜文化研究向前发展。具体而言,其研究主要在以下六个方面。

(一)舜帝与上古史研究

虞舜与上古史的研究可以追溯到传说时代,但进入实证阶段则与龙山文化考古遗址的发掘相关。1928 年,考古学家在山东省济南市历城县龙山镇发掘出了城子崖遗址,出土了一批黑陶。根据放射性碳素测定,这些黑陶距今 4000~4500 年左右,也即产生于上古的尧舜时代。龙山文化除了山东城子崖遗址外,另有山东两城镇遗址、城阳遗址、胶南遗址、尧王城遗址、景阳冈龙山文化城遗址,河南黑堌堆遗址、丁堌堆遗址,山西陶寺遗址,江苏藤花落遗址,河北尚县遗址等。学者的研究也随之增多,佟柱臣编有《龙山文化》(中华书局,1965)、蔡凤书等主编了《山东龙山文化研究文集》(齐鲁书社,1992)、邵九华有《河姆渡文化和舜耕历山》(浙江社会科学,1994)等,这些研究从考古学的角度论证了虞舜时代的存在。但 20 世纪的研究,大多只是把考古和上古史联系起来研究,很少直接把考古和虞舜文化相联系。

进入 21 世纪,虞舜文化的研究进一步深入。学者直接把考古和虞舜文化相联系,写下了大量的文章,其中影响较大的有王克林的《陶寺文化与唐尧虞舜——论华夏文明的起源》(文物世界,2001)、钱耀鹏的《尧舜禅让故事的考古学研究》(中原文物,2002)、何驽的《陶寺文化遗址走出尧舜禹"传说时代"的探索》(中国文化遗产,2004)、裘锡圭的《中国出土上古文献十讲》(复旦大学出版社,2004)、周九宜的《马王堆出土帛书地图柱状物的寓意》(株洲师范高等专科学校学报,2005)、董民的《鬼崽岭疑为舜帝墓地》(科学大观园,2005)、赵东升的《虞舜南巡狩与太湖东南部平原》(南方文物,2007)、杜勇的《从陶寺文化看尧舜部落联合体的性质》(中华文化论坛,2009)、安作璋的《大舜、龙山文化与中华早期文明》(《诸城大舜研究》,人民出版社,2010)、马新义的《舜与龙山文化黑陶》(《诸城大舜研究》,人民出版社,2010)、王宪明的《虞舜时代的伟大丰碑:营丘九头图与崇山石祖林》(《诸城大舜研究》,人民出版社,2010)、谢玉堂的《尧舜禹时代陶文的发现与研究》(《甲骨文的由来与发展》,山东人民出版社,2011)、李学勤的《中国早期文明史上的虞舜》(湖南科技学院学报,2012)、邢兆远等的《舜帝躬耕地又有考古新发现》(光明日报,2014)等。

除了注重考古外，从历史文献中考证虞舜时代的存在也是研究的重要内容。早在清代,崔述就撰有《唐虞考信录》,对尧求舜、舜相尧、舜时官绩、舜治定功成等方面进行考述。20 世纪以来有顾颉刚的《古史辨》《尚书校释译论》、唐文治的《尚书大义》、陈梦家的《尚书通论》、王国维的《今本竹书纪年疏证》、方诗铭等的《〈路史〉所引〈纪年〉辑证》、周秉均的《尚书易解·虞夏书》等,对虞舜历史进行了考辨。进入 21 世纪,对虞舜历史的考订更为详细,如台湾苏建洲的《<容成氏>译释》,对上海博物馆馆藏战国楚竹简《容成氏》译释,引用大量典籍以证竹简所载与虞舜相关史迹,在研究方法上开辟了新路。曲辰、唐淑云著有《尧舜史迹考》(人民日报出版社,2015),该书包括了虞舜史迹考,对与虞舜相关的 26 个问题进行了考辨,其中包括对历山、雷泽、舜帝南巡原因、路线进行了探讨,部分论述具有新意。张京华所著《湘妃考》(湖南人民出版社,2011),则对与虞舜相关的“二妃”进行考证。该书首先对湘妃传说中的六大文献系统进行了梳理,并对《列女传·有虞二妃传》的文本结构进行了探讨,进而对该传的文献源流进行了考订,对湘妃、九嶷山神进行了综合考察,该书还对永州境内的潇湘庙进行了初步考察。该书体现了作者深厚的文献功底和脚踏实地的学术精神。除此之外,王养怡《尚书本义》(文听阁图书有限公司,2013)、郭仁成《尚书今古文全璧》(岳麓书社,2006)、雒江生《尚书校诂》(中华书局,2018)、杜泽逊主编《尚书注疏汇校》(中华书局,2018)、杨善群《“伪古文〈尚书〉”真相》(上海人民出版社,2019)等尚书研究系列,也从古史的角度对虞舜时代的历史进行了梳理与论证。

(二)舜帝神话传说研究

虞舜时代尚未产生文字，有关虞舜的历史大多是通过神话或者传说流传下来,虽然后来《尚书》《史记》及先秦诸子等也有关于虞舜的记载,但多是根据神话传说而追记。因此,对虞舜时代神话传说进行研究,不仅从中可以窥见该时代的社会生活,了解虞舜的活动情况,同时也可以认识人们的思维方式,进而部分还原虞舜时代的历史。对虞舜时代的研究从 20 世纪初就开始了。1909 年,日本学者在《东洋时报》发表了《中国古传说之研究》,对尧、舜、禹时代的传说进行了概括研究,最终得出“尧、舜、禹乃儒教传说,三皇五帝乃易及老庄派之传说"[①]"前者主要控制中国上层社会思想,后者主要支配民间思想"的结论。其后,顾颉刚、刘掞藜、梁启超、王国维、胡适等人对上古神话传说都有所研究。

20世纪下半期,徐旭出版了《中国古史的传说时代》(科学出版社,1960),从史学的角度解读上古传说,特别是对尧舜禹时期洪水神话解读深入,见解精辟。与此同时,袁珂出版了《中国古代神话》,该书从文学的角度解读中国古代神话,在序言中解释了神话产生的社会基础,指出神话"是从劳动中产生出来的"[②],接着指出了中国神话转化为历史的原因及神话的价值,另外还谈及中国神话的保存情况。该书以通俗的语言把古代零散的神话串联起来,还原了中国上古神话史,其中第五章主要是关于瞽瞍、舜、象、二妃等的神话。黄崇岳出版了《黄帝、尧、舜和大禹的传说》(书目文献出版社,1983),该书对上古尧舜禹时代的历史文化背景进行了深入分析,在此基础上对尧舜禹时代的传说进行了解读,语言深入浅出。这一时期,刘敦愿发表了《舜和弟象的关系,以及"舜迹"的南移——中国古代神话研究片断》(文史哲,1982)、李冀发表了《舜帝与二妃——兼论湘妃神话之变异》(民族论坛,1999),对舜帝、象、二妃等的传说进行了研究。从整体上看,20世纪对虞舜神话传说的研究大多与上古神话传说或者尧舜禹时代的神话传说结合在一起,虞舜神话传说的研究尚未完全从上古史的研究中独立出来。

进入21世纪,有关虞舜神话传说的研究进一步深入,并且明显表现出独立化倾向。

先是陈泳超先生出版了《尧舜传说研究》(南京师范大学出版社,2000)。该书分为九章,第一章为纯历史研究,主要探讨尧舜传说的古史状况。第二至四章涉及舜帝故事的演变,通过此三章"可领略整个古代社会主流文化中传播的尧舜传说的整体风貌和主流品格"[③]。第五至八章则是对"其中最丰满的几项传说单元所做的个例研究",包括舜与音乐、舜孝故事、二妃传说等的研究。最后一章论及了尧舜的地理分布。该书"对所论的每个问题都能洞见幽微,提出前人未发的新见解"(郁贤皓语)。接着,王展威出版了《大洪水——帝舜时代》(华中师范

① 陈仲庚等.虞舜大典(近现代文献卷)[C].岳麓书社,2011.1:8.

② 袁珂著.中国古代神话[M].中华书局,1960:4.

③ 陈泳超著.尧舜传说研究[M].南京师范大学出版社,2000:7.

大学出版社,2011),该书共分四章:帝之息壤、二天子、九官制、明德自虞舜始。该书采用通俗易懂的语言阐述了上古时期的历史,图文并茂,博通中外。该书"用现代科学的角度去考察,还原成现代人可以接受和想象的历史常识。从而一举破解五千年之悬谜,扫除上古之迷雾。彻底颠覆大众读者之对于上古史的观念,进而唤醒读者对中华上古文明追索之热情。"[①]同年,唐曾孝出版了《舜文化与九嶷山民间传说》(湖南人民出版社,2011),该书实际上是一部舜帝在九嶷山地区传说的总集,主要收录当代学者整理的九嶷山地区的舜帝传说。主要包括舜帝及二妃等家属的传说、舜帝传人的传说、九嶷山地名及动植物的传说。在第一部分中,则收录了相关舜帝民间传说的学术论文四篇,对舜帝传说起提纲挈领的作用。如果说《舜文化与九嶷山民间传说》是一部舜帝在九嶷传说的作品集,《舜帝传说与传统道德的深层建构》(周甲辰,湖南人民出版社,2011)、《神话传说中舜文化探赜》(蒋华,湖南人民出版社,2011)两书则对舜帝神话传说进行了深入剖析。前书分为三部分:舜之事迹批判;舜之性情透析;舜德矛盾解读,其中第三部分探讨功德与私德、德治与法治、教化与征伐等舜文化中颇为矛盾的问题,具有新意。该书研究舜德矛盾的深层结构"体现了非常精锐的'问题意识'";后书首先探讨了舜文化的政治伦理,并对远古神话中的舜文化中的爱民思想、孝顺思想、和谐思想及自强不息精神进行了探讨,该书特别强调了永州神话传说中的舜文化,并对舜葬九嶷进行了考订。有关虞舜神话传说的研究论文更多,《华夏美学的滥觞——大舜传说的美学意义》(陈望衡,寻根,2000)、《春秋及其以前舜帝传说新考》(尤慎, 汕头大学学报,2005)、《舜帝传说与道德文化》(巫瑞书,湖南大学学报〈社会科学版〉,2006)、《舜的神话及舜历史形象的演变》(李美清,贵州文史丛刊,2006)、《论舜孝传说在广西的流变》(侯红良,民族文学研究,2008)、《舜文化之"务实、实用"在远古神话中的体现》(蒋华,社科纵横,2009)、《〈尚书〉虞舜神话溯源》(于文哲,学术交流,2011)、《从神话传说中发掘舜文化核心内涵的成功尝试》(费屋一郎, 湖南科技学院学报,2011)、《"舜更历山"到"舜耕历山"的传说演变》(吴晓东,民间文化论坛,2016)等。这些论文,对舜帝及相关传说进行了梳理,从不同方面发掘了舜帝神话传说的精神内涵和文

① 王展威著.大洪水——帝舜时代[M].华中师范大学出版社,2011.

化价值。

（三）舜帝与德文化研究

舜帝之所以对后世产生重大影响，主要还是在其德行。司马迁在《史记》中就指出："天下明德皆自虞帝始。"德文化因此而受到众多学者关注。几乎所有与舜文化相关的研究都离不开一个"德"字。舜帝之德主要体现在三方面：一是以孝德治家；二是以仁德治国；三是以让德治民。学者也主要是围绕这三方面进行研究。但部分学者的研究带有地域性，更注重舜帝对地方文化的影响，这部分内容将放在"舜帝与地方文化"中阐述。全面研究舜帝之德的成果有陈仲庚等出版的《德祖大舜》（湖南人民出版社，2010），该书分为七部分，分别就"舜帝生平、道德始祖、修身立诚、孝感天地、仁平天下、万世敬仰、舜裔宗亲"进行了研究，涉及舜文化各个方面，很好地揭示了舜帝德文化内涵。陈仲庚的《舜文化传统与和谐境界》（湖南人民出版社，2011），该书抓住司马迁"天下明德皆自虞帝始"这句话，"将之置于全书之首，从而高屋建瓴、批郤导窾，将舜文化所包含的'明德'一一为之梳理分剖，而以'和谐境界'为其标的，亦可见其古今一理的用世之心"[①]（陈泳超语）。蒋华的《〈十三经〉中舜文化内涵研究》（湖南人民出版社，2011），该书主要从思想的角度对舜文化进行了探讨，揭示了《十三经》中所体现的舜帝的民本思想、孝德思想、中和思想、礼的思想、法治思想、诚信思想及爱国主义思想。该书全面系统、视野开阔，富于创新意识。曾武清的《舜德之道》（阳光出版社，2013），该书分为两章，前章阐释舜帝道德与故事，后章阐释舜帝传承修身之道。该书对于普及舜文化，加强青少年的道德建设作了有益的尝试。另外还有翟满桂主编的《舜文化与中华民族道德文明研究》（中国社会科学出版社，2014），该书分为八章，"重在研究舜文化与中华道德文明的关系，舜文化对华夏文明的形成与发展所产生的影响，舜文化对建设社会主义道德文明的重大作用"。[②] 李生顺著有《有虞舜帝》（湖南人民出版社，2015），该书是"全面系统地记述舜帝一生及其思想文化影响的图书"[③]（王克英语）。该书对舜帝生平、思想及影响作了系统研究，对九嶷山舜帝陵

---

① 陈仲庚著.舜文化传统与和谐境界[M].湖南人民出版社，2011：6.

② 翟满桂主编.舜文化与中华民族道德文明研究[C].中国社会科学出版社，2014：3.

③ 李生顺著.有虞舜帝[M].湖南人民出版社，2015.

列专章进行阐述。在该书目录前附有全国各地舜文化遗迹图片 100 多张,囊括了全国各地具有代表性的舜文化遗迹,具有一定参考价值。吕步震、吕宝堂主编的《中华孝道》(华夏国学出版社,2015),探讨了舜文化与孝德文化的起源及其在中国的发展,并展示了孝文化在垣曲地区的实践价值。

(四)舜帝后裔研究

国人多追叙先祖,颂扬功德,以达到感化人心、宣扬教化的目的。舜帝作为上古帝王,又是中华民族道德文化的奠基者,对后世有着重大影响。目前认为舜帝直系后裔的有陈、王、胡、孙、姚、虞、田、袁、车、陆 10 姓,再加上旁系后裔,姓氏多达 150 个(据《中华舜氏源流史》统计),舜帝后裔人数在全世界有近 3 亿之多。1982 年,香港至孝笃亲公所邀请世界各国舜裔宗亲到香港召开了第一届世界舜裔宗亲联谊会,至 2018 年在菲律宾举办的世界舜裔宗亲联谊会,已经举办了二十六届。对舜帝后裔的研究也开始逐步展开。其中,何光岳的研究起步时间较早,得到很大研究成果。从其出版《中华姓氏通书——陈姓》(三环出版社,1991)开始,后又出版了四卷本 700 多万字的《中华姓氏源流史》(湖南教育出版社,2003),对中华姓氏进行了系统研究,其中有较大篇幅是对舜帝后裔的研究。除此外,何光岳还单独撰写了《舜裔源流》(湖南教育出版社,2000),该书分为两部分,一是有虞氏的源流,对有虞氏的起源、名义及舜帝、商均、二妃等的史迹进行了考订,并对有虞氏诸支族的发展源流进行考订;第二部分主要对陈国、陈朝与陈姓进行考订。该书不仅引用大量上古时期相关史料,同时还引用了族谱及姓氏书中大量史料,资料赡富,考订翔实,对于了解舜裔源流极富参考价值。

除了何光岳先生外,陈应基也出版了《舜裔姓氏及历史影响》(甘肃人民出版社,2004)。该书第一章主要阐述舜帝及其业绩,其后对各舜裔姓氏的起源、郡望、播迁及宗族名人进行考述,包括舜裔历代帝王、政治家、谋略家、军事家、思想家、史学家、文学家、名士、清官、妇女等,该书对于全面了解舜裔活动情况提供了很大帮助。除此之外,陈岚陵主编了《舜帝后裔十大姓——江州义门陈氏谱记实》(2004)、陈成春主编了《中华舜裔陈氏大世系表·惠安篇》(2014)等。这类著作极多,对于了解舜裔不同姓氏的地域分布情况及对地方文化发展的贡献提供了一定帮助。关于舜帝后裔研究的学术论文也有不少,如陈泽钜等撰写的《从舜裔宗亲联谊会看血缘、地缘的作用》("谱牒研究与华侨华人"研讨会论文集,

2005)等,这里不再一一阐述。

(五)虞舜文化与当代社会研究

研究虞舜文化,不是为研究而研究,而是把研究与当代社会结合起来,探讨传统文化对当代社会的影响。舜文化也是如此,舜帝以孝治家、以德治国等对当代和谐家庭、和谐社会的建设具有重大影响。较早把虞舜文化与当代社会的建设结合起来研究的是谢玉堂的《论大舜》(山东人民出版社,2010),该书根据大量文献资料和考古调查资料,考证了舜帝出生、为政等方面的内容,论证了舜文化在中华文明中的历史地位,以及舜文化对当今构建和谐社会的作用。另外,王田葵还著有《中国伦理的贞下起元》(湖南人民出版社,2011)《中国伦理的轴心突破》(湖南人民出版社,2011)两书,前书主要从舜帝与德文化关系入手,探讨舜帝与现代德政、人的观念、民权观念、制度的现代化、普世价值及公民社会道德建设的关系,从发生论、构成论、存在论的角度探讨虞舜文化对当代社会的影响;后书主要凸显舜帝与中华道统的关系,从舜帝归葬,到舜帝陵庙,再到舜帝祭祀,层层剖析,揭示舜帝的传承过程,同时该书还论及了舜帝与礼乐文明的关系、舜文化与中国的"轴心突破"及舜文化的演进与阐释等。陈仲庚著有《寻根文学与舜文化根源性地位》(湖南人民出版社,2011),该书通过对舜文化核心价值观及文化根源性地位的分析,探讨舜文化对韩少功、陈忠实、莫言等当代作家作品的影响。另外,茗木匠(徐川)著有《揭秘尧舜的治国方略》(中国和平出版社,2014)。该书分为三部分,第一部分为方法论,提出了解读《尧典》《舜典》的原则,"以尧舜的语境读尧舜的书"[①],第二部分解读《尧典》,第三部分解读《舜典》,内容包括舜帝的治国理念、舜帝登基、舜帝的治国线路图、舜帝法律、舜帝时的职官以及舜帝归宿等方面内容。该书语言散文化、情感化、通俗化,内容极富见解。此外,还有王田葵的《舜文化传统与现代精神》(上海三联书店,2005)等。

(六)舜帝与地方文化研究

《孟子·离娄上》载:"舜生于诸冯,迁于负夏,卒于鸣条,东夷之人也。"[②]《史记·五帝本纪》:"舜,冀州之人也。舜耕历山,渔雷泽,陶河滨,做什器于寿丘,就

① 徐川著.揭秘尧舜的治国方略[M].中国和平出版社,2014:5.

② (清)焦循.孟子正义[M].中华书局,1987:537.

时于负夏。”[①]由于孟子、司马迁距舜帝时代已久远,古今地名变化较大,再加上舜帝后裔遍及各地,或出于纪念的目的,他们也会把自己所居住地方的山水命名为舜山舜水。这样,几乎全国各地、甚至是海外如印度尼西亚、新加坡、菲律宾、美国等地的华人都纪念舜帝,舜帝与地方文化联系特别紧密。舜文化遗迹在全国各地都有分布,其中尤其以山东、河南、山西、河北、浙江、湖南、福建等省较为集中。一大批学者立足于地方,对舜文化资源进行了深入研究。现按各省研究情况进行分类叙说。

舜帝与湖南地方文化:舜帝与湖南发生关系,主要源于三条文献:“(舜)践帝位三十九年,南巡狩,崩于苍梧之野。葬于江南九嶷,是为零陵。”(《史记·五帝本纪》)“洞庭之山……帝之二女居之,是常游于江渊。澧沅之风,交潇湘之渊,是在九江之间,出入必以飘风暴雨,是多怪神,状如人而载蛇。”[②](《山海经·中山经》)再就是屈原有关舜帝的作品,特别是《湘君》《湘夫人》。故湖湘地区舜帝传说主要集中在三方面:舜帝与二妃的爱情、舜帝化蛮、舜帝除恶与驾崩。其研究也多与此相关,主要有郑国茂的《舜帝之谜》(人民出版社,2007),该书对舜帝生平、舜帝陵进行了考证,对舜文化的内涵进行了界定,并旁及了舜帝与图腾、舜帝与历法、舜帝后裔及历代名人与九嶷山等问题,内容庞博,“是一本知识性、资料性的学术著作,又是一部让大家了解虞舜及有关文化问题的普及读物”[③](李学勤语)。张介立编著的《历代祭舜》,该书梳理了自先秦直至当代祭祀舜帝情况,同时对舜帝陵祭祀仪式的演变进行了探讨。该书对历代存留的祭舜文进行了收集、整理和注释,具有一定文献参考价值。该书主要侧重于湖湘地区特别是九嶷山舜帝陵的祭祀,很少旁及山西等地的舜帝祭祀情况。雷运福、蔡建军《舜帝与九嶷山》(湖南人民出版社,2011),该书首先论证了虞舜时代是信史时代,接着考证了舜帝南巡与古历法关系,从地域的角度探讨了舜帝与零陵、九嶷的关系,并对九嶷山地区舜文化遗迹进行了考察,最后探讨了舜文化对儒学及科学管理的影响。谭政主编的《九嶷山舜帝陵》(湘潭大学出版社,2012),该书为大

① (西汉)司马迁.史记[M].中华书局,1959:32.

② (晋)郭璞,袁珂校注.山海经校注[M].上海古籍出版社,1980:176.

③ 郑国茂著.舜帝之谜[M].人民出版社,2007:3.

型画册,该画册“以一幅幅精美的图片和简要的文字说明,充分展现了舜帝陵的恢宏气势与九嶷山的秀丽风光”[①](王克英语)。该书分两部分,第一部分涉及九嶷山舜帝陵,收录了舜陵祭祀、领导视察、舜文化活动、舜帝陵建设、祭文、碑刻及考古等相关内容;第二部分涉及九嶷山自然风光、生态、人文景观及民俗风情等相关内容。唐之享著有《虞舜与九嶷》(岳麓书社,2012),该书分为十一章,其中第一至五章为本体论,主要探讨九嶷山地区的舜帝传说内涵与特征、舜帝遗迹分布、舜帝之归葬地考证及历代九嶷祭舜。第六至十一章为影响论,主要探讨舜帝对苍梧、南方文明及湘楚文化的影响及文人和民众对舜帝的崇拜。欧利生著有《舜帝南巡——历代帝王祭舜》(湖南美术出版社,2012),该书分为舜帝南巡、历代帝王祭舜两部分,采用连环画的形式展示舜帝南巡及后世祭舜情况,极为通俗,对于宣传舜文化、推广舜文化具有一定价值和意义。张泽槐编著有《舜帝陵丛书》(方志出版社,2008),《舜帝陵志》(方志出版社,2008),出版个人专著有《舜帝与舜帝陵》《舜帝陵诗文选注》,这些著作全方位对永州舜帝陵进行了研究,具有较强的文献和文学价值。

舜帝与山西地方文化:山西舜文化遗迹分布密集,《帝王世纪》载:“尧旧都在蒲,舜都蒲坂。”现山西永济内有蒲州古城遗址。又《孟子·离娄上》载:“舜生于诸冯,迁于负夏,卒于鸣条,东夷之人也。”[②]运城市盐城区有鸣条岗,其西端建有舜帝陵。除此外,山西运城永济市、垣曲县等也广泛分布着舜文化遗迹。相比较而言,山西舜文化研究也较为活跃。其研究主要有运城市盐湖区虞舜文化研究会所编的《虞舜文化考论》(山西古籍出版社,2003),该书首论虞舜文化与道德文明,次述虞舜文化对运城经济、社会文化的影响,最后对运城舜文化遗迹进行考证,提出了相关学术观点。运城市盐湖区虞舜文化研究会编撰的《舜乡圣迹》(山西古籍出版社,2004),该书内容主要涉及晋南舜文化分布情况,该书认为“舜出生在今山西省运城市境内,发展壮大于今运城市境内,创造辉煌业绩于今晋南地区内,最终也卒葬在他的故土。”[③]该书前附录晋南舜文化遗迹照片近

---

① 谭政主编.九嶷山舜帝陵[M].湘潭大学出版社,2012:2.

② (清)焦循.孟子正义[M].中华书局,1987:537.

③ 运城市盐湖区虞舜文化研究会编撰.舜乡圣迹[M].山西古籍出版社,2004:2.

50 幅,具有较大的参考价值。张培莲、叶雨青的《舜帝陵庙》(山西经济出版社,2005),该书主要从旅游学的角度介绍山西运城鸣条岗舜帝陵庙,对舜帝陵庙的历史沿革、舜帝其人、舜帝与河东、舜帝陵庙的传说故事及相关的诗文、楹联、匾额进行了系统性介绍,同时还介绍了鸣条岗新石器时代遗址的考古情况。该书图文并茂,对于全面了解山西运城舜帝陵能提供较大帮助。吕步震所著的《舜乡情》(中央文献出版社,2005),该书集文化、旅游、文学于一体,全书分山情、水情、土情、石情、景情、树情、民情、俗情、史情,是全面了解舜文化遗迹在山西垣曲县分布的一部普及性读物。其中,史情部分具有一定学术价值。吕步震,安泽峰所著的《舜文化寻踪》(中央文献出版社,2005),该书分为四部分,第一部分为考证篇,主要考证舜帝故里为垣曲县,涉及的地名、人名等与虞舜相关的考证 20 多处。第二部分为传说篇,主要收录舜帝在垣曲历山地区的民间传说。第三部分为碑刻篇,收录垣曲与舜帝相关的碑刻。第四部分为考古篇,涉及垣曲县龙山文化的考古发现,考古篇以实证的方式印证垣曲历山为舜帝故里,具有较强学术价值。李学智主编的《舜耕历山在洪洞》(三晋出版社,2009),该书对山西洪洞历山舜帝传说进行了考证, 同时对洪洞地区与舜文化相关的民俗进行了研究,对历山人物、历山景观、历山传说也有所记载。其中对洪洞历山三月三"接姑姑"民俗活动的研究具有较大的学术价值和现实意义。与上书同论证洪洞历山舜帝传说的还有马志正的《尧舜与古历山研究初集》(地质出版社,2011),该书"从历史的沿革对尧舜的历史功绩,进行了独特的挖掘与整理,并以现存的物质与非物质事象,描述了舜躬耕与洪洞古历山的古代情景"[①]。秦建华主编,叶雨青、张培莲编著的《德孝天下·虞舜文化说略》(山西人民出版社,2014), 该书分为三部分:史料记载中的虞舜、民间传说里的虞舜、虞舜文化探幽。该书站在地域文化的角度,从多方面论证虞舜生于山西,耕种于山西,定都于山西,卒于山西,虽立论比较偏颇,存在狭隘地域论嫌疑,然也颇能做到有理有据,对于民间传说的整理, 是该书一大亮点。吕步震、杨俊清主编的《德孝传世》(华夏国学出版社,2015),该书分为七章,前六章主要收集舜帝在垣曲的民间传说故事,并对这些故事分为六类,试图找出佐证依据。最后一章主要论证舜帝故里为垣曲县。同

① 读秀网.http://book.duxiu.com.

年，吕步震又出版了《德自舜明》（华夏国学出版社，2015），该书从考古、训诂、民俗等角度，探求舜文化在垣曲地区的演变与发展，并探讨了“德自舜明”的文化内涵。除此外，吕步震与吕步云主编了《孝德脉源》《舜乡舜庙》（文史出版社，2015），前书主要对舜帝在垣曲地区相关正史、野史、考古、遗迹等进行了考证，并系统介绍了垣曲地区舜文化工作者取得的一系列成就。后书则在舜帝传说的基础上从舜庙在垣曲地区的分布分析舜帝精神对垣曲人民及中华民族的影响。另外，续文琴出版了《历山舜王坪》（山西古籍出版社，2007）、王万旭出版了《帝舜故里垣曲人》（中国社会出版社，2008）、张飞出版了《舜耕历山》（山西人民出版社，2016）等，这些著作，对舜帝故里、舜帝青年时期的活动地等方面进行了考证。此方面的论文更多，如赵建斌的《“舜耕历山”在山西考辨》（文物世界，2010），该文指出，“舜耕历山”，只能就是在被司马迁称为“天下之中”的山西南部。[①]

虞舜与浙江地方文化：浙江舜文化遗迹也较为密集，主要分布在绍兴（上虞、嵊州）、常州、宁波、余姚等地。主要原因可能是舜帝后裔由中原地区逐渐向江浙、福建及东南亚扩散，并开始在他们新居住地修建纪念性建筑的缘故。如在浙江，也有“舜耕历山”等的记载。其研究主要成果有俞日霞的《绍兴虞舜文化研究》（浙江人民出版社，2006），该书站在民俗学的角度研究绍兴地区的虞舜文化。该书首章提炼舜帝精神，接着论及虞舜在绍兴地区留下的众多传说，第三章涉及舜帝神话，第四、五章主要对王坛舜庙进行介绍并对庙会活动情况进行研究，第六章则论及绍兴舜文化与旅游的关系。该书考证舜帝“陶河滨”“渔雷泽”都发生在绍兴地区。王继宗著《常州让德文化史——江南三圣大舜泰伯季子新论》（中华书局，2016），该书分为七章，第一章阐释舜帝道德文化，第二章从地域文化的角度论证舜为余姚、上虞人，第三章主要阐释“让帝”虞舜教化延陵让德先民，第四至七章主要阐释舜帝让德对常州人士的影响。另外还有吴宝炎的《虞舜遗踪集》（北京图书出版社，2016）等。

虞舜与河北、山东等地方文化：霍万清《尧天舜地溪之源》（人民日报出版社，2015），该书考证了河北涿鹿县溪源村遗址，包括对舜都潘城、妫汭旧迹、历山、舜庙遗址、瞽瞍祠遗迹、烧陶的河滨、姚墟等的考证，从多角度论证了舜的出

① 赵建斌著.“舜耕历山”在山西考辨[J].文物世界，2010.2：57.

生地、少年生活地及继承帝位后定都地都发生在河北,诸多考证虽有理有据,但多采用后出文献,文献的可信度不强。张福秀出版了《诸城大舜研究》(人民出版社,2010),则对山东诸城舜文化遗迹进行了考证和研究。

三、文艺创作日益繁荣

20 世纪以来,与舜文化相关的文艺创作大多是在舜帝神话传说基础上进行改编的,如陈锋著有《舜的故事》(黑龙江人民出版社,1963),该书为儿童文学作品,图文并茂,用浅显的语言讲述了舜帝孝亲、亲民、贤能的故事。除此外,还有段伟君绘画《舜的故事》(中国戏剧出版社,1985)。在艺术上取得了较高成就的是徐北文所著的《大舜传》(济南出版社,1999),该书为舜帝生平传记,以生动语言向读者展示了舜帝出生、为官、称帝、禅让及南巡经历。故事多采用先秦两汉史料及相关民间传说,展示了作者对材料的处理能力。

进入 21 世纪,与虞舜文化相关的艺术创作也日益繁荣起来,不管是文学创作、戏剧创作,还是绘画艺术都取得了喜人的成绩。

(一)文学创作

1. 人物传记:王金铃著有《虞舜大传》(作家出版社,2000),该书为长篇章回小说,全书分为四十回,近百万字,从帝尧访贤始,至歌南风结束,内容涉及舜帝以孝事亲、摄政、治国等系列事件,在上古神话的基础上进行合理想象,以生动形象的语言讴歌了中华民族原始文明。张培莲、叶雨青编著《圣帝虞舜》(山西经济出版社,2002),该书兼学术与普及为一体,以通俗的语言概述了舜帝在河东地区的主要活动,虽然为舜帝传记,但作者在写作过程中对涉及的具体人名、地名、主要事件都尽量做到有据可依。叶雨青著有《舜帝传说故事》(山西古籍出版社,2004),该著作为历史章回小说,分为一百章回,以百篇虞舜传说连串而成,从舜帝先祖虞幕写起,内容包括舜的出生、舜帝摄政、舜帝即位、卒于鸣条等。小说多采用山西地区的民间传说,体现出鲜明的地域特征,小说文笔清新,笔调明快。冷明权著有《远古大帝》(中国文联出版社,2014),该书为章回长篇小说,共 64 万字,三十三章,以舜帝为中心,演绎了尧舜禹时代可歌可泣的动人故事。小说通过生动的故事情节,试图“寻中华民族之根,探传统文化之源,歌劳动创造世界之伟业”。[①]此外，王炳熹也著有《虞舜》（中国文史出版社，2016）。在众多长篇小说中，李长廷《南行志异》（团结出版社，2012）较具特色，小说不再选取舜帝一生事迹作主要材料，仅仅就舜帝南巡，崩于苍梧之野，葬于江南九嶷及二妃追舜不及，泪尽斑竹一段史话进行充分合理想象，通过演绎舜帝南巡故事，展示舜帝对湖湘地区乃至整个江南地区文化上的影响。拙著《湘妃怨》，以“相遇、下嫁、迫害、投江为主要情节，试图还原在一个逐渐以男权为主导的社会里，女人被动地卷入政治纷争中，并最终沦为斗争的牺牲品的悲剧命运的过程”，揭示出“湘妃的悲剧，是时代的悲剧、命运的悲剧”[②]。

2. 散文创作：主要有柴继光的《尧舜禹故都纪行》（中央文献出版社，2003），叶雨青著的《舜陵漫步》（三晋出版社，2011），两书均以散文的笔调，抒写怀古幽情。

3. 民间故事：鲁永平、杨鹏飞主编《舜的传说》（中国文联出版社，2012），该书对舜帝传说进行了科学分类，分为身世的传说、智勇的传说、孝行的传说、遭害的传说、举贤的传说、惠政的传说、风物的传说、古迹的传说等部分，该书搜罗了山东、山西、浙江、湖南、河南等地的民间传说近 90 篇，收罗较为全面、公正。王建武等编写的《舜乡故事》，主要收录垣曲县的民间故事，不少内容涉及舜在垣曲的传说。董俊高主编《舜的传说》（三晋出版社，2017），舜帝在山西垣曲的历山流传有众多的传说，该书精选舜帝传说故事近 200 篇，从不同角度印证了舜与垣曲的渊源。该书图文并茂，具有较强的可读性和文献参考价值。

4. 儿童文学：赵镇琬主编《舜耕历山》（新世界出版社，2015），该书为幼学启蒙书，通过图画的形式展现舜帝在历山（济南千佛山）的生活经历；配以简单的文字介绍和英文翻译。袁珂原著、毛亮英改编的《舜的故事》（人民美术出版社、连环画出版社，2016），该书以连环画的形式展现舜帝故事，改编尊重原著，语言简洁，适合儿童阅读。

（二）书画建筑艺术

胡若隐著有《翰墨经典颂虞舜》（北京大学出版社，2015），该书的作者在湖南永州九嶷山脚下建了一个文化旅游景点：舜德书院。作者对书画多有研究，多

① 冷明权著.远古大帝[M].中国文联出版社，2014.

② 肖献军著.湘妃怨[M].团结出版社，2014.

年来,遍访名家,收藏了大量当代书画家的作品,同时为了舜德书院的建设,又聘请多位书法家结合九嶷山文化题写了一些诗文,刻于石上,成为舜德书院的重要景观和藏品。舜德书院现在在湘南逐步成为一处重要的人文景点,该书即是对舜德书院的建设和藏品的一个展示。上虞市风景旅游管理局出版的《大舜庙》(浙江雅图传媒环艺有限公司,2011),则站在建筑学的角度剖析了上虞大舜庙重建的意义。吴德出版的《虞山舜水》(中国摄影出版社,2016),则从摄影的角度对上虞舜文化遗迹进行了专项拍摄。

(三)戏剧影视创作

冷明权著有《舜》(太白文艺出版社,1999),该书为剧本文学,包括舜的电影剧本和电视剧剧本,其中电视剧剧本分为洪荒时代、远古英雄两部,共九集,该剧本注重情节的冲突性,人物个性鲜明,是较早的舜帝剧本。2008 年,中央人民广播电视台播放了由刘兰芳改编的王金玲长篇小说《虞舜大传》书评,引起了较大反响。2015 年,吴子牛导演、赵文瑄等主演的电视剧《大舜》在山东卫视首播,该剧以舜帝一生经历为主线,讲述了舜帝至孝、摄政、为帝、禅让等故事,情节曲折生动,该剧后来在中央电视台教育频道重播。2019 年,郓城侯小帅影视传媒有限公司拍摄了微电影《舜帝传奇》,宣扬舜帝孝道和仁德,具有一定观赏性。除此之外,还有吴宝炎所著的《虞舜文化戏曲曲艺集》(中国文史出版社,2015)等。

四、文化交流越来越频繁

伴随着 1982 年 5 月中国先秦史学会在成都成立和 1987 年 10 月中国神话学会在河南郑州成立,虞舜文化的交流开始出现。而影响最为重大的是 1982 年 8 月在香港成立的世界舜裔宗亲联谊年会,至今该联谊会在世界各地已经举办了 26 届会议,对于团结世界各地的舜裔宗亲、展开有关虞舜文化的研究起到了重大作用。除此之外,1998 年在山东济南成立的大舜文化研究会是较早成立的专注虞舜文化研究的学术性团体,该研究会在 21 世纪前 20 年中积极举办各类学术交流活动,在推动舜文化的普及方面做出了较大贡献。

但各地舜文化研究会及与舜文化相关的各类社会团体的大量出现是 21 世纪的事。目前,在世界各地成立的有一定影响的舜文化研究会及研究机构主要有：永州市舜文化研究会（永州零陵，2003）、湖南省舜文化研究会（长沙市，2007）、宁远县九嶷山舜文化研究会（永州宁远，2012）、湖南省九嶷山舜帝陵基金会（永州宁远，2014）、宁远县舜文化传播中心（永州宁远，2016）、宁远县九嶷山虞舜文化传播中心（永州宁远，2018）；潍坊市尧舜禹文化研究会（潍坊学院，2009）、济南市舜文化研究会（济南，2010）、山东省大舜文化传播交流中心（济南，2013）、东营市古鄄尧舜文化研究中心（东营市，2017）、平邑县历史学会舜文化研究中心（平邑县，2017）；山西运城盐湖区舜文化研究会（运城盐湖区，2000）、垣曲舜文化研究会（垣曲，2000）、永济市舜文化研究会（永济市，2007）、运城市舜帝书画院（运城市，2007）、洪洞妫汭虞舜文化研究会（洪洞县，2016）、山西运城舜帝后裔公益联谊会（运城市盐湖区，2016）；绍兴市上虞区政协虞舜书画院（绍兴市上虞区，2000）、绍兴市上虞区虞舜文化发展基金（舜文化发展基金，2008）、绍兴市虞舜文化研究会（绍兴市，2010）、绍兴市上虞区虞舜文化研究会（绍兴市上虞区，2010）、余姚市虞舜研究会（余姚市，2017）；常州市武进区舜文化研究会（常州市武进区，2014）、常州市天宁区舜文化研究会（常州市天宁区，2014）；晋江市虞舜学术研究会（晋江市，2000）、石狮市虞舜学术研究会（石狮市，2005）、平潭县虞舜文化促进会（福州市平潭县，2009）、汕头市潮阳舜文化促进会（汕头市潮阳区，2013）等。进入21世纪以来，舜文化研究团体犹如雨后春笋，遍及了全国各地。

伴随着舜文化研究团体的大量出现，与舜文化相关的文化交流在21世纪也变得格外活跃。这些活动包括以下方面：

(一)舜帝陵祭祀活动

在湖南和山西都存在舜帝陵，但舜帝陵官方祭祀活动主要发生在湖南。湖南省舜帝陵祭祀自1993年开始，2000年后成为定式，分省祭、市祭和县祭，21世纪以来，分别于2005年、2009年、2012年、2015年、2018年先后举行了5届湖南省公祭舜帝大典，永州市、宁远县举行的舜帝祭祀大典更为频繁。除湖南外，山西运城2005年、2010年和2015年举行过大型的祭祀舜帝活动；2016年山东菏泽地区举行了“第一届全球公祭舜帝活动”；浙江绍兴在2012年以来，每年在上虞大舜庙举行相关祭祀舜帝的活动。这些祭祀活动弘扬舜帝美德，推动了地方文化建设。

(二)舜帝宗亲祭祀活动

除 1982 年 8 月在香港成立的世界舜裔宗亲联谊年会在世界范围内举行的舜帝宗亲祭祀活动外,世界各地舜裔宗亲,特别是闽台、东南亚姚氏宗亲、陈氏宗亲多次在湖南宁远、岳阳;山东菏泽;河南商丘、濮阳;浙江绍兴;江苏常州;山西运城、洪洞;福建泉州等地举行祭祀舜帝活动,这些活动增强了舜帝后裔的联系,有利于团结海内外舜帝宗亲,增强中华民族的凝聚力。

(三)全国各地与舜帝相关的民俗活动

如山西运城舜帝陵每年二月初二举行的庙会、山西临汾洪洞历山每年三月初三举行的"接姑姑迎娘娘"民俗活动;春节期间山西永济蒲州水镇舜帝庙会;每年农历的正月十八日河南濮阳举行的瑕丘庙会;农历八月十二日湖南东安的大庙口庙会等。

(四)学术交流活动

21 世纪的舜文化研究,从上古史和神话传说研究中独立出来,多次召开舜文化学术研究会议。例如,2000 年在永州召开了舜文化学术研讨会,2009 年在山东诸城召开了大舜文化学术研讨会,2013 年在浙江绍兴召开了虞舜文化研讨会等。而且随着交流的不断深入,各种与舜文化相关的专题研讨会越来越多,如 2003 年在湖南永州召开的"舜文化与中华道德文明"研讨会;2009 年在永州召开的"虞舜孝文化与《北游记》"专题研讨会;2012 年 9 月在宁远召开的"虞舜与九嶷"研讨会;2014 年在湖南宁远召开的"舜文化与中国梦"研讨会;2015 年在湖南宁远召开的"依法治国与舜文化"研讨会;2017 年在永州零陵召开的"舜文化与和谐家庭建设"研讨会等,并出版了会议论文集《舜文化论文集》(湖南人民出版社,2008)、《虞舜文化学术论文集》(中国文史出版社,2014)、《舜文化与中华道德文明研究》(中国社会科学出版社,2014)、《九嶷论道》(岳麓书社,2015)、《依法治国与舜文化》(岳麓书社,2016)、《虞舜文化与和谐家风建设》(中国社会科学出版社,2018),虞舜文化的研究开始向纵深发展。

(五)艺术交流活动

学者围绕着虞舜文化展开了一系列艺术交流活动。例如 2013 年在济南召开十艺节"大哉虞舜展",周群、徐永生、韩新维、孙景全等艺术家创作的与虞舜相关的大量作品得以展出;山东诸城自 2009 年以来,连续 9 年举办大舜文化节;山西运城

2015年举办刘拴安“大舜之光”舜帝故事绘画展。这些艺术交流活动宣传了舜文化，使得舜文化走进学校、走进社区、走进家庭，对舜文化的普及起着重大作用。

总体看来，21世纪虞舜文化从文献整理、学术研究、文艺创作到学术交流都取得了重大成果，研究逐渐走向了系统化、专题化，并且在文化普及上也取得了较大进展。在上古历史人物研究中，舜帝研究无疑是最为成功的。虞舜文化研究虽然取得了如此多成果，但并不意味着虞舜文化的研究走到了尽头，在今后乃至整个21世纪，虞舜文化依然是研究上古文化的最为重要的方面，虞舜文化的研究可以而且必将持续下去。具体而言，可从以下方面进一步进行研究：

1. 文献整理方面。可以在系列《虞舜大典》整理的基础上，进一步整理出《虞舜大典·后裔卷》《虞舜大典·文艺卷》等，从而使得《虞舜大典》的整理形成更为完整的体系。也可以按照专题研究的思路进行专题整理，如整理出“虞舜与法治”“虞舜与神话传说”“虞舜与孝道”“虞舜与德治”等内容，这些基础性的文献整理，必将极大促进虞舜文化研究。

2. 学术研究方面。除了继续各种与虞舜相关的专题研究外，可以在以下两方面进行突破。一是虞舜与地域精神的研究。学者研究虞舜文化精神多注重其整体精神，但虞舜活动范围极广，在不同地区影响不同，深入挖掘虞舜文化精神对地域精神的影响，有助于加强地域民众的精神凝聚力，维护地方的团结与稳定。二是加强虞舜文化与地域经济、地域旅游相结合的研究，探讨怎样开发出与虞舜相关的地域品牌和地域旅游路线来，这样，既能提高民众的物质和精神享受，又能很好地宣扬虞舜文化。

3. 艺术创作方面。就目前情况看，21世纪与虞舜相关的创作主要集中在传记文学方面，在绘画、音乐方面留下的作品不多，电影、电视剧作品较少。当前，人们对艺术的欣赏已由简单的纸质文本的阅读转向了多元化，特别是电影、电视剧、微视频等广受欢迎。艺术的创作要适应时代的变化，要把虞舜文化以广大人民群众喜闻乐见的形式表现出来，这样艺术才能展现出强大生命力。

4. 文化交流活动方面。继续推进海内外舜裔宗亲的联系，除东南亚外，美洲、欧洲等地的舜裔宗亲也应通过交流加强相互间的联系。在学术交流上，可以更侧重舜文化与现实生活的探讨，强化舜文化在当代的实践价值，为舜文化继承和发扬光大尽一份责任。

01

ONE

上编

——虞舜影响下的湖湘文化

第一章　虞舜文化的精神内涵

文化是相对于政治、经济而言的“群族内在精神的既有、传承、创造、发展的总和”[①]。不同文化影响力大小不同。文化影响力大小主要与下列因素相关：(1)时间因素。文化的产生是一历史过程，是同一族群内的人在长久历史中共同创造的。每一文化都有特定的文化之源。文化源历史越悠久，该文化影响也就越深远。因为受该文化影响的人随着历史的推移越来越多，从而给该文化注入了更多的鲜活内容。(2)场域因素。也就是受该文化影响下的族群分布的地域的大小。该族群分布的地域越广，文化的影响力也就越大；文化分布的地域越小，文化的影响力也就越小。过小的场域分布会使得该文化存在断绝的可能。(3)文化源的因素。文化源自身所蕴含的文化精神是否具有能为该族群认同或者在多大程度上得到认同也是决定文化影响力的重要因素。蕴含人类普世精神的文化源更能够为该族群人认可，甚至可能影响到该族群之外的人。

虞舜文化由五帝之一的舜帝开创。他是近五千年历史中对整个中华民族影响最为巨大的文化之一。不管是时间因素、场域因素，还是文化源因素都决定了虞舜文化在整个中华文明史上的突出地位。历史具有强化和淘汰功能，上古文化更是如此。由于缺乏文字的记载，上古历史多以口头方式承传。在承传过程中，一些次要的、贡献较小的历史人物不断被淘汰，而对历史做出重大贡献的人却被后人赋予了更丰富的内容。上古历史虽然持续时间很长，但对

① 360百科：https://baike.so.com/doc/5366095-5601798.html.

今天人们形成重大影响的历史人物并不很多。仅黄帝、炎帝、尧、舜、禹等历史人物，在口口相传的过程中更加形象和丰富起来。该过程一直持续到文字出现后。如《山海经》中对舜帝虽然记载条目较多，但大多零散，不成片段。但经《尚书》《孟子》《史记》《列女传》等记载后，一个完整的舜帝形象才开始出现在人们面前。

舜一生所历之地极广，遍及大半个华夏地区。他出生于今天山东地区，早年曾生活于该地。《孟子·离娄上》载："舜生于诸冯，……东夷之人也。"①《史记·五帝本纪》："舜，冀州之人也。舜耕历山，渔雷泽，陶河滨。"②据当今不少学者考证，诸冯、历山、雷泽、河滨都在今天的山东一带。舜青年时期活动于河南河北一带。《孟子·离娄上》说他"迁于负夏"，《史记·五帝本纪》也有类似记载。舜继承帝位后，定都蒲阪(在今山西)。严可均辑《全上古三代文》卷一："帝姓姚，名重华。……尧征为司徒，寻摄政受禅，号有虞氏。以土德王，都蒲阪。"舜继承帝位后，开始巡狩四岳。"岁二月，东巡狩，至于岱宗，祡，望秩于山川。……五月，南巡狩；八月，西巡狩；十一月，北巡狩：皆如初。归，至于祖祢庙，用特牛礼。"(《史记·五帝本纪》)并且还定下了"五岁一巡狩"的制度。舜帝最后"践帝位三十九年，南巡狩，崩于苍梧之野。葬于江南九嶷，是为零陵"(《史记·五帝本纪》)。舜帝一生行历山东、山西、河南、河北、湖南、湖北、广东、广西等地区，直至今天，这些地区的人民仍然通过各种方式纪念舜帝。他们或把该地山脉、河流命名舜山、舜水，或修建相关建筑物以纪念舜帝。这些行为甚至不再局限于舜帝所历之地，在某种程度上已泛化为全民行为。如，"舜耕历山"，在全国范围内的"历山"有 20 多座，而且大多都认为与舜帝相关。历代以来对舜的出生地，青年时期的活动地，中年履职地以及去世后的归葬地都存在不同的争议，虽然很多观点说服力并不强，但不难看出民众对舜帝的崇拜和热爱。

据司马迁《史记·五帝本纪》载："虞舜者，名曰重华。重华父曰瞽叟，瞽叟父曰桥牛，桥牛父曰句望，句望父曰敬康，敬康父曰穷蝉，穷蝉父曰帝颛顼，颛顼父曰昌意。"又《颛顼纪》："帝颛顼高阳者，黄帝之孙而昌意之子也。"(《尚

① (清)焦循.孟子正义[M].中华书局，1987：537.

② (汉)司马迁.史记[M].中华书局，1959：32.

书·尧典正义》)舜帝为黄帝后裔,是黄帝八代之孙,与炎黄文化一脉相承。而舜帝本身所蕴含的文化精神,更使得舜文化为整个中华民族所接受,而其外在的影响力随着社会的发展早已扩散到世界各地。具体而言,作为文化源的舜帝具有如下文化精神:

首先是孝道精神。中国是一个以农耕为主的社会。这样的社会"可以自给,无事外求,并必继续一地,反复不舍,因此而为静定的,保守的"①。这与游牧为主的民族不同,这需要人民世代固守在一定的土地之上,需要保持家庭的稳定性,故在中国古代社会,十分注重家庭的建设。《礼记·大学》:"欲齐其家者,先修其身。"修身、齐家是治国、平天下的前提条件。所谓的"齐家"就是通过家庭成员的共同努力来保持家庭的和谐与持续发展。对于家庭而言,"父慈子孝"是保持家庭和谐的关键因素。《吕氏春秋·孝行览》就注意到了家庭建设在农耕社会中的重要作用,并且指出了孝道对家庭建设的重要性:"凡为天下,治国家,必务本而后末。所谓本者,非耕耘种植之谓,务其人也。……夫孝,三皇五帝之本务,而万事之纪也。夫执一术而百善至,百邪去,天下从者,其惟孝也!故论人必先以所亲,而后及所疏;必先以所重,而后及所轻。"只有家庭和谐了,农耕才有了本,国家才能稳定持续发展。可见孝道对社会发展的重要性。所以《孝经》曰:"子曰:'夫孝,德之本也,教之所由生也。'……夫孝,始于事亲,中于事君,终于立身。"②

孝是人类乃至部分动物的本性,也是人类得以正常繁衍的必备条件。孝心应该自人类产生时就具有,但孝作为一种文化现象出现,应该是自舜帝始。据《尚书·尧典》载:"帝曰:'咨!四岳。朕在位七十载,汝能庸命,巽朕位!'……师锡帝曰:'有鳏在下,曰虞舜。'帝曰:'俞!予闻,如何?'岳曰:'瞽子,父顽,母嚚,象傲。克谐以孝烝烝,乂不格奸。'"③《春秋·鬻子》曰:"舜帝少而至孝,尧闻聪明而用之。"舜的父母愚蠢而顽固,他的弟弟傲慢,然而舜以自己的孝行去感化他们,最终维系了家庭的和谐。舜帝也因为自己的孝行而得到帝尧

① 钱穆.中国文化史导论[M].商务印书馆,1994:2.

② 胡平生、陈美兰译注.礼记·孝经[M].中华书局,2007:221.

③ 周秉钧注译.尚书[M].岳麓书社,2001:5.

的赞赏，最终被指定为帝位的继承人。

舜帝的孝行在《史记·五帝本纪》和《列女传·有虞二妃》中有更详细的记载，二者故事情节大致相同，只不过《列女传》更为生动一些，现录《有虞二妃》如下：

有虞二妃者，帝尧之二女也。长娥皇，次女英。舜父顽母嚣。父号瞽瞍。弟曰象，敖游于嫚。舜能谐柔之，承事瞽瞍以孝。母憎舜而爱象。舜犹内治，靡有奸意。四岳荐之于尧，尧乃妻以二女，以观厥内。二女承事舜于畎亩之中，不以天子之女故而骄盈怠嫚，犹谦谦恭俭，思尽妇道。瞽瞍与象谋杀舜，使涂廪。舜归告二女曰："父母使我涂廪，我其往。"二女曰："往哉！"舜既治廪，乃捐阶，瞽瞍焚廪，舜往飞出。象复与父母谋，使舜浚井。舜乃告二女，二女曰："俞，往哉！"舜往浚井，格其出入，从掩，舜潜出。时既不能杀舜，瞽瞍又速舜饮酒，醉将杀之。舜告二女，二女乃与舜药浴汪，遂往。舜终日饮酒，不醉。舜之女弟系怜之，与二嫂谐。父母欲杀舜，舜犹不怨。怒之不已，舜往于田号泣，日呼旻天，呼父母。惟害若兹，思慕不已。不怨其弟，笃厚不怠。[①]（《列女传》）

舜的父母多次想谋害舜，然而舜却在二妃的帮助之下，用聪明才智化解了父母对他的迫害。他不仅不怨恨自己的父母，依然对父母思慕不已，就连多次迫害自己的弟弟象，舜也没有丝毫计较他，仍是"爱弟弥谨"（《史记·五帝本纪》）。舜不仅在年轻的时候善待自己的父母和兄弟，在登上帝位之后，他不计前嫌，"封象于有庳，事瞽瞍犹若初焉"。舜的孝行不仅感动了当时的帝尧，而且对后世孝道思想的形成有重大影响。《孝经》虽然没有直接提到舜，但多次提到先王之孝德，如"先王有至德要道，以顺天下，民用和睦，上下无怨"，"非先王之法服不敢服，非先王之法言不敢道，非先王之德行不敢行"。毫无疑问，舜帝是上古时期的圣王，在上古圣王中，能以孝行著称的也唯有舜帝，则《孝经》的制定是以舜帝为标准的。元代时，郭守正将以舜帝为首的二十四位孝子的事迹汇编在一起，由王克孝绘成《二十四孝图》，舜帝首孝的地位从此确立。

然而后世对舜帝的孝行还是有所非议，而且其理由还貌似具有一定合理

---

① （汉）刘向著、张涛译注.列女传译注[M].山东大学出版社，1990：3.

性。如《易经》蛊卦爻辞说:“干父之蛊,有子,考无咎,厉终吉。”认为当父母亲有错误时,子女要及时纠正,这样才是吉利的。从历代流传的与舜帝相关的故事来看,舜的父亲不仅算不上慈父,而且还十分的毒恶,丧失了人性。“虎毒不食子”,而舜帝的父亲却一而再、再而三地与象一起合谋毒害舜帝。这样的父亲,根据《易经》爻辞之说,舜帝不应该一味忍耐,而应该及时去纠正父亲犯下的过错。但我们不能因此去指责舜帝,这和“二十四孝”郭巨埋子有着本质的不同。郭巨对父母的孝行自然已经做到了极致,却极大地伤害了孝道的另一面,也就是“父慈”,也破坏了家庭甚至是人类的延续。即使其行为没有付诸实施,但却把人性中恶的一面展示在人面前,故其行为在当代社会中遭到了批判。但舜帝的孝行却不同,在当代社会中得到了极大的颂扬,而且与当代社会提倡的孝文化具有一致性。舜帝的孝行实际上体现的是孝文化中的特例但却又是普遍存在的一种现象。人的一生就好似一次轮回,从母体中分离出来后,逐渐融入家庭及社会群体中,并且从中获得学问、知识、亲情、爱情。当这一切到达巅峰时,人不能再次突破自己,老年阶段便到来了。人进入老年阶段后,认知能力和记忆力便开始衰退。他从自然、社会中所获得的一切都将逐渐还归自然和社会,并开始变得愚钝、不讲道理。他所获得的这一切都还归完时,生命也就走到了尽头。舜帝父亲瞽瞍为什么要谋害舜,司马迁在《史记》中没有给出原因,刘向《列女传》中进行了“合理”想象,给舜安排了一个后母,这一切都是后母指使舜的父亲干的,或者说是不懂事的弟弟象指使舜父干的。但虎毒尚且不食子,更何况是自己的父亲呢?《韩诗外传》卷五载:“两瞽相扶,不触墙木,不陷井阱,则其幸也。”则“瞽”是指失明的人。《孟子·梁惠王上》:“王曰:‘叟!不远千里而来,亦将有以利吾国乎?’”[①]“叟”是指年老的人。由是可知舜的父亲是一个失明了的老人。他多次谋害舜,极有可能是心智出了问题,也就是由于进入老年阶段,人变得是非不分、日渐糊涂了。这样的老人在我们身边不少,而且大多数老人最终都会面临这一问题。当老人进入这一阶段后,做子女的应该怎样去做呢?因为父母的糊涂或者不辨是非就把他遗弃吗?不能。即使做子女的想遗弃,法律也不允许。法律规定,不论父母犯下了怎样的

① 万丽华、蓝旭译注.孟子[M].中华书局,2006:2.

过错，做子女的都有赡养老人的义务，这是无条件的。很多子女不明白法律为什么要这样规定，其实这是对父母抚养子女的回馈，父母给了子女生命，又把子女抚养大，做子女的自然在父母年老失去劳动力甚至失去自理能力的时候回报他们。只有这样，社会才会和谐，生命才会得到延续。舜帝对待瞽瞍实际上也是基于这一基本的人伦观。舜帝的孝行也为后世提供了效法的榜样，其孝道精神得到了历朝历代人们的赞扬。

其次是民本思想。民本思想在中国古代社会中具有重要意义，它是“中国古代占统治地位的政治学说”[①]“‘民本’是中国古代固有的‘民惟邦本’等思想命题的缩写”，在中国古代很早就认识到人民对于国家的重要意义，因而提出了“敬德保民”“保民而王”的思想。具体到舜帝，其民本思想主要体现在以下四方面：

其一，爱民。《论语·颜渊》：“樊迟问仁。子曰：‘爱人。’”[②]《墨子·经说下》：“仁，仁爱也。”仁者爱人，从本质上而言，仁是指人与人之间的爱。这对于家人较容易做到。由于存在血缘关系，家人之间的爱具有天生性，是与生俱来的。但对于统治者而言，要让普通老百姓感受到这种爱并从心底里拥护其统治就不是件容易的事情了。中国古代社会，人民与统治者大多站在对立面。当对立越来越严重时，人民就会发动起义，最终推翻其统治。故作为统治者首先要亲近老百姓，拉近与老百姓的距离。舜帝就是这样，在他还没有登上帝位之前，就得到了百姓的认可，老百姓都亲近他，服从他。《山海经·大荒南经》：“有臷民之国。帝舜生无淫，降臷处，是谓巫臷民。巫臷民朌姓，食谷，不绩不经，服也；不稼不穑，食也。爰有歌舞之鸟，鸾鸟自歌，凤鸟自舞。爰有百兽，相群爰处。百谷所聚。”《史记·五帝本纪》：“舜耕历山，历山之人皆让畔；渔雷泽，雷泽上人皆让居；陶河滨，河滨器皆不苦窳。一年而所居成聚，二年成邑，三年成都。”[③]孟子也说：“舜之居深山之中，与木石居，与鹿豕游。其所以异于深山之野人者几希。及其闻一善言，见一善行，若决江河，沛然莫之能御也。”（《孟子·

① 张分田、张鸿著.中国古代“民本思想”内涵与外延刍议[J].西北大学学报(哲学社会科学版),2005,(1):113.
② 陈晓芬译注.论语[M].中华书局,2016:162.
③ (汉)司马迁.史记[M].中华书局,1959:34.

尽心上》)舜帝在登上帝位之后,仍主动亲近老百姓,深入蛮荒之地巡守。舜帝以自身德行赢得了百姓的尊重,人民都拥护、爱戴他。只要有舜帝在处,即使是深山野林、沼泽河滨之地,也有人跟随。

其二,惠民。《庄子·天地》:"爱人利物之谓仁。"作为统治者而言,对百姓最大的仁爱莫过于给百姓以实惠,做到"民之所好好之,民之所恶恶之"。尧舜时期,生产力极为低下,人民还遭受各种自然灾害。"天下犹未平,洪水横流,泛滥于天下,草木畅茂,禽兽繁殖,五谷不登,禽兽逼人,兽蹄鸟迹之道交于中国。"(《孟子·滕文公上》)百姓常衣不果腹。因此,能够帮助百姓摆脱自然灾害,使他们免于饥荒,这就是最大的仁爱了。舜在继承帝位前就视百姓疾苦为自己的疾苦,竭力解决他们在生活中遇到的各种问题。他教百姓耕种作物,制作陶器,改善捕鱼的方法,使百姓免于饥寒冻馁。继承帝位后,舜首先解决的是洪水泛滥的问题:"帝乃命禹卒布土以定九州。"①(《山海经·海内经》)"禹疏九河,瀹济、漯而注诸海,决汝、汉,排淮、泗而注之江,然后中国可得而食也。"(《孟子·滕文公上》)然后焚烧山林,教百姓播种百谷、驯化百兽。《孟子·滕文公上》:"舜使益掌火,益烈山泽而焚之,禽兽逃匿。"《史记·五帝本纪》也载:"舜曰:'弃,黎民始饥,汝后稷播时百谷。'""舜曰:'谁能驯予工?'皆曰垂可。于是以垂为共工。舜曰:'谁能驯予上下草木鸟兽?'皆曰益可。于是以益为朕虞。益拜稽首,让于诸臣朱虎、熊罴。舜曰:'往矣,汝谐。'遂以朱虎、熊罴为佐。"在舜的治理之下,百姓终于过上了安定的生活。

其三,恕民。"恕"在这里是宽宥之意。恕人之心也是仁者之心。人们在处理事情时,不同的人可能会有不同的方式,也可能会导致不同的结果。当对方侵犯到自己利益时,不少人可能会针锋相对,结果导致矛盾冲突的加剧。如果采用宽宥的方式去处理事情,可能会得到更好的结果。采用恕的方式处理问题,不仅能够缓解矛盾,还能体现出人的怜悯之心,此种怜悯之心也是仁爱之心的表现。上古时期,物质财富贫乏,部落之间为了争夺土地、人口,往往会爆发激烈的战争,黄帝、炎帝、共工等部落就经常发生战争。舜帝在位期间,也遇到了这些情况,但舜帝多采取"恕"的方式处理问题。《史记·五帝本纪》:"昔帝鸿氏

① (晋)郭璞,袁珂校注.山海经校注[M].上海古籍出版社,1980:472.

有不才子,掩义隐贼,好行凶慝,天下谓之浑沌。少皞氏有不才子,毁信恶忠,崇饰恶言,天下谓之穷奇。颛顼氏有不才子,不可教训,不知话言,天下谓之梼杌。此三族世忧之。至于尧,尧未能去。缙云氏有不才子,贪于饮食,冒于货贿,天下谓之饕餮。天下恶之,比之三凶。舜宾于四门,乃流四凶族,迁于四裔,以御螭魅,于是四门辟,言毋凶人也。"虽然被人目为"四凶",但舜帝最终也没有处死他们,而是把他们流放到边远地区,让他们继续生存下来。结果四凶不但没有再作乱,而且还帮助舜帝抵御"螭魅"。不仅对"四凶"如此,对待三苗部落也是如此。"昔尧以天下让舜,三苗之君非之。"(郭濮注《山海经·大荒南经》)舜继承帝位后"三苗在江淮、荆州数为乱",但舜依然只是"放欢兜于崇山,以变南蛮;迁三苗于三危,以变西戎"①。《六韬》说"尧伐有苗于丹水之浦",《吕氏春秋·召类》则说为"尧战丹水以服南蛮",禹也曾征伐三苗,大败苗师。唯有舜,以宽恕之道感化三苗,避免了战争带来的荼毒生灵,舜也因此得到了更多部落的尊重。

其四,化民。不管是惠民还是恕民都只是一时之计,要真正做到爱民,还必须化民。只有让百姓从蛮状之民转化为教养之民,家庭才可能和睦,社会才可能安定,百姓才可能安居乐业。故上古时期,就重视教化的作用。《孟子·滕文公上》:"圣人有忧之,使契为司徒,教以人伦:父子有亲,君臣有义,夫妇有别,长幼有叙,朋友有信。"舜之教化民众主要从三方面入手:一是以自身行为做榜样,以自身德行去感化百姓。孟子曰:"天下大悦而将归己,视天下悦而归己,犹草芥也,惟舜为然。不得乎亲,不可以为人。不顺乎亲,不可以为子。舜尽事亲之道而瞽瞍厎豫,瞽瞍厎豫而天下化,瞽瞍厎豫而天下之为父子者定,此之谓大孝。"(《孟子·离娄上》)正因为舜亲身事孝,故他最终赢得了家庭和谐和稳定,而其孝行也在当时广为人传颂,成为其他人效法的对象。二是设立机构,指派专门人员传布五教。《史记·五帝本纪》:"舜曰:'契,百姓不亲,五品不驯,汝为司徒,而敬敷五教,在宽。'"②又曰:"高辛氏有才子八人,世谓之'八元'。……举八元,使布五教于四方,父义,母慈,兄友,弟恭,子孝,内平外成。"三是用音乐来教化百姓。"舜曰:'然。以夔为典乐,教稚子,直而温,宽而

① (清)皮锡瑞.今文尚书考证[M].中华书局,1989:68.

② (汉)司马迁.史记[M].中华书局,1959:38-39.

栗,刚而毋虐,简而毋傲;诗言意,歌长言,声依永,律和声,八音能谐,毋相夺伦,神人以和。'夔曰:'於!予击石拊石,百兽率舞。'"通过化民,虞舜时代之人"不独亲其亲,不独子其子,使老有所终,壮有所用,幼有所长,矜寡孤独废疾者,皆有所养"①,成为了理想的大同社会。

再次,治国理念。所谓治国理念是指统治者治理国家的理论、观念,特别是指治国的新思想、新思维。一个国家能否得到很好的治理,往往和这个国家统治者的治国理念相关。对于怎样治理国家,舜帝形成了自己独特的治国理念,主要包括以下三方面。

一、举贤授能。治理国家,关键在于人才的选用。舜帝选用人才,必须同时具备两个条件:一是品德要高尚,要有美名。舜帝自身就是个品德高尚的人,在未继承帝位之前就以孝德为尧帝所闻,司马迁说"天下明德皆自舜帝始"。如果一个人没有良好的品德而只具有一定的才干,则不仅不会给他人、社会带来好的影响,还可能带来更坏的结果。这种情况即使在当代社会中也时有发生,一些人之所以贪赃受贿、徇私枉法,从根本上看是道德出了问题。"四凶""三苗"为恶作乱也并非他们不具备才干,而是道德上出了问题。《史记·五帝本纪》:"昔高阳氏有才子八人,世得其利,谓之'八恺'。高辛氏有才子八人,世谓之'八元'。此十六族者,世济其美,不陨其名。"八恺、八元之所以得到举荐,主要是因为他们的"美名"。二是要有实际才干,要能够办好事情。在神话和上古史中,鲧负责治水,虽然在治水过程中也不辞艰辛,但由于方法不对,结果不仅没有治理好洪水,反而使得洪水泛滥,严重威胁到了百姓的生命和安全,据《山海经·海内经》载:"洪水滔天。鲧窃帝之息壤以堙洪水,不待帝命。帝令祝融杀鲧于羽郊。"②舜最终把鲧处死了。鲧死之后,舜任用了鲧的儿子禹治水。禹改堵为疏,最终平息了水患。舜见禹无论是品德还是实际才干都十分优秀,于是把帝位禅让给他了。除此外,舜还任用了皋陶、契、后稷、伯夷、夔、龙、倕、益、彭祖、朱虎、熊罴等道德与能力兼善的人。在这些人共同的治理下,舜统治下的部落日益强大,最终使得"远近众功咸兴"。(《史记·五帝本纪》)

① 胡平生,陈美兰译注.礼记·孝经[M].中华书局,2007:110.

② (晋)郭璞,袁珂校注.山海经校注[M].上海古籍出版社,1980:472.

二、德法兼济。学者在研究舜帝时，主要侧重于对舜德的研究。舜帝作为中华道德文明的始祖，也确实有值得研究的地方。但舜在治理国家过程中，不只是以德治国，而是德法兼济。一方面，他亲近百姓，对百姓施以恩惠，试图用自己的德行去感化百姓；另一方面，制定五刑，对那些犯了过错而又不知道悔改的，就用严刑惩罚他们。《尚书·舜典》载："象以典刑。流宥五刑，鞭作官刑，扑作教刑，金作赎刑。眚灾肆赦，怙终贼刑。"[①]《尚书·吕刑篇》载，舜帝时："苗民弗用灵，制以刑，惟作五虐之刑曰法。"《尚书·舜典》载："帝曰：'皋陶，蛮夷猾夏，寇贼奸宄。汝作士，五刑有服，五服三就。'"所谓五刑，《周礼·秋官·司刑》有载："掌五刑之灋，以丽万民之罪，墨罪五百，劓罪五百，宫罪五百，刖罪五百，杀罪五百。"除此外，在舜帝时期，还出现了流刑。《尚书·舜典》："五流有宅，五宅三居。惟明克允！"舜根据五刑及流刑，处罚了一批罪恶较大的人。"三苗在江、淮、荆州数为乱。于是舜归而言于帝，请流共工于幽陵，以变北狄；放欢兜于崇山，以变南蛮；迁三苗于三危，以变西戎；殛鲧于羽山，以变东夷。四罪而天下咸服。"[②]在以道德感化不奏效的情况下，辅以法治，最终使得天下平定。

虽然舜帝时期制定了比较完善的法律，但在执行过程中，与后世相比显得宽松得多。除了鲧因治水不利导致洪水泛滥，最后被处以死刑外，不见其他人遭此处罚。大多数人只是被流放，如对共工、欢兜、三苗的惩罚应该都是流刑。"流宥五刑"，通过流放的方式免除罪犯墨、劓、宫、刖、杀等有损身体乃至伤害性命的刑罚，应该是对罪犯的最大宽宥，同时也是舜仁慈之心的最大体现。习近平总书记在中共中央政治局第三十七次集体学习时强调："在新的历史条件下，我们要把依法治国基本方略、依法执政基本方式落实好，把法治中国建设好，必须坚持依法治国和以德治国相结合，使法治和德治在国家治理中相互补充、相互促进、相得益彰，推进国家治理体系和治理能力现代化。"可以说也是与虞舜这一治国理念一脉相承。

三、禅让。"禅"意为"古代帝王祭祀土地山川"，"让"指"让出帝位"。禅让当是中国古代极为神圣的政权更替方式，其本质是举贤授能，通过这一形式

---

① 周秉钧注译.尚书[M].岳麓书社，2001：8.

② (清)皮锡瑞.今文尚书考证[M].中华书局，1989：68.

让品德高尚且极具才干的人来治理国家。不同的是禅让更能体现举荐者大公无私。人本性具有自私性,同时也对权力充满着渴望,希望权力能世世代代传承下去,故在多数情况下,权力更替是在同姓血亲中进行的。当统治者把政权递交给异姓时,便会发生改朝换代,故在中国历史上,大多数异姓间的禅让都是建立在被迫的基础上。但据现存上古史料看,上古时期的禅让更多体现的是选贤与能的精神。禅让并非是自舜帝时始,尧帝就是以禅让的形式把帝位传给了舜。《史记·五帝本纪》载:“尧知子丹朱之不肖,不足授天下,于是乃权授舜。授舜,则天下得其利而丹朱病;授丹朱,则天下病而丹朱得其利。尧曰‘终不以天下之病而利一人’,而卒授舜以天下。”[①]舜到晚年时,也以同样的方式把政权传递给了禹。《竹书记年》载:“十四年,卿云见,命禹代虞事。”[②]又曰:“舜乃磬堵持衡而笑曰:‘明哉,天下非一人之天下也,亦乃见于钟石笙管乎。’乃荐禹于天,使行天子事也。”相比较而言,舜的禅让更具有无私性。尧之所以禅让帝位给舜,主要是自己儿子的能力太差。在禅让帝位给舜时,同时还把两个女儿下嫁给了舜,权力的更替并没有完全摆脱血缘关系。舜不同,他的禅让不带有任何自私性。禅让在上古时期并没有持续下去,继承帝位的禹后来把权力交给了儿子启,从此,中国进入了家天下的时代。虽然后人对尧舜禹之间的禅让充满着疑惑,认为人性不可能摆脱对权力的欲望,并进而对禅让提出怀疑。《荀子·正论》:“夫曰尧舜禅让,是虚言也,是浅者之传,陋者之说也。”《韩非子·说疑》:“舜逼尧,禹逼舜,汤放桀,武王伐纣,此四王者,人臣弑其君者也。”[③]但不管怎样,禅让制成为了被后人认为是最民主、最公平的权力更替方式,虞舜也因此备受后人称赞。

虞舜身上所体现的孝道精神、民本思想、治国理念对后世影响极大,影响中国数千年的孝文化、德文化皆是从此发源。其民本思想后来演变成“仁”学,在缓和统治阶级与人民之间的矛盾、维系国家的长治久安方面起着重大作用。舜帝身上所体现的治国理念,对我们今天国家建设仍具有启发作用。

① (汉)司马迁.史记[M].中华书局,1959:30.

② 王国维.今本竹书纪年疏证[M].齐鲁书社,2010:47.

③ (清)王先慎.韩非子集解[M].中华书局,1998:406-407.

第二章　虞舜归葬江南九嶷考

一

虞舜为五帝之一，乃中华道德文明之始祖。关于舜帝的出生地、履历地、归葬地历来存在异说。其中归葬地引起的争议最大，从战国到秦汉时期主要存在三种观点，后世诸多分歧皆由此三种观点生发而来：

一是江南九嶷说。司马迁《史记·五帝本纪》载："（舜）践帝位三十九年，南巡狩，崩于苍梧之野。葬于江南九嶷，是为零陵。"[①]《礼记·檀弓上》记载大致同："舜葬于苍梧之野，盖二妃未之从也。"[②]此说又衍生出宁远九嶷山说、道县鬼崽岭说、梧州金鸡岩说。南己之说、鸣条之说也常引此说以证己说的正确性，然却是旁证，而非主证。

二是南己之说。此说见于《墨子·节葬下》："舜西教乎七戎，道死，葬南己之市。"[③]吕不韦等人所编《吕氏春秋·安死》也记载："舜葬于纪，市不变其肆。"[④]据《墨子》及《吕氏春秋》所言，舜当葬于秦地或更远的地方。然此说也

① （汉）司马迁.史记[M].中华书局，1959：44.

② （宋）洪兴祖.楚辞补注[M].中华书局，1983：64.

③ （清）孙诒让.墨子间诂[M].中华书局，2001：181.

④ （秦）吕不韦等，许维遹集释.吕氏春秋集释[M].中华书局，2009：277.

常为鸣条之说、江南九嶷说引用。有学者引《诗经·小雅》云:“滔滔江汉,南国之纪。”[①]认为南纪在江南。然此仅为鸣条之说、江南九嶷说的旁证。由于今天陕西学者对舜陵研究不多,南己之说尚未独立,然由于墨子生活年代比孟子及司马迁要早,故此说有其特殊意义,但该说随着墨家的消亡影响渐小。

三是鸣条之说。此说出于《孟子·离娄下》:“(舜)生于诸冯,迁于负夏,卒于鸣条。”[②]《今本竹书纪年·帝舜有虞氏》:“鸣条有苍梧之山,帝崩,遂葬焉,今海州。”[③]由此说又衍生永济鸣条岗说、定陶鸣条说、连云港市云台山(海州)说、陈留平邱鸣条亭等说。

在以上三说中,由于江南九嶷说被司马迁写入正史之中,《史记》为二十四史之首,司马迁写史又被人誉为“实录”,影响日益深远,后来得到了官方的正式承认。历朝历代的帝王祭祀舜帝都前往九嶷山,而不是往山西、陕西,更别说江苏的连云港了。但司马迁对舜帝的记载也不一定可信。下面这条就多引起学者非议:“(舜)年六十一代尧践帝位。践帝位三十九年,南巡狩,崩于苍梧之野,葬于江南九嶷,是为零陵。”[④]舜帝年寿一百岁,这在上古时期几乎没有可能性。据夏商周断代工程研究成果及笔者根据甲骨文“年”“岁”及小篆“载”的分析,上古帝王平均在位时间约为36年、平均寿命约为52岁[⑤]。而且《史记》记载舜帝一百岁了还南巡江南,就更没有可能性了。既然舜帝连南巡的可能性都没有,怎么可能葬于江南九嶷呢?这一点是主张舜归葬地在江南九嶷的学者难以绕过的圈子。司马迁为什么要“编造”这一历史呢?不少人推测这是服务于政治的需要,是司马迁从学理上论证汉朝大一统的合理性与正确性。《史记》所载历史从五帝开始,且五帝的足迹遍布于整个中华大地,《史记》的撰写确实应该有这方面目的。

那是否可以说舜葬于江南九嶷是司马迁虚构的,而墨子“舜葬于南己”之说或者孟子“舜葬于鸣条”之说是正确的呢?也不一定。墨子没有去过秦国,但

---

① (清)方玉润.诗经原始[M].中华书局,1986:422.

② (清)焦循.孟子正义[M].中华书局,1987:537.

③ 方诗铭等.古本竹书纪年辑证[M].上海古籍出版社,1981:200.

④ (汉)司马迁.史记[M].中华书局,1959:44.

⑤ 肖献军著.上古帝王年寿及在位时间考[A].湖南宁远“舜文化与中国梦”研讨会论文集[C],2014.9.

墨家学派有巨子去过秦国,巨子在墨家学派内享有绝对权威,先秦史料有明确记载的巨子有孟胜、田襄子、腹䵍(见于《吕氏春秋》),其中腹䵍就活动于秦国,《墨子间诂·墨子后语上》载:“腹䵍为墨者巨子,居秦。其子杀人,秦惠王曰:……腹䵍对曰:‘墨者之法:杀人者死,伤人者刑。此所以禁杀伤人也。夫禁杀伤人者,天下之大义也,王虽为之赐而令吏弗诛,腹䵍不可不行墨子之法。’”[①]秦惠王时正是秦国势力东扩之时,自然需要有人为他的东扩寻找理论上的依据。《墨子》是墨子弟子或再传弟子所编,腹䵍距离墨子大约百年时间,正是《墨子》成书时间,如果司马迁是出于政治需要,腹䵍也完全有可能利用自己的权力抬出墨子替秦国说几句话。后来,吕不韦在《吕氏春秋·安死》记载:“舜葬于纪,市不变其肆。”[②]可见,墨家此说确实影响到了秦朝的上层统治者。孟子也是如此,孟子曾游历魏国,和魏王关系也较好,说舜葬于鸣条也不能排除为魏王服务的目的。

由此看来,司马迁、墨子、孟子的说法似乎都有问题,而且司马迁是史学家,注重求实;孟子是儒学大师,注重求诚;墨子是墨家学派的开创者,注重求朴。学者几乎无法从这些人物的品行判断谁在说假话。从墨子到司马迁大概只有三百年时间却产生了三种不同说法,但事实只可能有一个,舜帝的归葬地也应当只有一个。

二

中国的文字是从结绳开始的,后又传说伏羲创制了八卦,但这些都不足以记录具体历史,所以虞舜时期发生的重大事情难以通过文字传留下来。能够具有记事功能且能保存下来的文字已到了商朝——也即19世纪末20世纪初出土的甲骨文。但甲骨文几乎没有夏朝历史的记载,更别说比夏朝还遥远的虞舜时代了。故先秦史料关于虞舜的各种记载,可能来源于神话故事和民间传说,或是春秋战国时期某些学派出于特殊目的,以历史为背景杜撰出

① (清)孙诒让.墨子间诂[M].中华书局,2001:181、722.

② (秦)吕不韦等,许维遹集释.吕氏春秋集释[M].中华书局,2009:277.

来种种故事。故与其相信墨子、孟子、司马迁的话,还不如相信那些神话故事和民间传说。

那么,秦汉以前关于舜帝归葬地有哪些神话,这些神话是否也存有矛盾呢?关于舜归葬地的记载,《山海经》记录最多,下面一一列出:

湘水出舜葬东南陬,西环之。入洞庭下。一曰东南西泽。(《山海经·海内东经》)①

兕在舜葬东,湘水南,其状如牛,苍黑,一角。(《山海经·海内南经》)

苍梧之山,帝舜葬于阳,帝丹朱葬于阴。(《山海经·海内南经》)

狌狌知人名,其为兽如豕而人面,在舜葬西。(《山海经·海内南经》)

南方苍梧之丘,苍梧之渊,其中有九嶷山,舜之所葬,在长沙零陵界中。(《山海经·海内经》)

有阿山者。南海之中,有氾天之山,赤水穷焉。赤水之东,有苍梧之野,舜与叔均之所葬也。(《山海经·大荒南经》)

《山海经》的这些记载见于《海内东经》《海内南经》《海内经》《大荒南经》四个部分,未见于《海内北经》《海内西经》《海外经》中。也就是说,以墨子为代表的"南已之说"和以孟子为代表的"鸣条之说"在《山海经》这部神话著作中找不到依据。《山海经》中关于舜帝归葬地的记载分在四经之中,四经中提到的归葬处貌似有别,实际上是指一处。如《海内东经》中有湘水、洞庭,且指出舜归葬地在湘水东南。这与《海内南经》所载并不相矛盾,《海内南经》也记载舜葬地在"湘水南",《海内经》虽未载舜归葬地在湘水南,但却指明"舜之所葬,在长沙零陵界中",且归葬之处有苍梧、九嶷山,这正是在湘水之南。而《大荒南经》中也提到苍梧之野、南海等,也当与其他经所指同一处。之所以称《大荒南经》应该是离政治中心较远之缘故,但还在海内。舜归葬地在《山海经》不同经中都有记载,一则可能与上古时期地理概念不如后世清晰相关;二则每经中所载神话并不一定就是本经范围内的神话, 只是在本经内流传的神话。而舜帝归葬地的神话以《海内南经》为中心,向四周扩散开来,故见于多经之

① (晋)郭璞,袁珂校注.山海经校注[M].上海古籍出版社,1987:332.

中。除《山海经》外，屈原的作品中也多引用神话：

济沅湘以南征兮，就重华而陈词。（《离骚》）[①]

百神翳其备降兮，九嶷缤其并迎。（《离骚》）

从屈原的作品中也可以看出，舜帝死后为九嶷山神，而九嶷在沅、湘之南，与《山海经》中所载颇为一致。据司马迁《太史公序》载，司马迁曾经在20岁左右南游，曾"窥九嶷，浮于沅、湘"[②]，司马迁关于舜"崩于苍梧之野。葬于江南九嶷，是为零陵"的说法当来自神话故事或民间传说，司马迁的"实录"，实际上包含了对神话与传说的实录。

除了与舜帝南巡相关神话和传说，湖湘地区还流传二妃的神话，也可以从侧面证实舜葬于九嶷之说。《尚书·尧典》载："帝曰：'我其试哉。'女于时，观厥刑于二女。厘降二女于妫汭，嫔于虞。"[③]《山海经·中山经》载：洞庭之山，"帝之二女居之，是常游于江渊。澧沅之风，交潇湘之渊，是在九江之间，出入必以飘风暴雨。"[④]大约与此同时，屈原作下了《湘君》《湘夫人》。湘君、湘夫人究竟是谁，众说纷纭，但《湘夫人》："九嶷缤兮并迎，灵之来兮如云。"肯定和舜帝有关系，司马迁的《史记》直接把二者相联系："浮江，至湘山祠。逢大风，几不得渡。上问博士曰：'湘君何神？'博士对曰：'闻之，尧女，舜之妻，而葬此。'"刘向在《列女传》中写道："舜陟方，死于苍梧，号曰重华。二妃死于江、湘之间，俗谓之湘君。"[⑤]今天，从湘江之源到湘江之尾，与二妃相关的祠庙不下于十座。分别以二妃祠、二妃庙、湘妃庙、潇湘庙命名，另外还有二妃墓、黄陵庙等，二妃的影响遍布整个湘江流域。

从秦汉前的史料可以看出，大概在战国时代，关于舜帝及二妃的神话传说就已在湖湘大地上流传，几乎没有什么疑义，而且这一传说还流传到了长江以北的广大地区。一个神话传说从其产生到广为流传，没有几百年甚至上

---

① （宋）洪兴祖.楚辞补注[M].中华书局，1983：20.

② （汉）司马迁.史记[M].中华书局，1959：3293.

③ （清）孙星衍.尚书今古文注疏[M].中华书局，1986：28-31.

④ （晋）郭璞，袁珂校注.山海经校注[M].上海古籍出版社，1980：176.

⑤ （汉）刘向，张涛译注.列女传译注[M].山东大学出版社，1990：4.

千年时间是难以形成的。如果从屈原出生(前340)上推500年,则到了共和二年(前840),已是周公、召公共同执政时期,此时距虞舜时代大约1300年;如果上推千年,则到了商代,距虞舜时代仅800年左右,有些神话和传说的产生可能还要超过千年,因而在缺乏文字记载的情况下,这些神话、传说可视为最可信的资料。

三

今天山东、河南及陕西等地,也流传着一些与舜帝相关的神话和传说,但山东、河南的神话和传说大多集中在舜登帝位之前,如舜帝出生,舜耕于历山,打渔于雷泽,做陶器于河滨,做什器于寿丘,迁于负夏等。山西比较例外,山西是舜都之处,传说舜都于蒲坂,但今天山西不仅存有舜帝陵,还有历山,给人的感觉是舜生于斯、定都于斯、卒于斯,作为中原地区最大的部落联盟首领,活动范围竟如此狭窄,这不符合实际。然而值得注意的是,在山西临汾、洪洞地区,流传着一种古老的民俗——“接姑姑送娘娘”,这一民俗流传数千年而不衰,它当源于舜登帝位后与二妃的生活,但山西关于舜帝归葬地的神话基本没有,其他民间传说存有一些,却与先秦文献所载基本无关,盖后人为了追念舜帝而编造的一些故事。可知,从神话和传说的角度看,舜归葬地很少有可能发生在山西。又今天山西学者常引用《今本竹书记年》证明舜葬鸣条:“鸣条有苍梧之山,帝崩,遂葬焉。”①但从孟子语看,鸣条并不是一个大地方,先秦时远不如苍梧有名,且同“尧幽囚,舜野死”之传说相矛盾,舜帝如果卒于永济之鸣条,还算不上野死。但如果葬于江南九嶷,可以算得上真正的野死了。

从历史学和考古学的角度看,舜葬于江南九嶷也有据可依。今天,在湖南九嶷山、山东菏泽及诸城、山西蒲州古城都发掘了不少文物,这些文物从唐宋一直到上古时期的都有,甚至考古学家还能判断有些是尧舜时期的文物,但客观地说,考古学家能够判断的也仅仅只有这些,至于文物是否与舜帝相关,

① 方诗铭等.古本竹书纪年辑证[M].上海古籍出版社,1981:200.

没有哪个考古学家能作出肯定回答。但舜葬于江南九嶷可以从历史学和考古学角度得到印证。司马迁《史记·秦始皇本纪》:“三十七年(前210)十月癸丑,始皇出游。……十一月,行至云梦,望祀虞舜于九嶷山。”[①]云梦一说在湖北安陆、一说长江以北为云泽,长江以南洞庭湖地区为梦泽,不管怎样,秦始皇望祀虞舜于九嶷山证明了舜帝陵在江南九嶷。此时距司马迁“窥九嶷,浮于沅湘”仅仅85年,资料应相当可信。另外,马王堆出土的东汉地图,可以清楚看出九嶷山处有九根石柱在,当是对舜帝陵的标示。今天九嶷山有舜帝陵,乃为后来修建,乃陵与庙之合一。实际上,到唐代时舜陵具体在何处已不可考。元结《论舜庙状》:“舜陵在九嶷之山,舜庙在太阳之溪。舜陵古老以失,太阳溪今不知处。秦汉已来,置庙山下,年代寖远,祠宇不存。”[②]故在唐代文献中基本上找不到舜陵的记载,只有虞帝庙、舜帝庙,而无舜陵存在。元结是唐代地理学家,有《九嶷山图记》《诸山记》等地理著作,虽然其时舜陵不存,但却肯定了舜陵的历史存在,且与《史记》及马王堆帛画所载一致。

在诸多的考古中,笔者认为道县之鬼崽岭应该引起舜文化研究者的重视,鬼崽岭没有坟墓,是一座略带圆形的山丘,山丘之下数尺,布满了密密麻麻的鬼崽崽,这些鬼崽崽自上古至清代都有,部分鬼崽崽已经风化,显示了年代久远的特征。这符合上古时期的“不树不封”的墓葬制度,如此多的鬼崽崽当为祭祀时所用,但祭祀谁却没人知道,一是可能时代久远的缘故,二是可能上古帝王的墓葬守护人刻意保密的缘故。但在离鬼崽岭不远处,有象庙存在,唐代还有象鼻亭。柳宗元《道州毁鼻亭神记》记载:“鼻亭神,象祠也。不知何自始立,因而勿除,完而恒新,相传且千岁。”[③]假如上推千年,象祠在秦时已存在。如此古老的象祠,如此神秘的鬼崽崽,期间或许真有某种内在联系。与二妃相关的陵庙及冢也出现较早,《史记》:“浮江,至湘山祠。逢大风,几不得渡。上问博士曰:‘湘君何神?’博士对曰:‘闻之,尧女,舜之妻,而葬此。’”《括地志》云:“黄陵庙在岳州湘阴县北五十七里,舜二妃之神,二妃冢在湘阴北一百

① (汉)司马迁.史记[M].中华书局,1959:260.

② (唐)元结,孙望校.元次山集[M].中华书局,1960:133.

③ (唐)柳宗元.柳宗元集[M].中华书局,1979:743.

六十里青草山上。”而正史仅《清史稿》记载在濮州有虞帝陵庙，乃清代所建。

但秦汉以前的文献记载舜帝归葬地确实存在异说，至于为什么会存在异说，这里姑且作以下臆测：《周易·系辞下》：“古之葬者，厚衣之以薪，藏之中野，不封不树，丧期无数。”[①]坟丘墓的出现已到了春秋晚期。也就是说舜帝死后一千多年才有坟丘，其时恐怕没人知道舜所葬之具体位置了。所以，即使秦始皇时有舜帝陵，恐怕也不是原来的舜帝陵了。其二，陵、庙不分导致的误解。虽然舜帝陵可能在战国时代出现，但舜帝庙出现的时间应该非常早，而且先秦诸子散文中几乎都提到了舜，可见舜在春秋战国时期已影响巨大，故舜帝庙应该在当时存在不少。特别是舜文化集中分布地区，可能由此而引发误解以为舜帝归葬于此。如大中四年，梧州金鸡岩附近建有舜庙，今天梧州部分学者就以为舜帝归葬于此。山西永济也是如此，现在可知的舜庙建于唐开元二十六年(738)，舜陵的出现应该更晚。其三，可能与先秦巫文化相关。如楚怀王客死于秦，但楚怀王墓在湖北省枝江县百里洲。这涉及古代的招魂和招魂葬。相传屈作《招魂》：“外陈四方之恶，内崇楚国之美”[②]替楚怀王招魂，也由此而形成了招魂葬，故怀王之墓建在了原楚国范围内。唐前就广泛流传“尧幽囚，舜野死”之说，在湖湘地区凡与舜帝或二妃相关的文学，都充满幽怨之感。如此，在舜帝出生地山东及履历地山西，都可能存在替舜帝招魂的情况，也可能因此而出现招魂葬，这就会导致舜帝归葬地出现多种说法。

当然，舜帝归葬地之所以存在异说，最大的原因还是与地方学者相关，舜帝是中华民族共同先祖，是中华道德文明之始祖，无论对于地域精神的凝聚、道德文明的教化，乃至地方影响力的提升都起重大作用。故从墨子、孟子、司马迁始，直到今天的学者，这种争议从未断过，而且愈演愈烈。这从侧面反映了舜文化影响的巨大，舜帝精神也在讨论与争议中发扬光大。

---

① (清)惠栋.易例[M].中华书局，2007：708.

② (宋)洪兴祖.楚辞补注[M].中华书局，1983：197.

第三章　虞舜、元结与湖湘孝道精神

一

孝文化是中华传统文化的一个重要组成部分，在道德文化中居于首要地位。《汉书·艺文志》载："夫孝，天之经，地之义，民之行也。"[①]孝德是君子之德，是个人修身的一部分，父慈子孝是天经地义之事，它关系到家庭的和谐稳定与生命的延续。古代虽有天子、诸侯、卿大夫、士人、庶人之分，但孝德却具有普遍性，是每个人都要恪守的，"故自天子至于庶人，孝无终始，而患不及者，未之有也"[②]。历朝统治者都重视孝道，他们评选出二十四孝，作为践行孝道的典范，供后人学习。舜帝、汉文帝等不仅在全社会范围内推行孝道，还以身作则，成为了践行孝道的楷模。宋后为统治者尊奉的《十三经》，每经中都有大量文字对孝道进行阐述，其中还有专门阐释孝道的《孝经》。统治者之所以重视孝道，是因为孝道系天下安危，如果家庭稳定，则整个社会也就稳定，而且孝和忠往往联系在一起，在家不孝者，很难说其会忠于国家。早在先秦时代，孟子就指出要以孝治天下，并提出了具体措施，他说："壮者以暇日，修其孝弟（悌）忠信，入以事其父兄，出以事其长上，可使制梃以挞秦、楚之坚甲利

① （汉）班固.汉书[M].中华书局，1962：1719.

② 胡平生等译注.礼记·孝经[M].中华书局，2007：237.

兵矣。”[①]孟子认为，如果能使一国之民做到“孝悌忠信”，这个国家就能够“无敌”。相反，如果一个国家的统治者剥夺民时，则其民不能尽孝悌，就会导致父母、兄弟、夫妻、子女离散，其百姓也必然无心御敌，国家迟早要走向灭亡。

人类应自产生以来便存在孝悌之念，这是人类能够生存、延续的一个基本条件。但有意识地把孝道思想提出来并作为人类悉知的行为准则始于舜帝。司马迁在《史记·五帝本纪》中肯定了舜帝在道德上的模范作用，他指出“天下明德皆自虞帝始”[②]。从《山海经》等先秦文献中保存的不少神话看，尧舜之前是“力伐”时代，部落之间战争频繁而又残酷，其时人虽或存有孝心，但尚未形成理论体系。至舜帝时，人们开始意识到道德对维系社会稳定的重要性，德治思想由此产生。舜德内涵十分丰富，但最基本、最重要的是孝德。舜之所以能够登上帝位，与其孝德相关。据《尚书·尧典》载，帝尧年老时，准备选择继承人，而虞舜以“父顽，母嚚，象傲。克谐以孝烝烝，乂不格奸”[③]而闻于帝尧，在经过重重道德测试后，舜帝最终继承了帝尧事业。对于舜帝的孝德，《尚书》记载较为简略，后来《孟子》及《史记》对具体情节进行了补充，特别是广为后世流传的舜的后母与弟迫害舜的“焚廪”“浚井”“醉酒”等故事开始成形。面对后母和弟弟的迫害，舜仍不怨恨他们，以自己的行为去化解他们内心的仇恨，“惟害若兹，思慕不已，不怨其弟，笃厚不怠。”[④]（《列女传》）也就是在持续不断的迫害中，舜帝的孝道精神得以彰显。难能可贵的是舜继承帝位后，依然侍奉瞽瞍如初，并且不记其弟弟象的仇恨，封其于有庳。

舜帝的孝行在中华孝道文化中获得了崇高的地位。《孝经》虽没有提及舜帝，但其制定却是以舜帝的言行作为准则的。如“孝子之事亲也，居则致其敬，养则致其乐，病则致其忧，丧则致其哀”[⑤]，孝子应该具有的品质，在舜帝身上都有体现。舜帝的孝德不仅得到了儒家的认同，道家、法家也多次称赞舜帝的孝德，甚至还得到了佛教徒的认可。最早提出“二十四孝”的是五代圆鉴大师，

---

① （清）焦循.孟子正义［M］.中华书局，1987：66-68.

② （西汉）司马迁.史记［M］.中华书局，1982：43.

③ （清）孙星衍.尚书今古文注疏［M］.中华书局，1986：28-30.

④ （汉）刘向，张涛译注.列女传译注［M］.山东大学出版社，1990：3.

⑤ 胡平生等译注.礼记·孝经［M］.中华书局，2007：254.

他在《二十四孝押座文》中提到“万代史书歌舜主”，但圆鉴大师文中所载舜帝还只是位居二十四孝之一。元人郭守正将历史上二十四位在孝行上有突出表现的古人的事迹辑录在一起，并由王克孝绘成《二十四孝图》，“二十四孝”开始在社会中广为流传。其中舜帝《孝感动天》为第一幅，舜帝首孝的地位从此确立。舜帝的孝德深入人心，自古以来不容否定，《孟子·离娄上》就对虞舜“不告而娶”进行了辩解，孟子曰：“不孝有三，无后为大。舜不告而娶，为无后也，君子以为犹告也。”[①]除“不告而娶”，舜帝“封象于有庳”也引起了争议，象多次迫害舜，但舜继承帝位后不仅没有惩罚他，还把有庳作为封地给了象。所以孟子学生万章提出质疑：仁人都是这么做的吗？为什么别人犯了错误就要诛灭他，而自己的弟弟犯了错误却还要加封他呢？孟子辩解说：“仁人之于弟也，不藏怒焉，不宿怨焉，亲爱之而已矣。”所以，不管是舜“不告而娶”，还是“封象于有庳”，在孟子看来都是舜帝孝悌精神的体现。

不仅如此，与舜帝相关的二妃在孝文化中地位也十分重要。二妃之事，《尚书》中记载甚少，仅提及尧下嫁二女于舜一事，至于二女下嫁舜后所做的一切，则没有提到。《孟子》中有关舜帝记载颇多，但也没有论及二妃。唯有《山海经》及屈原的《湘君》《湘夫人》有所记载，但《山海经》中的二妃是“出入以飘风暴雨”的湘水之神，而《湘君》《湘夫人》中的二妃则是多情、幽怨的形象，先秦文献中的二妃更多的是文学形象，距离道德形象还有一定距离。西汉时司马迁在《史记》中虽然仍然只写到了二妃下嫁于舜，但却对舜之后母及弟迫害舜的情节进行了丰富和补充，这对刘向后来撰写《列女传·有虞二妃传》有所启发——舜帝既然开启了中华孝道文明，那舜帝的妻子二妃也应该是道德典范。于是舜帝在孝道上所做的一切便与二妃相关了，二妃形象由文学形象转化成了道德形象。“有虞二妃”被刘向置于《列女传》之首，《列女传》所载事迹虽与《史记》大致相同，但舜所做的一切事情都有二妃的积极参与，而且二妃还是舜摆脱困境的关键因素。该传末尾对二妃进行了赞颂：“元始二妃，帝尧之女。嫔列有虞，承舜于下。以尊事卑，终能劳苦。瞽瞍和宁，卒享福祜。”[②]充

① (清)焦循.孟子正义[M].中华书局，1987：532.

② (汉)刘向，张涛译注.列女传译注[M].山东大学出版社，1990：4.

分肯定了二妃的孝德。家庭的和谐不仅只是依靠男性,女性特别是出嫁后的女性对于促进家庭的和谐也十分重要。舜帝的孝行在某种程度上是依靠二妃才得以实现的,舜帝和二妃是孝文化最早的践行者,中华孝道文化就是从舜和二妃这里开始的。

二

上古文化在某种程度上是中华民族的共性文化,这种共性文化成为了维系整个华夏文明的精神纽带。但同时上古文化又具有地域性,五帝的足迹几乎遍及整个中华大地,五帝身上所具有的各种品格在不同地域之上形成,形成之后在不同地域产生影响的大小也不尽相同。

据《孟子》及《史记》等载,虞舜出生于今天的山东,青年时活动于河南,中年称帝于山西,晚年南巡于湖湘,其后裔寓居于浙江、福建一带,所以山东、河南一带注重宣传舜帝的孝道精神,山西地区多宣传舜帝选贤授能的治国精神,湖湘地区注重宣传舜帝的文学精神,江浙地区注重宣传家族精神。每一地区对舜帝的文化精神都有继承,但侧重点各有不同。虞舜之所以在湖湘地区产生重大影响,主要是舜帝晚年南巡化蛮,并葬于江南九嶷及二妃追舜不及自投湘水而死的行为感动了湖湘人民。但舜帝的孝道精神从舜帝时代直到唐代中期在湖湘地区几乎无人提及,舜帝孝道精神对湖湘地区产生影响需要某种契机出现,而这一契机与唐代文人元结的到来有很大关系。

元结,字次山,后魏常山王拓跋遵的十二代孙,河南鲁山(今属平顶山)人。河南平顶山、登封、三门峡、濮阳等地是虞舜青年时期活动地,也是舜文化集中分布地,这里流传着许多舜帝年轻时孝行的民间故事,作为河南人的元结受舜文化影响较深。他在早年所作《补乐歌·大韶》序中说:"《大韶》,有虞氏之乐歌也。其义盖称舜能绍先圣之德。"[①] 其诗称赞舜德之浩大:"洋洋至化兮,日见深柔。欲闻涵濩兮,大渊油油。"可见舜德对少年元结影响之深。在舜

① (唐)元结著,孙望校.元次山集[M].中华书局,1960:4.

德中，元结对舜帝之孝德更为崇敬，元结《治风诗》中有《至慈》篇，是专门歌颂舜帝孝德的。据《二风诗论》载："安之以慈顺，故颂帝舜为慈帝。"元结在这里直接把舜帝称为慈帝，并在诗中称赞其孝德之广大及化人之深："至化之深兮，猗猗娭娭。如煦如吹，如负如持，而不知其慈。"在歌颂舜帝孝德的同时，元结对于当时有违孝德的行为进行了深刻批判，他感叹当时之所以有"穷极凶恶者"出现，在于孝道的崩坏，故要"闻之订之、嗟之伤之、泣而恨之"。并且认为父子之间由于"听谗受乱之意惑"，结果导致令人悲感而痛恨的事情发生。他在诗中感叹："呜呼！即有深慈，将安兴哉！即有至孝，将安诉哉！"这时的元结还尚年轻，还只是从思想上接受了舜帝的慈孝，认为提倡孝道可以改良日益颓败的世风，而其自身的孝行，则还没有得到完全彰显。安史之乱发生后不久，元结之父元延祖病逝，他在临终前告诫元结："不得自安山林，勉树名节，无近羞辱。"[①]元结听从了其父告诫，起兵反抗安史叛军，后为肃宗所闻，于是征召入朝廷。元结上《时议三篇》，对当朝时弊进行了中肯剖析，深得肃宗肯定，于是拜为左金吾兵曹，摄监察御史，充山南东道节度参谋，并且任命他在唐、邓、汝、蔡等州招辑义军来抵抗安史叛军。元结在与安史叛军作战过程中取得了一系列胜利，成功实现了由文人向武将的转变。上元元年(760)，元结被正式授予了监察御史一职，"未逾数月，官忝风宪，任兼戎旅"[②](《辞监察御史表》)。监察御史在唐代虽仅为正八品，但能朝见皇帝，出入朝廷，监察百官，职权范围较为广泛，是一个颇受重视的官职，而且元结还任山南东道节度参谋，掌握了一定军事指挥权。对于刚入官场不久的元结而言，当然是值得庆幸的事。但元结三代单传，其母渐老，建功立业、报效国家与赡养老母以尽孝道发生了矛盾。在二者选择中，元结没有任何犹豫，选择了辞官。他在《辞监察御史表》中写道："臣老母多病，又无弟兄，漂流殊乡，孤弱相养。……念臣老母，令臣得以奉养。"元结的这次辞官没有得到皇帝的许可，但其孝道精神因此而得以彰显。后来，元结入荆南节度使吕諲幕府，任节度参谋。宝应元年(762)，吕諲卒于任上，元结在处理完吕諲丧事后，再次上《乞免官归养表》，表示辞官

① (宋)欧阳修，宋祁.新唐书[M].中华书局，1975:4682.
② (唐)元结著，孙望校.元次山集[M].中华书局，1960:103.

归养老母的愿望："臣无兄弟，老母久病，所愿免官奉养，生死愿足。"并且希望能"愿全忠孝于今日"，元结的行为感动了当时的代宗皇帝，辞官得以实现，辞官后的他隐居于武昌樊上，侍奉自己的母亲，元结的孝道精神第一次在自己身上得以实现。

广德二年(764)，元结在46岁时任道州刺史。到任后，他开始招集流民，守卫城池，畲种山林，道州渐渐从战乱中恢复过来。道州在唐代还属于蛮荒落后的地区，但同时也是《史记》中所载舜帝归葬之处。永泰元年(765)元结以虞舜葬于九嶷山(唐时属道州境)，在道州之西建立舜祠，又作《舜祠表》，并请当时的江华县令瞿令问用篆书刻在石上。《舜祠表》对虞舜之德进行了颂扬和充分肯定，元结认为："大舜于生人，宜以类乎天地；生人奉大舜，宜万世而不厌。"把舜帝提高到与天地等同的地位。永泰二年(766)，元结又于道州西山上建舜庙，又上《论舜庙状》，乞请免除近庙两户人家的赋税，以负责打扫管理舜庙，其目的是"表圣人至德及于万代"。元结在道州建立舜祠、舜庙，主要是宣扬舜德，特别是舜帝的孝德。元结在《时化》中提到："夫妇为溺惑所化，化为犬豕；父子为惽欲所化，化为禽兽；兄弟为猜忌所化，化为仇敌。"怎样去改变这种现状，在《时化》中元结没有提到，但到道州任刺史后，他以实际行动解决了这个问题，那就是用舜帝之道德去教化道州的百姓，让他们从恶的一面化向善的一面。元结以德化蛮的行为不仅影响了道州百姓，甚至感化了道州之外的西原蛮。在元结任道州刺史期间，西原蛮没有一次侵犯过道州，而周边的永州、邵州却多次遭遇战火。除了以舜帝孝行感化道州百姓，元结甚至把孝道思想刻于金石，他在任道州刺史期间，创作了《涍泉铭》，其铭曰："时世相薄，而日忘圣教。欲将斯泉，裨助纯孝。"他希望通过宣扬孝道精神来使日益相薄的时俗得到改善和纯化，这是对孝道思想的直接宣扬。

三

孝道思想存在于每个人心中，关键在于是否能在生活中践行，或者践行程度如何。践行孝道最基本的层次是赡养老人，也就是说，当父母失去生活来源，生活无以为继时，作为子女必须要赡养父母。这是责任，也是无条件的义务,甚至与是否继承父母的财产无关。这一义务源于子女对父母生育、抚养自己的无偿回报。当今社会大多数人都能做到这一层次,连这一层次都做不到的人,最后往往被诉诸于法律。但法律也仅仅只保障了老人的生存权利,从道德层面看,仅赡养父母还不能说尽到了孝道。《论语·为政》中说:"今之孝者,是谓能养。至于犬马,皆能有养;不敬,何以别乎?"①可见,子女除了赡养父母,还要出自内心地尊敬父母,要对父母有感恩之心,这是孝道的更高层次。当今社会中,不能做到这一点的人应该还不少。元结为当代人树立了良好的榜样。元结任道州刺史后,践行了虞舜孝道精神,他把母亲安置在自己身边,亲身侍奉母亲的饮食起居,事事亲为。他在《让容州表》中写道:"臣有至切,不敢不言,臣实一身,奉养老母,医药饮食,非臣不喜,臣暂违离,则忧悸成疾。"②元结亲身侍奉母亲不是一朝一夕的事,他的父亲元延祖宝应元年(762 年)去世,大历四年(769)其母去世,在长达七年的时间里,元结不管在哪做官,总是把母亲带在自己身边,在战乱年代,元结的这一行为十分难得。

自广德二年(764)至大历三年(768)五年时间里,元结在治理道州上取得了辉煌的政绩,《新唐书·元结传》载:"结为民营舍给田,免徭役,流亡归者万余。"③元结离道州刺史任时,潭州刺史张谓为之作《甘棠颂》来赞美他,道州百姓更是"乐其教,至立石颂德"。由于元结在道州刺史任上取得了杰出政绩,大历四年(769)由道州刺史"进授容管经略使"。经略使拥有了数州政治、军事权力,这对当时许多人而言是求之不得的事情,然而元结担心母亲年纪已老,不能经受沿途奔波和南方的暑热,因而上表辞官,他在《让容州表》中写道:"臣欲扶持版舆,南之合浦,则老母气力,艰于远行;臣欲奋不顾家,则母子之情,禽畜犹有;臣欲久辞老母,则又污辱名教。"④元结陷入了忠孝两难全的处境,在这种情况下元结"乞停今授,待罪私门,长得奉养"。然而,由于容管地区洞夷獠、西原蛮正在作乱,朝廷急需元结这样的人才平定叛乱,故元结这次请

① 程树德.论语集释[M].中华书局,1990.85.
② (唐)元结著,孙望校.元次山集[M].中华书局,1960:155.
③ (宋)欧阳修,宋祁.新唐书[M].中华书局,1975:4686.
④ (唐)元结著,孙望校.元次山集[M].中华书局,1960:156.

求并没有得到代宗许可，结果元结“母老不得尽其养”，在元结任容管经略使期间，其母病逝。元结母亲去世后，当依据丧礼回家守孝，但当时容管地区动乱尚未平息，“人皆诣节度府请留，加左金吾卫将军”[①]。然而，元结辞官心已决，作《再让容州表》：“今陛下又夺臣情，礼授容州。臣遂行，则亡母旅榇，归葬无日；几筵漂寄，奠祀无主。……特乞恩慈，允臣所请，收臣新授官诰。”据颜真卿为元结所作《墓碑铭》载：“大历四年夏四月……君矢死陈乞者再三，优诏褒许。”元结的孝行最终打动了代宗，元结得以返回祁阳为其母守孝三年。

元结不仅自身践行了虞舜孝道精神，还推己及人，在自己管辖范围内推行孝道精神。《旧唐书·肃宗纪》：“（乾元三年）四月……戊申，襄州军乱，杀节度使史翙，部将张维瑾据州叛。”[②]襄州军乱给百姓带来了巨大灾难，不少将士的父母因战乱而不知所归，不得已投靠从军的将士。这给当时军队带来了一定负担，战争中将士的口粮都难以保障，现在还不得不分口粮给将士的父母，但元结依然上书给山南东道节度使来瑱，他在《请给将士父母粮状》中肯定了将士分衣食给父母的孝行，并建议：“伏望各量事给其衣食，则义有所存，恩有所及，俾人感劝，实在于此。”同年又上《请收养孤弱状》给来瑱，建议如果有孤弱子弟投奔将士，要收养他们，并且给予他们一定量的口粮。“老吾老以及人之老，幼吾幼以及人之幼”在元结身上得到了全面的体现。由于元结解决了不少将士的后顾之忧，他们在战争中也尽其忠勇。元结自安史之乱后指挥的战争没有失败过一次。元结在力所能及的范围内推行孝道，并认为孝道与忠君爱国存在一定联系，他说：“夫孝而仁者，可与言忠信，而忠信者可以全义勇。岂有责其忠信，使之义勇，而不劝之孝慈，恤以仁惠？”[③]在战争年代，特别是安史之乱后，社会动荡不安，出现了一系列社会痼疾。怎样解决这些问题，元结虽没有直接指出，但他认为推行孝道是关键因素。他在《述时》中写道：“上全忠孝，下尽仁信，内顺元化，外娭大和，足

① （宋）欧阳修，宋祁.新唐书[M].中华书局，1975：4686.

② （后晋）刘昫.旧唐书[M].中华书局，1975：258.

③ （唐）元结著，孙望校.元次山集[M].中华书局，1960：101.

矣。”《让容州表》中也说：“孝于家者忠于国。”这与《论语》中所提倡的“其为人也孝弟(悌)，而好犯上者，鲜矣；不好犯上，而好作乱者，未之有也”[①]是一致的，所以元结举荐人时，多视其是否有忠孝之心。如宝应元年元结所奏《举吕著作状》，推举吕諲侄子：“质性纯厚，识理通敏，仁孝之性，不惭古人。”元结为文，也注重宣传孝道精神，他在《文编序》中提到作文的目的：“其意必欲劝之忠孝，诱以仁惠，急于公直，守其节分。”可以说，元结不仅从思想层面上接受了虞舜孝道思想，还从多方面践行了虞舜的孝道精神。

一种文化精神的影响力在不同地域并不等同，在该文化精神产生的特定地域，影响力尤大，虞舜孝道精神也是如此。舜帝是中华道德文明的始祖，司马迁在《史记》中说：“天下明德皆自虞帝始。”[②]舜帝以德而得天下，以德而治天下，而舜德文化的核心便是孝道精神。据司马迁《史记》载：“舜，冀州之人也。舜耕历山，渔雷泽，陶河滨，做什器于寿丘，就时于负夏。”《孟子》也记载：“舜生于诸冯，迁于负夏，卒于鸣条，东夷之人也。”[③]虽然今天学者无法确切考证历山、雷泽、寿丘、负夏的具体位置，但从“冀州之人”“东夷之人”，结合舜文化遗迹在今天的分布情况看，舜帝青少年时应该活动于山东、河南一带，其孝道精神也产生于这一带。从文化的影响力来看，舜帝孝道精神影响最大的也是这些地区。如孔、孟都出生于山东地区，他们的著述中也有多处关于孝道的阐述。特别是孟子，言必称尧舜，他认为舜以孝行感化了瞽瞍，在天下人面前做出了表率，是“大孝”，并且认为：“舜之道，孝弟(悌)而已矣。”在《离娄下》《万章上》《尽心上》等篇章中也有关于虞舜孝道的记载，可见舜帝孝道精神对其影响之深。河南地区也是一样，河南舜文化遗迹大多集中分布在黄河两岸，这与虞舜部落从东夷之地向西扩展方向一致，而且分布在河南的遗迹大多和舜帝孝行相关。虞舜孝道精神对今天山东、河南地区民众影响依然深远。

舜帝对湖湘地区的影响不同，据司马迁《史记》记载：“(舜)践帝位三十九年，南巡狩，崩于苍梧之野。葬于江南九嶷，是为零陵。”[④]《山海经》中也有记

---

① 程树德.论语集释[M].中华书局，1990：10-13.

② (西汉)司马迁.史记[M].中华书局，1982：43.

③ (清)焦循.孟子正义[M].中华书局，1987：537.

④ (西汉)司马迁.史记[M].中华书局，1982，(2)：44.

载:“舜之所葬,在长沙零陵界中。”[①]从以上史料可以看出,舜帝曾南巡湖湘,且最终葬于湖湘地区,但因舜帝南巡是其晚年之事,与其孝道精神并没有必然联系。舜帝在湖湘地区的影响更多体现了一种文学精神,因而,在湖湘地区有大量关于舜帝与二妃凄美爱情的文学作品。屈原的《湘君》《湘夫人》首肇其端,其后,有关舜帝与二妃的文学作品开始多了起来,并与湖湘贬谪文化结合在一起,形成了特有的湖湘骚怨精神,而有关虞舜孝道精神,在元结来到湖湘地区之前很少得到传播。元结任道州刺史后,虞舜孝道精神在湖湘地区传播的契机出现了,元结由舜葬于江南九嶷联想到年轻时受到的虞舜孝道文化的熏陶,并进而把孝道文化在湖湘地区进行了推广。

虞舜孝道精神与湖湘文化精神在元结身上首次得到了融合,他不仅从理论上宣扬了虞舜的孝道精神,还践行了虞舜孝道精神,为湖湘人士树立了一个良好的榜样。从此之后,虞舜孝道精神开始成为湖湘文化精神的一个有机组成部分,哺育着广大湖湘人士。宋代理学开山祖师周敦颐(湖南道州人)在《通书》中,再次高扬虞舜孝道精神,并把孝道精神与治天下联系起来,他说:“尧所以厘降二女于妫汭,舜可禅乎?吾兹试矣。是治天下观于家,治家观身而已矣。”湖湘孝道精神得到了进一步弘扬。此后,王夫子、曾国藩、胡林翼、毛泽东、彭德怀等人都以孝道著称,这与虞舜孝道精神的影响分不开,也与元结对虞舜孝道文化的弘扬分不开。

---

① (晋)郭璞,袁珂校注.山海经校注[M].上海古籍出版社,1980:459.

第四章　虞舜、柳宗元与湖湘革新精神

一

柳宗元(773—819),字子厚,祖籍河东人。柳宗元虽然出生于长安,但却十分注重自己的祖籍,他在诗文中多次自称为河东人。柳氏在于河东为世家大族。元稹在《赠左散骑常侍河东薛公神道碑文铭》中说:"(薛)与裴氏、柳氏为河东三著姓。"[①]顾炎武说:"盖近古氏族之盛,莫过于唐,而河中为唐近畿地,其地重而族厚。若解之柳、闻喜之裴,皆历任数百年,冠裳不绝。"[②]柳宗元对河东柳氏也有载,他在《故叔父殿中侍御史府君墓版文》中写道:"柳氏之先,自黄帝历周、鲁,其著者无骇,以字为展氏,禽以食采为柳姓。厥后昌大,世家河东。"[③]河东之所以能够成为唐代世家大族柳氏的集中分布地,与这里的文化积淀相关。河东在今天山西西南部,这里孕育着华夏文明,是中华文明的主要发源地。尧建都平阳,舜建都蒲坂,禹建都安邑,都在河东地区。上古文化的密集分布熏陶着河东地区的人民,他们发奋、自强,重视门第观,形成了特有的氏族观。其中舜文化的影响尤其大,舜文化主要分布在今天运城、临汾两

---

① (唐)元稹.元氏长庆集[M].上海古籍出版社,1994:262.

② (清)顾炎武.顾亭林诗文集[M].中华书局,1983:101.

③ (唐)柳宗元.柳宗元集[M].中华书局,1979:316.

市，也即河东地区。《孟子·离娄上》云："舜生于诸冯，迁于负夏，卒于鸣条，东夷之人也。"[①]这是对舜的归葬地的较早记载，运城也因此与舜帝有了更多联系。故山西不仅是舜帝所都处，也有人认为是舜帝归葬处。今天山西运城市的鸣条岗有舜帝陵，陵冢据说始于禹时，陵庙建于唐开元二十六年(738)，也就是说，在柳宗元所处的唐代，舜帝陵庙在河东地区就已存在。除了舜帝陵庙，在山西还分布了众多舜帝祠庙，与舜帝相关的二妃庙、丹朱庙、帝尧庙、稷王庙也不少，还有大量的纪念性建筑存在，这些遗迹主要分布在运城的永济市和垣曲县。永济市的舜帝传说遗迹主要分布在舜帝村、陶城村、山底村、雷首山和蒲州镇。蒲州古城遗址位于永济县境西南黄河东岸，古称蒲坂。《帝王世纪》云："帝舜其所营都，或言蒲坂，即河东县。"[②]早在部落联盟时期，蒲坂一带就是华夏文明的政治、经济、文化中心了，以后屡有重建扩修，历代为州治府治所在地，中唐为中都建制，为中国北方历史重镇。垣曲县与舜相关的传说遗迹主要分布在诸冯山、历山。另外，运城芮城、平陆、稷山，临汾洪洞，晋中平遥也存有不少舜文化遗迹。舜文化在河东地区的广泛分布应该对少年柳宗元影响巨大。

贞元二十一年(805)一月唐德宗驾崩，皇太子李诵继位，改元永贞。顺宗即位后，和王伾、王叔文等人一起，开始实行新法。时柳宗元为礼部员外郎，参与了二王集团主持的革新。但由于顺宗皇帝患有疾病，口不能言，七月王叔文因母去世回家守丧。八月五日，顺宗禅让帝位给太子李纯，即唐宪宗。同月，贬王叔文为渝州司户，王伾为开州司马。九月，贬柳宗元为邵州刺史，在赴任途中，柳宗元再次被加贬为永州司马。永州地处湖南，据《史记·五帝本纪》载："(舜)践帝位三十九年，南巡狩，崩于苍梧之野。葬于江南九嶷，是为零陵。"[③]《山海经·海内经》也载："南方苍梧之丘，苍梧之渊，其中有九嶷山，舜之所葬，在长沙零陵界中。"[④]虽然舜帝归葬处有多处说法，但"根据《山海经》《楚辞》中关于舜帝归葬地的神话记载看，舜当葬于江南九嶷"，"二妃的传说在湖湘

---

① (清)焦循.孟子正义[M].中华书局,1987:537.

② (晋)皇甫谧.帝王世纪[M].齐鲁书社,2010:20.

③ (汉)司马迁.史记[M].中华书局,1959:44.

④ (晋)郭璞,袁珂校注.山海经校注[M].上海古籍出版社,1980:459.

地区广为流传，也从侧面印证了舜之归葬地在江南九嶷”。[①]舜帝南巡路线，大致是自洞庭湖沿湘水南下而至零陵，故湖南是舜文化集中分布地区。遗迹多分布在洞庭湖、湘水、潇水一线，如湘阴之舜帝庙、韶山之韶乐宫、蓝山之舜帝殿、临武虞帝庙，但其中影响最大的是永州舜帝陵庙。据元结《舜祠表》可知，在中唐时期，舜帝陵庙就已在今天永州地区存在，且一直以来舜帝陵是中华儿女祭拜舜帝、追根溯源的“圣地”。

由于舜帝南巡，与舜帝相关的人物如丹朱、二妃、象也在历史和传说中进入了湖湘地区。《列女传》：“舜陟方，死于苍梧，号曰重华。二妃死于江湘之间，俗谓之湘君。”[②]《山海经·海内南经》：“苍梧之山，帝舜葬于阳，帝丹朱葬于阴。”[③]这类祠庙相当多，如岳阳君山的湘妃祠和二妃墓、永州道县象庙（见《道州毁鼻亭神记》），还有零陵地区的潇湘庙等。舜帝陵、舜帝庙及其他寺庙在唐代真实存在，对贬谪永州的柳宗元产生了深远的影响。据当今学者统计，在中华书局 1978 年出版的《柳宗元集》中，“共收诗文 674 篇，其中涉及‘舜’的篇目共有 37 篇（首），约占作品总数的 5.5%。涉及‘舜’的语句有 85 处，其中，‘尧舜’并提的 36 处；‘有虞、虞舜、舜’单独出现的 49 处。”[④]由此可见舜文化对柳宗元影响之深。

二

柳宗元在《送娄图南秀才游淮南将入道序》中写道：“幸而好求尧、舜、孔子之志，唯恐不得；幸而遇行尧、舜、孔子之道，唯恐不慊。”[⑤]在《惩咎赋》中也说：“日施陈以系縻兮，邀尧、舜与之为师。”《唐故衡州刺史东平吕君诔》则曰：“跨腾商、周，尧、舜是师。”柳宗元多次表明自己或赞扬他人以尧、舜为师，可见虞舜对柳宗元的影响，其影响主要体现在以下三个方面：

---

① 肖献军著.舜帝归葬地考[J].湖南行政学院学报，2017，(2)：109.

② (汉)刘向，张涛译注.列女传译注[M].山东大学出版社，1990：4.

③ (晋)郭璞，袁珂校注.山海经校注[M].上海古籍出版社，1980：273.

④ 骆正军著.柳宗元——舜文化的传人[J].湖南社会科学，2005，(6)：134.

⑤ (唐)柳宗元.柳宗元集[M].中华书局，1979：656.

第一，孝道思想的影响。《史记·五帝本纪》载："天下明德皆自虞帝始。"[①] 舜德最重要的品德便是孝德。《尚书·尧典》载："父顽，母嚚，象傲。克谐以孝烝烝，乂不格奸。"[②]《史记·五帝本纪》对舜帝的孝行进一步进行了发挥："瞽瞍尚欲复杀之，使舜上涂廪，瞽瞍从下纵火焚廪。舜乃以两笠自扞而下，去，不得死。后瞽瞍又使舜穿井，舜穿井为匿空旁出。舜既入深，瞽瞍与象共下土实井，舜从匿空出，去。瞽瞍、象喜，以舜为已死。象曰：'本谋者象。'象与其父母分，于是曰：'舜妻尧二女，与琴，象取之。牛羊仓廪予父母。'象乃止舜宫居，鼓其琴。舜往见之。象愕不怿，曰：'我思舜正郁陶！'舜曰：'然，尔其庶矣！'舜复事瞽瞍爱弟弥谨。"[③] 因尧"厘降二女于妫汭"，虞舜的孝道精神也影响到了二女，也即娥皇和女英。《列女传》所载事迹与《史记》基本相同，不同的是原来是虞舜一人完成的事，在《列女传》中有了二妃的参与。除此外，增加了饮酒情节："时既不能杀舜，瞽瞍又速舜饮酒，醉将杀之。舜告二女，二女乃与舜药浴汪，遂往。舜终日饮酒，不醉。"[④]《列女传》对二妃的行为进行了赞颂："元始二妃，帝尧之女。嫔列有虞，承舜于下。以尊事卑，终能劳苦。瞽瞍和宁，卒享福祜。"正因为舜和二妃的孝德，所以后世列虞舜为"二十四孝"之首，二妃也位列《列女传》之首。另据《山海经·中山经》载：洞庭之山，"帝之二女居之，是常游于江渊。澧沅之风，交潇湘之渊，是在九江之间，出入必以飘风暴雨。"[⑤]《列女传》中也写道："舜陟方，死于苍梧，号曰重华。二妃死于江、湘之间，俗谓之湘君。"故在湖湘地区不仅虞舜的传说广为流传，与二妃相关的传说也众多。沿湘水流域，分布着众多的"二妃庙""湘妃祠"等。

对于虞舜孝道，柳宗元在《天对》中说："[问]舜闵在家，父何以鳏？尧不姚告，二女何亲？[对]瞽父仇舜，鳏以不俪。尧专以女，兹俾胤厥世。惟蒸蒸翼翼，于妫之汭。"[⑥] 可以说，柳宗元对于虞舜的孝道是非常敬佩的，在其父把他当

① (汉)司马迁.史记[M].中华书局,1959:43.

② (清)孙星衍.尚书今古文注疏[M].中华书局,1986:28-30.

③ (汉)司马迁.史记[M].中华书局,1959:34.

④ (汉)刘向,张涛译注.列女传译注[M].山东大学出版社,1990:3.

⑤ (晋)郭璞,袁珂校注.山海经校注[M].上海古籍出版社,1980:176.

⑥ (唐)柳宗元.柳宗元集[M].中华书局,1979:381-382.

作仇人时，他虽然心有所怨，怨瞽瞍不能理解他的孝心，但他依然小心恭敬地侍奉着自己的父亲。柳宗元不仅对虞舜的孝行大为赞赏，而且对二妃的孝行也多有赞赏。在唐代，永州的湘源县就有一座二妃庙，元和九年八月二十日，湘源二妃庙发生火灾，其后，湘源司功掾守令刘知刚，主簿卫之武重建该庙，时为永州司马的柳宗元为该庙作碑文。在《湘源二妃庙碑》中，对二妃的孝行进行了大加赞扬："唯父子夫妇，人道之大。大哉二神，咸极其会。为子而父尧，为妇而夫舜。齐圣并明，弼成授受。内若嚚瞽，上承辉光。克艰以乂，德罔不至。"①

柳宗元不只是接受了虞舜的孝道思想，而且也践行了孝道思想。柳宗元被贬永州，他把母亲带到了自己身边亲身侍奉，但永州"人多疾殃，炎暑熇蒸，其下卑湿"(《先太夫人河东县太君归祔志》)，没过多久，其母便生了重病，柳宗元四处问诊、求药，然而，最终他的母亲还是离他而去。对此，柳宗元内心极度自责，他说："诊视无所问，药石无所求，祷祠无所资，苍黄叫呼，遂遘大罚。天乎神乎，其忍是乎！而独生者谁也？"又说："呜呼天乎！太夫人有子不令而陷于大僇，徙播疠土，医巫药膳之不具，以速天祸，非天降之酷，将不幸而有恶子以及是也。又今无适主以葬，天地有穷，此冤无穷。"当他看到灵车离他而去时，他极为悲痛，说："苍天苍天，有如是耶？有如是耶？而犹言犹食者，何如人耶？已矣已矣！穷天下之声，无以舒其哀矣。尽天下之辞，无以传其酷矣。"应该说，柳宗元完全没有必要自责，因为他为尽孝道做了最大的努力，不仅努力替其母亲寻医问药，而且其母卒后的第二年，他把他母亲安葬于京兆万年栖凤原父亲墓侧。他所自责的事情，其实并不是柳宗元能决定的。身处贬谪环境中，他能做的也只能有这些了。更值得人称赞的是，柳宗元能把孝道思想施及他人，据《旧唐书·柳宗元传》："元和十年，例移为柳州刺史。时朗州司马刘禹锡得播州刺史，制书下，宗元谓所亲曰：'禹锡有母年高，今为郡蛮方，西南绝域，往复万里，如何与母偕行。如母子异方，便为永诀。吾于禹锡为执友，胡忍见其若是？'即草章奏，请以柳州授禹锡，自往播州。"②由此可见柳宗元的孝道思想。

---

① (唐)柳宗元.柳宗元集[M].中华书局，1979：132-133.

② (后晋)刘昫.旧唐书[M].中华书局，1975：4214.

第二,民本思想的影响。民本思想是中国古代社会中的重要思想,在《尚书》中就提出“民惟邦本,本固邦宁”[①],人民是一个国家建立的基础,没有人民,帝王就会变成真正的孤家寡人。所以《礼记·大学》中说:“民之所好,好之;民之所恶,恶之,此之谓民之父母。”[②]也正因为人民的重要性,所以历朝统治者都提倡保民而王。舜帝是中华道德文明的开创者,同时也是民本思想的倡导者,在《舜典》中,舜就提到“民”,他说:“弃,黎民阻饥,汝后稷,播时百谷。”[③]非常关心普通老百姓的生活。《礼记·乐记》载:“昔者舜作五弦之琴,以歌南风。”《孔子家语·辩乐》载:“南风之熏兮,可以解吾民之愠兮;南风之时兮,可以阜吾民之财兮。”[④]也正因为舜帝关心百姓、爱护人民,故得到了广大人民的拥护。《史记》载:“舜耕历山,历山之人皆让畔;渔雷泽,雷泽上人皆让居;陶河滨,河滨器皆不苦窳。一年而所居成聚,二年成邑,三年成都。”[⑤]可以说,舜帝虽没有提出“民本”一词,舜帝一生的事业,都是建立在民本基础之上。

柳宗元受舜帝民本思想影响很深。他在永州司马任上,曾作《舜庙祈晴文》,在舜庙前为永州之民祈福。文曰:“今阳德愆候,有渰凄凄,降是水潦,混为涂泥。岸有善崩,流或断堤,泛滥畴陇,陂陁圃畦。恒雨获戾,循咎增凄,忍兹嘉生,均彼蓬藜。”[⑥]对永州人民遭受苦难深感痛心,同时希望舜帝“百代祀德,旷心不携。岂独苹藻,征诸涧溪?”柳宗元何以向舜庙祈晴,根本原因就是他认为舜帝和他一样,也是关心人民疾苦的人,一定会救民于水火之中。

柳宗元的民本思想在《晋问》中概括得较为全面:“安其常而得所欲,服其教而便于己,百货通行而不知所自来,老幼亲戚相保而无德之者,不苦兵刑,不疾赋力。所谓民利,民自利是也。”这虽然只是如孟子提出的乌托邦式的理想社会,但柳宗元一生都在为之奋斗。他早年积极参与永贞革新运动,罢宫市五坊使、取消进奉、打击贪官,为百姓做了不少好事。虽然革新失败了,即使是

① 周炳均译注.尚书[M].岳麓书社,2001:51.
② 杨天宇译注.礼记译注[M].上海古籍出版社,2004:807.
③ 周炳均译注.尚书[M].岳麓书社,2001:11.
④ 王德明主编.孔子家语译注[M].广西师范大学出版社,1998:374.
⑤ (汉)司马迁.史记[M].中华书局,1959:34.
⑥ (唐)柳宗元.柳宗元集[M].中华书局,1979:1086.

后继的唐宪宗,依然对新法有所保留。贬谪永州之后,柳宗元以戴罪之身,仍然为百姓做了不少好事。曾写过《首春逢耕者》《田家》《捕蛇者说》等,这些诗文客观地反映了农村人民生活的悲惨遭遇,对贪官污吏深表痛恨,同时深切同情老百姓遭受的苦难。在任柳州刺史后,柳宗元掌握了一定实权,开始把他前期的政治理想实施于柳州。他释放奴婢、兴办学堂、开凿水井、鼓励垦荒,柳州百姓甚至建生祠纪念他。据韩愈《柳州罗池庙碑》载,柳宗元任柳州刺史后:"民业有经,公无负租,流逋四归,乐生兴事;宅有新屋,步有新船,池园洁修,猪牛鸡鸭,肥大蕃息;子严父诏,妇顺夫指,嫁取葬送,各有条法,出相第长,入相慈孝。"[①]而取得的这一切成果,都与其民本思想相关。

第三,文学精神的影响。柳宗元在文学精神上也与舜帝有一定关系。文人的作品风格及文学精神与一定地域相关。不同地区的作品会呈现不同风格,表现出特定的地域文化精神。如唐代吴越、安西、湖湘地区的文学风格和文学精神就各不相同。就湖湘地区而言,作品风格与文学精神受与舜帝相关的二妃影响较大。舜帝南巡于湖湘,二妃追舜不及,死在了湖湘地区。刘向在《列女传》中写道:"舜陟方,死于苍梧,号曰重华。二妃死于江、湘之间,俗谓之湘君。"[②]二妃去世后,化为了湘水之神。《山海经·中山经》载:洞庭之山,"帝之二女居之,是常游于江渊。澧沅之风,交潇湘之渊,是在九江之间,出入必以飘风暴雨。"[③]二妃追舜不及,即使后来化为了湘水之神,也充满幽怨之情。后来,屈原贬谪湖湘地区,有感于二妃之事创作了《湘君》《湘夫人》。屈原把其政治上的不遇情结注入二妃爱情本事中,并通过湘君、湘夫人表达其骚怨情绪。这种骚怨精神结合湖湘客籍文人的不幸遭遇,对湖湘文学产生了长远的影响,进而形成了特有的湖湘文学精神。到了唐代,随着中央政权对地方控制力的加强,大量贬谪文人和流寓文人如张说、李白、杜甫、刘长卿等进入湖湘地区,他们饱受艰辛,内心痛苦,这一切与二妃悲剧及屈原遭遇相契合,于是二妃成了最能体现湖湘文学精神的人物,对湖湘文学产生了重大影响。

---

① 马茂元整理,马其昶校注.韩昌黎文集校注[M].上海古籍出版社,1986:493.

② (汉)刘向,张涛译注.列女传译注[M].山东大学出版社,1990:4.

③ (晋)郭璞,袁珂校注.山海经校注[M].上海古籍出版社,1980:176.

而柳宗元正是受二妃影响较大的文人,早年的柳宗元积极投身于永贞革新,但是由于反对势力过于强大再加上革新派在举措上的失误,革新很快便失败了,柳宗元于是被贬谪到永州当司马。永州地处湘江上游,自然受二妃的影响较大。唐代在永州境内便存在二妃庙,《湘源二妃庙碑》中的二妃庙就在永州湘源县,也就是柳宗元贬谪之地,故柳宗元受二妃的影响不言而喻。《零陵春望》中写道:“平野春草绿,晚莺啼远林。日晴潇湘渚,云断岣嵝岑。仙驾不可望,世途非所任。凝情空景慕,万里苍梧阴。”[①]直接借二妃之望君无望,来表达被贬谪永州后前途无望的幽怨心情。在《零陵早春》:“问春从此去,几日到秦原。凭寄还乡梦,殷勤入故园。”则直接表达了回归的愿望。在《渔翁》:“渔翁夜傍西岩宿,晓汲清湘燃楚竹。烟销日出不见人,欸乃一声山水绿。回看天际下中流,岩上无心云相逐。”楚竹也即湘妃竹,据任昉《述异记》中载:“舜南巡,葬于苍梧。尧二女娥皇、女英泪下沾竹,文悉为之斑。”此处柳宗元用清湘和楚竹无疑在表明自己的心迹。除了这些诗文直接受二妃和舜帝爱情传说故事影响外,柳宗元在永州所作的大部分诗篇都表达了一种幽怨情绪,而这种幽怨情绪正好与化为湘水之神的二妃的幽怨情感是一致的。如他在《中夜起望西园值月上》写道:“觉闻繁露坠,开户临西园。寒月上东岭,泠泠疏竹根。石泉远逾响,山鸟时一喧。倚楹遂至旦,寂寞将何言?”《入黄溪闻猿》:“溪路千里曲,哀猿何处鸣?孤臣泪已尽,虚作断肠声。”他在永州写下的《永州八记》等散文,也都表达了孤独、哀怨的情感,这与以二妃和屈原为代表的湖湘文学中蕴含的骚怨精神是一致的。

三

柳宗元在继承虞舜文化的同时,也对虞舜文化进行了革新,这对湖湘文化精神有着重大影响。这一革新精神与柳宗元积极参与永贞革新的精神是一致的。这主要体现在虞舜和柳宗元在法治主张上的区别。

《尚书》记载:“象以典刑。流宥五刑,鞭作官刑,扑作教刑,金作赎刑。眚灾

---

① (唐)柳宗元.柳宗元集[M].中华书局,1979:1218.

肆赦，怙终贼刑。”[①]对于那些犯了过错的人，舜主张要通过一定刑罚来惩治他们。故在舜帝时代，就设置了鞭刑、扑刑等。但是从整体上看，舜帝认为刑罚达到惩恶扬善的目的就可以了。孔颖达对“流宥五刑”疏曰：“流谓徙之远方，放使生活，以流放之法宽纵五刑也。据状合刑，情差可恕，全赦则太轻，致刑则太重，不忍依例刑杀，故完全其体，宥之远方，应刑不用，是宽纵之也。”除此外，舜帝时代还可以“金作赎刑”，如果有人犯了错误，可以用“金”为他们犯下的过错赎罪。甚至那些因为疾苦或灾害犯下的罪行，就赦免他。只有那些罪大极恶的人，才对他们处以极刑。舜帝对于刑罚的态度极为谨慎。他在确立以法治国的同时，把以德治国也提高到了重要的位置。

对待自己亲人所犯下的罪过，舜帝采用了更为宽恕的态度。据《史记》记载：“瞽瞍尚欲复杀之，使舜上涂廪，瞽瞍从下纵火焚廪。舜乃以两笠自扞而下，去，不得死。后瞽瞍又使舜穿井，舜穿井为匿空旁出。舜既入深，瞽瞍与象共下土实井，舜从匿空出，去。瞽瞍、象喜，以舜为已死。象曰：‘本谋者象。’象与其父母分，于是曰：‘舜妻尧二女，与琴，象取之。牛羊仓廪予父母。’”[②]父母在子女犯下过错时对子女进行适当惩罚，这无可厚非，也并不触犯法律。但如果如同舜帝父亲瞽瞍及弟弟象一而再、再而三对其进行迫害，即使在法律再宽松的朝代也应逃脱不了惩罚，但舜帝却并没有这样处理，他“复事瞽瞍爱弟弥谨”，《列女传·有虞二妃》则记载：“舜既嗣位，升为天子，娥皇为后，女英为妃，封象于有庳，事瞽瞍犹若焉。”[③]为非作恶的瞽瞍与象不仅没有受到任何处罚，而且还被分封了。这自然体现了舜帝的孝心，但却违背了法律的公平，即使是对舜帝崇拜的儒家，也有不少人认为舜帝处置失当。《孟子·万章上》：“万章问曰：‘象日以杀舜为事，立为天子则放之，何也？’……万章曰：‘舜流共工于幽州，放欢兜于崇山，杀三苗于三危，殛鲧于羽山，四罪而天下咸服，诛不仁也。象至不仁，封之有庳。有庳之人奚罪焉？仁人固如是乎？在他人则诛之，在弟则封之。”[④]

---

① 周炳均译注.尚书[M].岳麓书社，2001：8.

② （汉）司马迁.史记[M].中华书局，1959：34.

③ （汉）刘向，张涛译注.列女传译注[M].山东大学出版社，1990：4.

④ （清）焦循.孟子正义[M].中华书局，1987：628.

但舜弟象并不是一个完全否定的形象，虽然象在舜登上帝位之前做过伤天害理的事情，但象并没有一直错下去。最终，在舜的感召之下象由一个道德败坏的人变为了道德崇高的人，这一形象的转变在唐前就已经完成。《论衡·书虚篇》："传书言舜葬于苍梧，象为之耕。"《史记正义》引《括地志》："鼻亭神在营道县北六十里。故老传云，舜葬九嶷，象来至此，后人立祠，名为鼻亭神。"[①]由此可见，湘人祭祀的并不是以前那个为非作歹的象，而是改邪归正的象。《左传·宣公二年》："人谁无过？过而能改，善莫大焉。"王阳明在《象祠记》写道："象之不仁，盖其始焉耳，又乌知其终之不见化于舜也？"并且说："进治于善，则不至于恶；不抵于奸，则必入于善信乎，象盖已化于舜矣！"如此看来，后人建立象祠，并奉之以香火，祭祀的并不是之前的象，而是改过自新的象。孔子曾说："朝闻道，夕死可矣。"象最终也算是闻道之人，人们祭祀象，是对改过自新后象的崇敬，同时也能宣扬舜帝的孝道精神，这正如王阳明所说"益有以见舜德之至，入人之深，而流泽之远且久也。"[②]

但象的改过自新行为并没有得到柳宗元的宽恕。柳宗元生活在一个社会大变革时代，安史之乱后，不少士人以为唐王朝进入了末世，然而数十年过去，唐王朝非但没有灭亡，还有走向中兴的迹象，这重新激起了士人们的参政热情。这在德宗朝末期，特别是李诵（后来的顺宗）当上太子后革新热情更为高涨。在他的周围，围绕着一批年轻的革新人士。后来李诵继承帝位后，开始重用王叔文、王伾等人进行政治革新。年轻的刘禹锡、柳宗元参与到了这次革新中来，并且成为了革新的骨干力量。但是彼时的唐王朝积弊深重，宫内宦官专权，宫外藩镇拥兵自重，这批年轻的革新人士试图彻底革除所有弊政，他们罢宫市、五坊使，打击宦官势力，抑制藩镇。清人王鸣盛在《十七史商榷》中指出"叔文行政，上利于国，下利于民，独不利于弄权之阉宦、跋扈之强藩"，"改革积弊，加惠穷民，自天宝以至贞元，少有及此者"。然而后来的顺宗皇帝以重疾不能理政，制定的各项改革措施并不能有效执行下去，最终在各种反对势力的联合反扑下，革新迅速走向失败。

---

① (汉)司马迁.史记[M].中华书局，1959:45.

② (明)王阳明.王阳明集(卷二十三，外集五)[M]，1572(明隆庆六年谢廷杰刻本).

作为革新人士，柳宗元深知决定革新能否成功不仅在于革新者能否制定好的政策，更在于是否能有效执行。而要能够有效执行，必须严格遵守“律”，所以柳宗元十分注重法律的执行。早在他任礼部员外郎时，他就注意到了法律执行的重要性，他在《驳复仇议》中写道：“刑之大本，亦以防乱也，若曰无为贼虐，凡为理者杀无赦。其本则合，其用则异，旌与诛莫得而并焉。诛其可旌，兹谓滥，黩刑甚矣；旌其可诛，兹谓僭，坏礼甚矣。”[①]他认为执法要明，处死可以表彰的人就是滥杀，表彰应当处死的是失礼。他引用《春秋公羊传》曰：“父不受诛，子复仇可也。父受诛，子复仇，此推刃之道。复仇不除害。”他不仅认为执法要鲜明，而且认为执法要迅速，他在《断刑论》中写道：“夫圣人之为赏罚者非他，所以惩劝者也。赏务速而后有劝，罚务速而后有惩。必曰赏以春夏而刑以秋冬，而谓之至理者，伪也。使秋冬为善者，必俟春夏而后赏，则为善者必怠；春夏为不善者，必俟秋冬而后罚，则为不善者必懈。为善者怠，为不善者懈，是驱天下之人而入于罪也。驱天下之人入于罪，又缓而慢之，以滋其懈怠，此刑之所以不措也。”

正因柳宗元持有如此刑罚观，所以他认为舜的父亲和弟弟有严重过错，这样的人如果享有祭祀，会助长恶人的气焰，从而会导致更多的人为非作歹。当柳宗元听说道州刺史薛伯高毁掉了象祠，立刻写下了《道州毁鼻亭神记》，十分赞同薛伯高对象的评价：“象之道，以为子则傲，以为弟则贼，君有鼻而天子之吏实理。以恶德而专世祀，殆非化吾人之意哉！”对薛伯高的行为进行了赞扬：“宗元时谪永州，迩公之邦。闻其歌诗，以为古道罕用，赖公而存，斥一祠而二教兴焉。明罚行于鬼神，恺悌达于蛮夷，不唯禁淫祀、黜非类而已。愿为记以刻山石，俾知教之首。”根据柳宗元《驳复仇议》，如果象有错，他就应该受到严厉的惩罚，即使他成为了鬼神后也应该“明罚”，因此不配享有后人的祭祀。孟子曾对舜帝封象于有庳解释说：“仁人之于弟也，不藏怒焉，不宿怨焉，亲爱之而已矣。亲之欲其贵也，爱之欲其富也，封之有庳，富贵之也。身为天子，弟为匹夫，可谓亲爱之乎？”[②]“象不得有为于其国，天子使吏治其国，而纳其贡

---

① (唐)柳宗元.柳宗元集[M].中华书局,1979:102.

② (清)焦循.孟子正义[M].中华书局,1987:631.

税焉,故谓之放。岂得暴彼民哉?虽然,欲常常而见之,故源源而来,不及贡,以政接于有庳,此之谓也。”对于虞舜和孟子的言行,柳宗元一直以为榜样,唯独在处理象的问题上,柳宗元存在不同看法。在柳宗元看来,象的犯错和舜帝的孝悌之心是两回事,二者不可混为一谈。

在“文化大革命”中,柳宗元被认为是尊法反儒的斗士[①],这一观点并不准确,它带有强烈的政治倾向性。从柳宗元绝大多数作品看来,他还是在维护尧舜、孔孟之道,说柳宗元“反儒”并不存在。他在《寄许京兆孟容书》中说:“唯以中正信义为志,以兴尧、孔子之道,利安元元为务。”[②]《送娄图南秀才游淮南将入道序》:“幸而好求尧、舜、孔子之志,唯恐不得;幸而遇行尧、舜、孔子之道,唯恐不慊。”但柳宗元尊法却是事实,他的思想中存在明显的法家思想。柳宗元作为永贞革新的积极参与者,他深知执法必公、执法必严、执法必明、执法必信的重要性,也深知法律对于革新的重要意义。虽然永贞革新失败了,但身处贬所的柳宗元并没有停止对革新失败原因的探索。《道州毁鼻亭神记》不仅体现了柳宗元强烈的法制精神,同时也体现了柳宗元除恶务尽的革新精神,柳宗元是在“借伯高酒杯,浇自己块垒”[③]。

可见,柳宗元对于虞舜之道不只是简单接受,他以法为手段,坚持用法家思想来维护儒家伦理道德,是对儒学的另一种革新。柳宗元的这种革新精神与其在永贞革新中体现的精神是一致的,这一革新精神对近代湖湘文化精神影响甚大。毛泽东多次在诗文中赞扬柳宗元的这种精神,他所领导的近代中国革命以及他在革命中所体现的“宜将剩勇追穷寇,不可沽名学霸王”的精神与柳宗元《道州毁鼻亭神记》中所体现的革新精神是相通的。

---

① 吕国康著.“文革”中称柳宗元为大“法家”的回顾与反思[J].零陵师范高等专科学校学报,2001,(4).

② (唐)柳宗元.柳宗元集[M].中华书局,1979:780.

③ 章士钊.柳文指要[M].文汇出版社,2000:642.

第五章 虞舜、周敦颐与湖湘道统

一

舜帝为中华道德文明始祖，对整个中华民族的道德文明建设有重大影响。作为舜帝出生地、履历地、归葬地，受舜文化的影响特别大，如在舜帝出生地山东，就产生了孔子、孟子等思想大家。在他们的论著中，多次提到了舜帝，他们的仁政、德治思想，多方面受到了舜帝影响。这一现象，同样也发生在舜帝归葬处。

秦汉文献对舜帝的归葬地多有记载，但分歧较大，大致有以下三种：南己之说，此说出自于《墨子·节葬下》："舜西教乎七戎，道死，葬南己之市。"[①]鸣条之说，此说出于《孟子·离娄下》："（舜帝）生于诸冯，迁于负夏，卒于鸣条。"[②]江南九嶷说，此说源于司马迁《史记·五帝本纪》："（舜帝）践帝位三十九年，南巡狩，崩于苍梧之野。葬于江南九嶷，是为零陵。"[③]在此三种说法中，第一、二是孤证，而司马迁之说却得到了多方面印证。《山海经》中有多处记载，如"南方苍梧之丘，苍梧之渊，其中有九嶷山，舜之所葬，在长沙零陵界中。"（《山海

---

① （清）孙诒让.墨子间诂[M].中华书局，2001：181.

② （清）焦循.孟子正义[M].中华书局，1987：537.

③ （汉）司马迁.史记[M].中华书局，1959：44.

经·海内经》)"湘水出舜葬东南陬,西环之。入洞庭下。一曰东南西泽。"[1](《山海经·海内东经》)在屈原的作品中也写道:"济沅湘以南征兮,就重华而陈词。"(《离骚》)并且还写下了《湘君》《湘夫人》这样的作品。值得注意的是,在先秦诸子散文中,有时为了某种政治需要,对舜帝事迹作了不少篡改,有的甚至完全脱离了舜帝本身事迹,演变成了文学和道德形象。但《山海经》和屈原的作品不同,他们以神话和民间传说的形式保存了舜帝的部分故事,因而更具真实性。根据《山海经》《史记》和《楚辞》,与舜帝归葬地相关的主要有三个地名:苍梧、九嶷山和零陵。

下面是相关文献对此三地名的记载:

零陵:司马迁《史记》记载"零陵"一词应该在舜帝去世后就出现了;嬴政二十六年(前221)始设零陵县;汉文帝十三年(前166),长沙国因无嗣而国除,汉文帝析长沙国置零陵郡,郡治首先设在零陵县;西汉零陵郡辖七县、四县级侯国,七县:零陵县、营道县、泠道县、始安县、营浦县、洮阳县、钟武县;四侯国:泉陵侯国、都梁侯国、夫夷侯国、舂陵侯国。今天湖南邵阳、衡阳、道县之间的潇水、湘江流域以及广西桂林、永福以东、阳朔以北的地区当属于零陵范围。

苍梧:《后汉书·南蛮西南夷列传》载:"及吴起相悼王,南并蛮越,遂有洞庭、苍梧。"[2]《史记·苏秦列传》载:"(楚)南有洞庭、苍梧。"[3]洞庭、苍梧为楚国在长江以南的两大郡,《水经·湘水注》亦载:"营水出营阳泠道县南流山,西流径九嶷山下,磬碁苍梧之野。"[4]

九嶷:郭璞注《山海经》曰:"(苍梧之山)即九嶷山也。"但从元结《九嶷图记》看:"九嶷山方二千余里,四州各近一隅,世称九峰相似,望而疑之,谓之九嶷。亦云,舜登九峰,疑禹而悲,从臣有作《九嶷》之歌,因谓之九嶷。"[5]九嶷山乃为苍梧山之一部分。

---

① (晋)郭璞,袁珂校注.山海经校注[M].上海古籍出版社,1980:332.

② (南朝宋)范晔.后汉书[M].中华书局,1965:2831.

③ (汉)司马迁.史记[M].中华书局,1959:2259.

④ 王国维校.水经注校[M].上海人民出版社,1984:1188.

⑤ (唐)元结,孙望校.元次山集[M].中华书局,1960:141.

由此可见，此虽三个不同地名，但都与舜帝相关。九嶷是以山名而存在。苍梧乃为以九嶷山为中心而建立的楚郡。零陵则是由于舜帝归葬于该地而得名。而舜帝又葬于江南九嶷，故零陵也与九嶷相关，也可见舜葬于江南九嶷之不虚。此三地名重合之处较大，零陵和苍梧乃行政上之地名，从楚到汉，存在历史上的沿革。而九嶷乃为地理上之名称，其地当在零陵、苍梧郡之内。

零陵、苍梧虽至今仍以地名名称而存在，而且其地域界限存在一定确定性，但当名称演变到今天时，地域所辖范围有了很大变化。相比起秦汉以前范围以上三地名缩小了不少，而作为地理名称的九嶷，却要稳定得多，虽然九嶷之范围未必如秦汉时广，但在其核心区域九嶷之名得以保存。

那么，历史上曾经存在的舜陵究竟在哪儿呢？因为上古时期殡葬为"不树不封"，舜陵在何处已难以探讨。有人说湖南永州宁远县现今不是有舜帝陵吗？确实有，但该舜帝陵建设的时间已到了当代。当然，在宁远玉琯岩前考古发掘了宋代的舜陵庙，而且还出土了不少文物。但文物可以确定最早的时代也仅仅只到宋代，唐代或者说更远的舜陵在哪里，恐怕已经无人能说清楚了。唐人元结在《论舜庙状》中写道："右谨按地图，舜陵在九嶷之山，舜庙在太阳之溪；舜陵古老以失，太阳溪今不知处。秦汉已来，置庙山下，年代寖远，祠宇不存。"①虽然如此，但笔者认为，舜陵也即舜帝归葬地在今天的道县可能性比较大。具体而言，有以下三方面的原因：

其一，道县有象鼻亭，而且历史悠远。据《括地志》："鼻亭神在营道县北六十里。故老传云，舜葬九嶷，象来至此，后人立祠，名为鼻亭神。"②柳宗元《道州毁鼻亭神记》记载："鼻亭神，象祠也。不知何自始立，因而勿除，完而恒新，相传且千岁。"③上推千年，象祠在秦汉时已存在。舜与象为兄弟，象最后葬于道州，其范围在九嶷之内。舜也可能葬在其弟附近。

其二，道县鬼崽岭，可能为舜陵之所在地。道县之鬼崽岭应该引起舜文化研究者的重视。鬼崽岭没有坟墓，是一座略带圆形的山丘，山丘之下数尺，布

---

① (唐)元结，孙望校.元次山集[M].中华书局，1960：133.
② (汉)司马迁.史记[M].中华书局，1959：45.
③ (唐)柳宗元.柳宗元集[M].中华书局，1979：743.

满了密密麻麻的鬼崽崽。这些鬼崽崽自上古至清代都有，部分鬼崽崽已经风化，显示了年代的久远。这符合上古时期的“不树不封”的墓葬制度。如此多的鬼崽崽当为祭祀时所用，但祭祀谁却没人知道，一是可能时代久远的缘故，二是可能上古帝王的墓葬刻意保密的缘故。值得注意的是，湖南境内自古崇尚巫术，但除道县外，并没有在其他地方发现类似石雕。“北有兵马俑，南有鬼崽岭”，兵马俑为秦始皇陵所在地，鬼崽岭未尝不是上古时期某位帝王陵墓所在地。而在道州甚至在整个零陵地区，能够配得上如此多鬼崽崽的恐怕也只有舜帝了。

其三，道县道德文化发达，可能与舜帝的影响相关。舜帝是中华道德文明之源，在其文化核心地域，受其道德文化影响应该特别明显。事实也证明了这一点，在舜帝的出生地，产生了孔子、孟子这样的大思想家。湖湘地区在宋以前，是蛮荒之地，其道德教化大多依靠外来客籍文人，如柳宗元、刘禹锡、元结等人。也就是很长一段历史时间里，湖湘人士是处在被化的地位。除出了几个名不见经传的三流文人外，没有一个在思想、政治乃至在文学上具有全国性影响的人物。然而，至北宋时发生了改变。周敦颐的出现改变了湖湘人士被化的局面，湖湘理学站在了前所未有的高度，而周敦颐正好是理学的开山祖师。在湖南道县，一个是中华民族的道德始祖，一个是理学的开山祖师，中间不应当只是历史的巧合，舜文化对周敦颐思想的形成应该产生了一定影响。

二

当然，不能说舜帝一定就葬于今天的道县，甚至也不能说舜帝就一定归葬于永州，因为在全国各地，包括山东、山西、河南、湖南、广西、广东、浙江等地，都有舜帝崩于斯、葬于斯之说。每一个传说都有其文化的源头，只不过葬于零陵之说法得到了正史的肯定，得到了历代帝王的肯定，可能性要大些罢了。在永州范围内，道县的可能性又要比他处大。但不是说舜帝一定归葬于道县，即使在今后，即使出土了再多文物，即使采用再科学的技术手段，也无法完全肯定舜帝的归葬之所了，因为从舜帝的驾崩到文字的出现，经历了很长一段时间，缺乏具体文字记载的历史，恐怕臆测成分会比较多。但舜帝葬于永州，特别是葬于道县的可能性是存在的，并且在诸多的说法中，可能性是最大的。而且，周敦颐的出现，也应该受到了舜帝的影响，至少受到了舜文化的影响。

据《宋史》载：“周敦颐，字茂叔，道州营道人。”[①]著有《太极图》《通书》等文，收录在《周子全书》中。其中，共有两处提到舜帝：

其一：“圣希天，贤希圣，士希贤。伊尹、颜渊，大贤也。伊尹耻其君不为尧、舜，一夫不得其所，若挞于市。颜渊不迁怒，不贰过，三月不违仁。志伊尹之所志，学颜子之所学。过则圣，及则贤，不及则亦不失于令名。”[②]（《通书·志学第十》）

其二：“治天下有本，身之谓也；治天下有则，家之谓也。本必端；端本，诚心而已矣。则必善；善则，和亲而已矣。家难而天下易，家亲而天下疏也。家人离，必起于妇人。故《睽》次《家人》，以二女同居，而志不同行也。尧所以厘降二女于妫汭，舜可禅乎？吾兹试矣。是治天下观于家，治家观身而已矣。身端，心诚之谓也。诚心，复其不善之动而已矣。不善之动，妄也；妄复，则无妄矣；无妄，则诚矣。故《无妄》次《复》，而曰‘先王以茂对时，育万物’，深哉！”（《通书·家人睽复无妄第三十二》）

从其一中可以看出，圣人和贤人在道德上是有区别的。伊尹、颜渊只能算是贤人。要达到圣人境界，则要超越伊尹、颜渊，在历史上谁能超越二人？《通书·孔子下第三十九》：“道德高厚，教化无穷，实与天地参而四时同，其惟孔子乎！”可见孔子是圣人。又《通书·志第十》中指出：“圣希天，贤希圣，士希贤。伊尹、颜渊，大贤也。伊尹耻其君不为尧、舜。”则尧舜也是圣人。另外在《养心亭说》中提到：“孟子曰：‘养心莫善于寡欲。其为人也寡欲，虽有不存焉者，寡矣；其为人也多欲，虽有存焉者，寡矣。’……诚立，贤也；明通，圣也。”既然连颜渊、伊尹这样的人还只能算大贤，距离圣人还有一步之遥，则能够成为圣人的人可以说少之又少了。清人贺瑞麟在《周子全书序》中写道：“孔孟而后千有余年，圣人之道不传。道非不传也，以无传道之人耳。汉四百年得一董子，唐三百年得一韩子，皆不足与传斯道。至宋周子出而始续其统，后世无异词焉。”贺认

① 王晚霞编著.濂溪志新编[M].中国社会科学出版社，2019：30.

② 王晚霞编著.濂溪志新编[M].中国社会科学出版社，2019：144.

为，孔孟、周敦颐可以算是圣人，如此看来，能够称得上圣人的就只有尧舜和孔孟了。而在周敦颐的著作中，有关圣人的论述极多，现列如下：

圣人定之以中正仁义而主静，立人极焉。(《太极图说》)

故圣人与天地合其德，日月合其明，四时合其序，鬼神合其吉凶。(《太极图说》)

无则诚立明通。诚立，贤也；明通，圣也。(《养心亭说》)

敢昭告于先圣至圣文宣王：惟夫子道高德厚，教化无穷，实与天地参而四时同。(《邵州迁学释菜文》)

敢昭告于先师兖国公颜子：爰以迁修庙学成，恭修释菜于先圣至圣文宣王。(《告先师文》)

除了以上各处外，在《通书》四十则中，有十九则直接论述到了"圣"或者"圣人"，在《通书》中，两则直接提到了孔子，两则直接提到了舜帝；可见舜帝之地位与孔子是等同的。而周敦颐所阐述的"圣人之道"，与舜帝的人格精神保持着高度一致。

除此外，《通书》第二则直接阐述舜帝人格精神——诚心，这是周敦颐立论的根本。在《通书》中，直接阐述诚并且提到诚的共有八则。其中第一则《通书·诚上第一》："诚者，圣人之本。'大哉乾元，万物资始'，诚之源也。'乾道变化，各正性命'，诚斯立焉。纯粹至善者也。"诚直接秉承天地万物之元气而成，是圣人之本，具有纯粹至善之品质。"身端，心诚之谓也。诚心复其不善之动而已矣。"最早具有这种品质的是谁呢？是帝舜。《通书·诚下第二》："圣，诚而已矣。诚，五常之本，百行之源也。"《通书·诚几德第三》："诚无为。几善恶。德：爱曰仁，宜曰义，理曰礼，通曰智，守曰信。"原来，仁、义、礼、智、信都是诚之体现，而诚是五常之本源。《通书》《太极图说》无不是围绕着诚及五常来展开论述的。不仅《通书》《太极图说》如是，周敦颐的其他作品也是如此。这甚至包括他的一些文学作品，如《拙赋》中说："巧者言，拙者默；巧者劳，拙者逸；巧者贼，拙者德；巧者凶，拙者吉。呜呼！天下拙，刑政彻。上安下顺，风清弊绝。"拙者之所以值得赞颂，主要还是由于保持了诚的品质。

从上可以看出，舜帝的一切行为是周敦颐作《通书》及《太极图说》的准则，可以这么说，舜帝是中华道德文化的开创者，也是道德文化的力行者，他为后人提供了一个高不可及的典范。而周敦颐却从舜帝的身体力行中挖掘出了其精神本质，对其进行归纳总结，并把它上升到理论的高度。

三

周敦颐除了阐述圣人之道，特别是圣人之本——诚心外，他在生活、为官等方面，也一切以舜帝为榜样。黄庭坚称其“人品甚高，胸怀洒落，如光风霁月。廉于取名而锐于求志，薄于徼福而厚于得民，菲于奉身而燕及茕嫠，陋于希世而尚友千古”。“尚友千古”自然包含了舜帝。具体而言，在以下几个方面与舜帝保持一致。

首先，以民为本的思想。据《尚书·舜典》载：“帝曰：‘俞，咨！禹，汝平水土，惟时懋哉！’”[①]“帝曰：‘弃，黎民阻饥，汝后稷，播时百谷。’”“帝曰：‘契，百姓不亲，五品不逊。汝作司徒，敬敷五教，在宽。’”舜帝令禹治水、令弃教百姓播种百谷，令契教化百姓，都体现了舜的民本思想。相传舜作《南风歌》，其辞曰：“南风之熏兮，可以解吾民之愠兮；南风之时兮，可以阜吾民之财兮。”[②]在对“南风”的赞颂和祈盼中，也体现了舜帝对民生疾苦的关切。这一点周敦颐也具有，他在《太极图说》中写道：“立人之道曰仁与义。”[③]在《通书·顺化第十一》中说：“生，仁也；成，义也。故圣人在上，以仁育万物，以义正万民。”而“爱曰仁”（《通书·诚几德第三》）。故周敦颐在为官时期，视民如伤，据《宋史》载：“有囚，法不当死，转运使王逵欲深治之。逵，酷悍吏也，众莫敢争，敦颐独与之辨，不听，乃委手版归，将弃官去，曰：‘如此尚可仕乎！杀人以媚人，吾不为也。’逵悟，囚得免。”宁愿为了一个囚犯而自愿弃官，在中国历史上很难找到这样的人了。又据《宋史》载：“（周）徙知南昌，南昌人皆曰：‘是能辨分宁狱者，吾属得所诉矣。’富家大姓、黠吏恶少，惴惴焉不独以得罪于令为忧，而又以污

① 周秉钧译注.尚书［M］.岳麓书社，2001：11.

② 王德明主编.孔子家语译注［M］.广西师范大学出版社，1998：374.

③ 王晚霞编著.濂溪志新编［M］.中国社会科学出版社，2019：68.

秽善政为耻。”周敦颐在断狱过程中，特别注重对下层百姓的保护。可见周敦颐与舜帝一样，有着以民为本的思想。

其次，注重孝道。舜帝为中华道德文明的始祖，特别是孝道，更为人称赞。据《尚书·尧典》载，帝尧年老时，准备选择继承人，虞舜以“父顽，母嚚，象傲。克谐以孝烝烝，乂不格奸”[①]而被尧看中。《史记·五帝本纪》记载得更为详细：“瞽瞍尚欲复杀之，使舜上涂廪，瞽瞍从下纵火焚廪。舜乃以两笠自扞而下，去，不得死。后瞽瞍又使舜穿井，舜穿井为匿空旁出。舜既入深，瞽瞍与象共下土实井，舜从匿空出，去。瞽瞍、象喜，以舜为已死。象曰：‘本谋者象。’象与其父母分，于是曰：‘舜妻尧二女，与琴，象取之。牛羊仓廪予父母。’象乃止舜宫居，鼓其琴。舜往见之。象愕不怿，曰：‘我思舜正郁陶！’舜曰：‘然，尔其庶矣！’舜复事瞽瞍爱弟弥谨。”[②]在这种情况下，舜仍不怨恨他们，仍然以更加恭谨的态度去爱他们，“惟害若兹，思慕不已。不怨其弟，笃厚不怠。”[③]（《列女传》）周敦颐也是如此，他非常注重孝道。《通书·礼乐第十三》载：“礼，理也；乐，和也。阴阳理而后和，君君、臣臣、父父、子子、兄兄、弟弟、夫夫、妇妇，万物各得其理而后和。故礼先乐后。”[④]《通书·家人睽复无妄第三十二》：“治天下有本，身之谓也；治天下有则，家之谓也。本必端；端本，诚心而已矣。则必善；善则，和亲而已矣。家难而天下易，家亲而天下疏也。”他非常注重家庭的和睦，认为只有家庭和谐，然后才可以论及天下。在《通书·诚下》中他说：“诚，五常之本，百行之源也。”百行自然也包含了孝行，故他对诚的论述实际上也包含了对孝行的论述。在现实生活中，周敦颐也注重孝道，他虽存文献不多，但仍然可从其写给亲属的书信中见其孝行。在《与二十六叔等手帖》中，他写道：“孟秋犹热，伏惟二十六叔、三十一叔、诸叔母、诸兄长尊体起居万福。周兴来，知安乐，喜无尽。敦颐守官于外，与新妇幸如常，不劳忧念。来春归乡即遂拜侍。未间伏望顺时倍加保爱，不备。”对长辈的关切之情溢于言表。《与仲章侄手帖》：

---

① （清）孙星衍.尚书今古文注疏[M].中华书局，1986：28-30.

② （汉）司马迁.史记[M].中华书局，1959：34.

③ （汉）刘向，张涛译注.列女传译注[M].山东大学出版社，1990：3.

④ 王晚霞编著.濂溪志新编[M].中国社会科学出版社，2019：146.

“我此中与叔母、季老、通老、韩姐、善善以下并安。……周三翁夫妻安否？周一父子看守坟茔小心否？周幼二安否？如何也？”书信虽然不长，然而却表现出了周敦颐对长辈的孝心、对后辈的关心。

第三，注重人格精神的培养。司马迁在《史记·五帝本纪》中称赞：“天下明德皆自虞帝始。”[①]舜帝之德，首先表现为不屈之精神。舜帝属于东夷部落，而帝尧属于中原部落。最终帝尧把帝位传给了舜帝，经过了尧帝的重重考验，表现出了舜帝不屈不挠的精神意志。据《尚书·尧典》载：“帝曰：‘咨！四岳。朕在位七十载，汝能庸命，巽朕位！’岳曰：‘否德忝帝位。’曰：‘明明扬侧陋。’师锡帝曰：‘有鳏在下，曰虞舜。’帝曰：‘俞！予闻，如何？’岳曰：‘瞽子，父顽，母嚚，象傲，克谐。以孝烝烝，乂不格奸。’帝曰：‘我其试哉！女于时，观厥刑于二女。’厘降二女于妫汭，嫔于虞。”[②]于是进行了一场长久考验。“慎徽五典，五典克从；纳于百揆，百揆时叙；宾于四门，四门穆穆；纳于大麓，烈风雷雨弗迷。”最终，舜通过了考验，登上了帝位。其次是不畏艰辛、无私奉献的精神。舜帝继承帝位后，并没有松懈下来，他不辞辛劳，巡守四岳，而且“五载一巡守”。据《史记·五帝本纪》载：“践帝位三十九年，南巡狩，崩于苍梧之野。”舜帝最终以百岁高龄南巡狩，而且还把帝位禅让给了禹而非自己的儿子，这些都表现出了舜帝无私奉献的精神。周敦颐也十分注重人格精神的培养，他在《爱莲说》中说：“予独爱莲之出淤泥而不染，濯清涟而不妖，中通外直，不蔓不枝，香远益清，亭亭净植，可远观不可亵玩焉。”[③]周敦颐之爱莲是由于莲之品格——出淤泥而不染。周敦颐还在《养心亭说》中说：“予谓养心不止于寡焉而存耳，盖寡焉以至于无。无则诚立明通。诚立，贤也；明通，圣也。是圣贤非性生，必养心而至之。”周敦颐十分注重养心，注重品格的培养。这一点与舜帝保持着一致性。

虽然周敦颐与舜帝在许多方面保持一致性，但在儒学发展进程中二者地位还是有所区别。就舜帝而言，由于经历了从一个普通人到帝王的历程，人生经历十分丰富，其高尚人格是在日常实践中自然而然地彰显出来的。舜帝之

---

① (汉)司马迁.史记[M].中华书局，1959：43.

② 周秉钧注译.尚书[M].岳麓书社，2001：5-6.

③ 王晚霞编著.濂溪志新编[M].中国社会科学出版社，2019：184.

德，具有很强的实践性。而在理论的总结上，却很少得到提升，故后人受舜帝感染也多从其具体事例中得来，这种教育性更具直观性。也就是说，人们见到舜帝事瞽瞍事，就知道作为儿子要孝敬自己的父母，至于为什么要孝敬自己的父母，舜帝没有作过多的解释，这需要后人去体会。如果后人体会到了，自然而然会出自内心去孝敬自己的父母；如果没有体会到，则可能只是从表面上孝敬父母，甚至不孝敬父母。

周敦颐不同，他一生没有做过多大的官，虽然是以圣人为榜样，但毕竟在行为上的影响不如舜帝大，虽有孝敬父母、爱民如子的行为，但大多限于身边之人。故就实践性上比不上舜帝。但周敦颐通过悟道的方式，体会到了圣人之道，并进而形成文字，也即《太极图说》《通书》等，这不仅是对圣人之道的经验性总结，还进而探讨事物的本源，也即人们为什么要学圣人之道。他指出："立天之道曰阴与阳。立地之道曰柔与刚。立人之道曰仁与义。"学圣人是直观的，人们能从圣人的身上直接汲取精神力量，但却难以超越圣人；而学圣人之道却更多带有理性的思索，通过学习圣人之道人们会思考，人为什么要学圣人，怎样才能学好圣人，并进而把自己塑造成圣人，人们由此而窥探出成为圣人的奥秘。《宋元公案》曰："孔孟而后，汉儒止有传经之学，性道微言之绝久矣。元公崛起，二程嗣之，又复横渠、清大儒辈出，圣学大昌。"充分肯定了周敦颐在儒学传承中的作用。

湖湘地区由于长久远离政治中心，多山的自然环境也使得这里经济较全国落后，从而形成了以外来文化为主的湖湘文化，自舜帝、屈原、贾谊，至唐代的杜甫、刘禹锡、柳宗元，宋以前的湖湘文化，为外来文化所主导，湖湘本土文化处于外化阶段。北宋周敦颐之后，这一形式发生了根本转变。在二程及朱熹等人的推崇下，廉溪之学大为昌盛，湖湘文化进入了化外阶段。正如清代学者杨凯运所言："吾道南来，原是濂溪一脉；大江东去，无非湘水余波。"从此之后，王夫子、魏源、曾国藩、左宗棠、毛泽东等人开始出现，湖湘文化于是在中华文化圈中大放异彩。

第六章　虞舜与永州瑶族的文化融合

一

何光岳先生在《南蛮源流史》中推断，古摇民和盘瓠是瑶族中最主要的两个氏族，是形成瑶族的主要骨干，是瑶族的最早源流。对于盘瓠与瑶族的关系，见证于《后汉书》："昔高辛氏有犬戎之寇，……帝不得已，乃以女配盘瓠。……今长沙武陵蛮是也。"①盘瓠成了苗族和瑶族的共同祖先，这与《评皇券牒》（又称《王券牒》）所载基本相同。《魏略》曰："高辛氏有老妇，居正室，得耳疾，挑之，乃得物大如茧。妇人盛瓠中，覆之以盘，俄顷化为犬，其文五色，因名盘瓠。"所以，不少瑶人也尊奉瓠芦。但在《后汉书》中，只说了盘瓠是长沙、武陵蛮的祖先，这一点，干宝《晋纪》也有载："武陵、长沙、卢江郡夷，盘瓠之后也。杂处五溪之内。盘瓠凭山阻险，每每常为害。糅杂鱼肉，叩槽而号，以祭盘瓠。俗称'赤髀横裙'，即其子孙。"《荆洲记》曰："沅陵县居酉口，有上就、武阳二乡，唯此是盘瓠子孙。"

在古代，湖湘境内的衡山是一条较为明显的界限，衡山以南和衡山以北在民情、风俗上皆有较大不同。据《后汉书》所载，长沙、武陵蛮所处之地在衡山以北，这一带的苗人和瑶人的祖先是盘瓠。在《后汉书》中，另外记载了安帝

① （南朝·宋）范晔.后汉书[M].中华书局，1965：2829-2830.

元初三年(116),“又零陵蛮羊孙、陈汤等千余人,著赤帻,称将军,烧官寺,抄掠百姓”。永寿三年(157)“又零陵蛮入长沙”。延熹五年(162)八月“又零陵蛮亦叛,寇长沙”。可见,零陵蛮、长沙蛮、武陵蛮在后汉时是势力较大的三支蛮族,《后汉书》《晋纪》《荆洲记》以盘瓠为后汉长沙、武陵蛮之祖先,而不言及零陵蛮之祖先,则零陵蛮(当以永州瑶族为主)之祖先当另有所本。零陵蛮之祖先为何?笔者认为与舜帝有一定关系。其可能性证据如下:

其一,《山海经》载:“有易潜出,为国于兽,方食之,名曰摇民。帝舜生戏,戏生摇民。”[①]易、戏音近,当为同一人,戏于蛮荒之地、野兽出没的地方建立了一个国家。戏生摇民,何光岳《南蛮源流史》指出“摇人当属于舜帝之后”[②]。他指出,“摇民的始字为䍃。䍃字呈手制瓦器状,传说舜帝曾陶于雷泽,是一个制作陶器能手,因而舜帝之裔便叫䍃民”“䍃加穴为窑,更证实䍃人确实以制造陶器得名。”《说文解字》对䍃的解释也证实了这一说法:“䍃,瓦器也,从缶肉声。”[③]瑶族的瑶在古代有多种写法,但不管怎么变化,都带有䍃旁,说明这个民族擅长于制陶,再加上“帝舜生戏,戏生摇民”,可见,舜帝和瑶族祖先有某种直接的关系。

其二,罗泌《路史》载夏世侯伯中有“繇余”之国,“繇余”与“姚余”音近,姚姓乃为舜帝姓,姚余即为舜帝后裔之意思。在今浙江,有一地方为“余姚”,学者多认为此地为姚姓后裔所居,故名余姚。瑶族之瑶又可作繇,“繇余”之国可能是以舜帝后裔为主建立的一个国,今天瑶族之祖先可能与“繇余”之国有一定关系。

二

在确定舜帝后裔中一支为瑶族源流之一后,这支瑶族分布在哪里呢?笔者认为,分布在永州的可能性要大。由于《评皇券牒》的存在,今天的学者大多

---

① (晋)郭璞,袁珂校注.山海经校注[M].上海古籍出版社,1980:351.

② 何光岳.南蛮源流史[M].江西教育出版社,1988:122.

③ (汉)许慎.说文解字[M].天津古籍出版社,1991:109.

相信瑶族是一个迁徙性较强的民族，但中国古代属于农耕文化，除非国家出现重大动乱（如两晋、两宋交替），大规模的人口迁徙并不具备多大可能性。《评皇券牒》为唐朝贞观二年敕旨，其原旨应该已不存在，今天所存的《评皇券牒》多为手抄本，也有少量的木刻印、石印本，各本文字出入较大，多为宋后版本，有关瑶族迁徙的传说可信度有多大还值得商榷。据《后汉书》所载，在湖湘境内就已存在武陵蛮、长沙蛮，根据历代正史中有关南蛮史的记载，武陵蛮是苗瑶民族的先祖、长沙蛮与瑶族有一定关系，杜甫《岁宴行》载："岁云暮矣多北风，潇湘洞庭白雪中。渔父天寒网罟冻，莫徭射雁鸣桑弓。"[①]在岳州、潭州一带，唐时有瑶族的存在，这一带也是长沙蛮分布的区域。那么，零陵蛮是否也与瑶族相关呢？在古老的零陵郡是否有瑶族存在呢？"州界零陵、衡阳等郡，有莫徭蛮者，依山险为居，历政不宾服，因此向化。"[②]（《梁书》卷三四）这是隋唐前正史中少有的直接指明莫徭分布地理情况的记载，从此条也可见瑶族分布于零陵并不是从梁代开始的，"历政不宾服"，说明了莫徭居于此已有长久时间了。《隋书》也云："长沙郡又杂有夷蜒，名曰莫徭，自云其先祖有功，常免徭役，故以为名。其男子但著白布裈衫，更无巾袴；其女子青布衫、班布裙，通无鞋屩。婚嫁用铁钴锛为聘财。武陵、巴陵、零陵、桂阳、澧阳、衡山、熙平皆同焉。其丧葬之节，颇同于诸左云。"[③]也指出了在零陵有莫徭的存在。

零陵蛮源于何处，是否真与舜帝相关呢？这里先梳理一下舜与三苗的关系。

（一）三苗在江、淮、荆州数为乱。于是舜归而言于帝，请流共工于幽陵，以变北狄；放欢兜于崇山，以变南蛮；迁三苗于三危，以变西戎；殛鲧于羽山，以变东夷。[④]

（二）三苗不服，禹请攻之。舜曰："以德可也。"行德三年，而三苗服。[⑤]

（三）于是帝尧老，命舜摄行天子之政，以观天命。……五月，南巡狩。[⑥]

① （清）杨伦笺注.杜诗镜铨[M].上海古籍出版社，1998：950.
② （唐）姚思廉.梁书[M].中华书局，1973：502.
③ （唐）魏征等.隋书[M].中华书局，1973：898.
④ （清）皮锡瑞.今文尚书考证[M].中华书局，1989：68.
⑤ （秦）吕不韦撰，许维遹集释.吕氏春秋集释[M].中华书局，2009：519.
⑥ （汉）司马迁.史记[M].中华书局，1959：24.

据第一则中言及帝,第三则言及舜摄行天子之政,则舜以德化三苗在舜摄政但还尚未登上帝位之前。“放欢兜于崇山,以变南蛮”,历来学者对这句话有误解,认为这是让欢兜教化南蛮,但欢兜在上古时期是“四凶”之一,怎么可能变南蛮呢?而且南蛮(三苗)分布在江、淮、荆州,把欢兜从此三地放于崇山,则欢兜对三苗的影响已极其小了,据今天学者考证,“崇山”在今张家界一带,古属武陵郡,也即武陵蛮所在之地。可见“放欢兜于崇山”乃是把欢兜从三苗核心之地驱逐到边远之地,削弱欢兜在三苗的影响力,从而打击三苗内部的反抗势力。值得注意的是,由于欢兜的影响,武陵蛮的反抗在古代是很强烈的,无论是反抗的次数还是规模,都远远要超过零陵蛮。除驱逐欢兜外,舜帝对三苗之民进行了“以德化蛮”。要消除一个民族或者部落的反抗,要让他们移风易俗不是件简单的事,舜帝的化蛮主要有以下方面:一是南巡狩,舜帝摄政后便确立了“五岁一巡狩”的制度,亲身深入蛮夷之地,感化南蛮。据司马迁《史记》载:“践帝位三十九年,南巡狩,崩于苍梧之野。葬于江南九嶷,是为零陵。”[①]《尚书》中也记载:“舜生三十,征庸三十,在位五十载,陟方乃死。”[②]直到舜帝去世前,依然在坚持这一制度。其二,安排至亲之人居于南蛮之地,对南蛮进行感化。舜帝派出的人有二:一是象。《孟子·万章上》记录了孟子和万章的一段“舜封象于有庳”的探讨,现录如下:

万章问曰:“象日以杀舜为事,立为天子,则放之,何也?”孟子曰:“封之也,或曰放焉。”

万章曰:“舜流共工于幽州,放欢兜于崇山,杀三苗于三危,殛鲧于羽山,四罪而天下咸服,诛不仁也。象至不仁,封之有庳。有庳之人奚罪焉?仁人固如是乎?在他人则诛之,在弟则封之。”

曰:“仁人之于弟也,不藏怒焉,不宿怨焉,亲爱之而已矣。亲之欲其贵也,爱之欲其富也。封之有庳,富贵之也。身为天子,弟为匹夫,可谓亲爱之乎?”

“敢问或曰放者,何谓也?”

曰:“象不得有为于其国,天子使吏治其国,而纳其贡税焉,故谓之放,岂

① (汉)司马迁.史记[M].中华书局,1959:44.

② (清)皮锡瑞.今文尚书考证[M].中华书局,1989:90.

得暴彼民哉？虽然，欲常常而见之，故源源而来。'不及贡，以政接于有庳'，此之谓也。"①

其实，封象于有庳，说不上是放，因为封象于有庳是在舜帝感化象后，既然已感化了象，便不存在流放了。但说是封也很难说通，如果舜帝真不计前嫌，要封他的弟弟，大可不必把他封到如此偏僻蛮荒之地。但如果说是放，则不符合舜帝慈孝之本性，舜帝既然能和陷害他的父亲和好如初，有什么理由能不和其弟和好呢？乃知舜之封象于有庳乃在于化蛮，象所承担的任务不仅仅是治理有庳这么一个小地方，而在于通过治理这个地方，让南蛮之人感受到舜帝对他们的重视，由此南蛮民族逐渐向华夏民族靠拢。而有庳应当是蛮族人集中之地，这样的分封才更具现实意义。

"有庳"在哪里呢？《汉书·邹阳传》："昔者，舜之弟象日以杀舜为事，及舜立为天子，封之于有庳。"②颜师古注曰："地名也，音鼻，今鼻亭是也，在零陵。"《永州府志》载："舜封弟象于有庳，即今道州地，道州北五十里地方有庳亭，今其地有象祠，土人水旱必祷。"唐元和九年(一说元和五年)刑部郎中薛伯高刺道州时，曾毁此庙，柳宗元因此作了《道州毁鼻亭神记》来颂扬此事。此文写道："鼻亭神，象祠也。不知何自始立，因而勿除，完而恒新，相传且千岁。"③据此可知，至唐时道州象祠存在已久，在汉或汉前就已存在。可见，有鼻所在地与舜帝南巡方向一致，与舜帝崩于零陵一致，则封象于有庳存在着化蛮的可能性。事实上，永州地区人民数千年以来都在祭祀象，说明永州之民并没有把象当作一个十恶不怙的人，而是把他当作勤劳、勇敢、善良的人，也由此可见，舜试图通过象来感化南蛮的目的基本达到了。

除象外，戏在化蛮中也起了重大作用。在秦汉以前，就存在着对蛮族地区的和亲政策，又或安排国家或部落首领子女等作人质，尧舜之时，此风或已存在。如二妃下嫁于舜，就可能是华夏部落与东夷部落的联盟。戏有可能在尧舜

① (清)焦循正义.孟子正义[M].中华书局,1987.

② (汉)班固.汉书[M].中华书局,1962:2355.

③ (唐)柳宗元.柳宗元集[M].中华书局,1979:743.

时充当了这一角色。《山海经》载:“有易潜出,为国于兽,方食之,名曰摇民。帝舜生戏,戏生摇民。”[①]又袁珂按:“此乃摇民传说之异闻,故附记于此。其实有易即戏也,易、戏声近,易化摇民即戏生摇民也。”很显然,摇民不是一个人,怎样理解戏生摇民呢?很有可能是戏抵达南蛮之地后,与南方蛮族部落联姻,或娶了南方部落首领的女子,生下了个具有南方蛮族部落血统的儿子,此子或被封或自己建立了一个新的部落,这便是摇民,也即后来的莫徭。从唐及唐以前文献看,莫徭主要分布地域在湘水流域一带,自洞庭至零陵均有莫徭的存在。值得注意,今天瑶族分布最多的省份是广西,但在唐前文献中,很少记载莫徭分布在广西一带,则广西之瑶族,除部分来源于百越之民,可能还有部分在唐及唐后自湖南、江浙一带迁入。湖南境内的莫徭,虽自北至南都有分布,但从上面提及的文献看,大部分分布在长沙之南,衡阳、永州境内都是集中分布地。《山海经》中提到的摇民国,自然也是摇民分布最集中处,则古之摇民国,很可能就在衡阳、永州之间。又考舜帝南巡路线,与莫徭之分布区域高度重合,如此,似乎可以理解舜帝晚年为何要南巡,又为何要葬于江南九嶷。因为这一行为不仅可以感化南蛮,还可以与象、戏重聚。由此可以理解,为什么永州境内的瑶民几千年以来不仅没有消散,而且越聚越多,而衡山以北的瑶民,由于缺乏一种精神的凝聚力,最终迁徙于他处,至于今已日见凋零。

三

舜帝是中华道德文明之始祖,其在南方地区的经营对于永州瑶族的发展具有重大意义。南蛮有广义和狭义之分,广义的南蛮主要指先秦时期楚国所在之地,又称荆蛮。但随着社会的发展,长江以北地区及东南沿海一带得到了较大开发,南蛮由广义向狭义转变,开始专指长江以南的零陵、桂阳、长沙、武陵等地的少数民族,这些民族所处地理环境相对恶劣,多高山深壑,由此造成了民族性格的褊狭,民风剽悍。早在尧舜时代,三苗之民就多次起兵反抗;夏商之时,武陵蛮渐为边患;周宣王时,命方叔南伐蛮方;秦昭王时命司马错征

① (晋)郭璞,袁珂校注.山海经校注[M].上海古籍出版社,1980:351.

五溪蛮。湖湘地区民族的反抗，在东汉时最为强烈，先后有武陵蛮、溇中蛮、澧中蛮、长沙蛮进行反抗。相比而言，零陵蛮的反抗要弱得多，而莫猺尤为特别，唐以前的历史几乎见不到反抗。这与中原民族对莫猺长期进行德化相关。以德化蛮正是从舜帝时开始，禹曰："俞哉！帝（舜帝）光天之下，至于海隅苍生，万邦黎献，共惟帝臣，惟帝时举。敷纳以言，明庶以功，车服以庸。谁敢不让，敢不敬应？"[①]即使在反叛频繁的东汉，以德化蛮也在同时进行。东汉人蔡邕就曾到过永州。西晋末年，晋室难渡，南方在一定程度上得到了开发，民族的反叛少了许多。隋唐之际，国家实现了统一，政治中心北移，但与秦汉时相比，湖湘地区少数民族的反抗无论规模还是强度都要小得多。这得益于唐王朝实行的科举制度和贬官制度。唐代的科举主要有明经科和进士科，考试的主要内容除了时事策论外，最多的就是儒家经典和辞赋了。故通过科举考试培养的人才主要是儒士和文学之才。他们大多崇尚尧舜之道。这批人才进入仕途之后，多把所学和所用结合起来，主张实行仁政和德治。但文人的仕途并非一帆风顺，朝代越是强盛，贬谪之风就越盛行，君主的集权使得他有能力控制文人的一切。唐代的贬谪之臣在湖南地区最为集中，在自然条件艰苦、文化相对落后的永州地区贬谪尤为集中。永州地区在经历东晋和南北朝开发后变得相对安定。文人进入这里后，他们充分利用舜帝在该地域的影响，以德化人，取得了重大成就。例如，柳宗元贬谪永州担任司马后，主张以德化蛮，并且好为人师，湘南地区不少学子都受到了柳宗元的影响。

另有在永州地区做官的文人，他们虽非贬谪至此，但与贬谪文人一起为湖湘地区民风民俗的转化做了重大贡献。道州刺史元结堪为代表，元结不仅在诗文中多次提到舜德，永泰元年（765）元结在道州刺史任时，以虞舜葬于苍梧九嶷之山，立舜祠于道州西之山南，作《舜祠表》，又令江华令瞿令问篆刻石上。《舜祠表》对虞舜之德进行了颂扬："於戏！孔氏作《虞书》，明大舜德及生人之至，则大舜于生人，宜以类乎天地；生人奉大舜，宜万世而不厌。"[②]永泰二年（766）元结又于道州西山上建舜庙，上《论舜庙状》，并请免除近庙两户赋

---

① （清）皮锡瑞.今文尚书考证[M].中华书局，1989：115.

② （唐）元结著，孙望校.元次山集[M].中华书局，1960：127.

税,使其负责扫除之事。在经过这些文人与官员的不断努力之后,永州瑶族基本上融入了中原文化中。据《新唐书·西原蛮传》载,唐时“桂管经略使邢济击平之,执吴功曹等。余众复围道州,刺史元结固守不能下,进攻永州,陷邵州,留数日而去”[①]。元结之所以能抵抗西原蛮的进攻,与道州(江华在唐属道州)百姓的支持相关,其中就包括瑶族人民的支持。

时至今天,永州境内的瑶族人民,对盘王的崇拜与对舜帝的崇拜同时并存,在宁远、道县、江永、江华等瑶族分布相对集中的区域,存在着舜庙、象庙等舜文化遗迹,舜文化对瑶族人民的影响依然长久、深远。

---

① (宋)欧阳修,宋祁等.新唐书[M].中华书局,1975:6329.

第七章　虞舜南巡与湖湘地域精神

一

司马迁《史记·五帝本纪》遭到了不少史学家的质疑:一则与其史料来源相关(部分材料来源于非官方);一则与其夸饰手段相关。《史记》关于五帝的记载也确有值得质疑的地方,如司马迁在《五帝本纪》中载:"尧立七十年得舜,二十年而老,令舜摄行天子之政,荐之于天。尧辟位凡二十八年而崩。"[①]又载:"舜年二十以孝闻,年三十尧举之,年五十摄行天子事,年五十八尧崩,年六十一代尧践帝位。践帝位三十九年,南巡狩,崩于苍梧之野。葬于江南九嶷,是为零陵。"从此二条可以推断,尧舜皆达百岁以上。在上古时期,这几乎不具备可能性。如此则司马迁在《史记》中记载的某年、某月尧舜所经历的事迹也就值得怀疑了。一些历史学家认为舜帝不是某个人,而是部落的首领,就像后羿就是羿中之后,善于射箭的部落的首领都可以称为后羿。在先秦史料中就明确记载尧舜时期有一位后羿,夏朝时有穷国也有一位后羿,其中一位是英雄,一位是荒淫的君主。这一推理看似有理,但《尚书》及先秦诸子散文中都没有记载上古时舜帝有几位,且各史料中关于舜帝行事的记载在时间上并不存在相悖情况。从舜帝出生、摄政、登上帝位,最后南巡,可以看出"舜"不可

① (汉)司马迁.史记[M].中华书局,1959,(2):30.

能是一个部落。这间接证明了舜在历史上是一位真实而又颇具影响的人物，以至于在先秦诸子百家中都提到了这一人物，且绝大多数对其持赞赏态度。

肯定了舜的历史存在，舜帝年寿的“虚构性”依然没有排除。《史记》载舜帝年寿有一百岁，司马迁如果能虚构舜帝年寿，也就能够虚构舜帝南巡的事了。司马迁是否真虚构了舜帝的年寿呢？司马迁写作《史记·五帝本纪》史料主要来源于民间传说。上古时期人均寿命应远不及现在长，人的寿命越短越对死亡充满着恐惧感，同时也对长寿充满渴望，所以上古时期的彭祖寿命长达八百岁，尧舜禹也都活了百岁左右。上古时期的人类寿命短，他们希望自己崇拜的英雄人物能够长寿，英雄人物长寿了他们的长寿才可能有希望。司马迁在写作《史记》时，曾“窥九嶷，浮于沅、湘”。又采用了民间传说，如“吾闻之周生曰：‘舜目盖重瞳子。’”在处理民间传说时，司马迁同样采用了“实录”态度，舜帝年一百岁就可能出现在《史记》中。在《史记·五帝本纪》中，这种不大符合常理的“实录”并不多见，大部分史料在《尚书》及先秦文献中可以找到。舜帝南巡之事不仅《史记》中有记载，秦汉以前史料中也有记载。其中两次南巡记载较为详细，第一次南巡发生在舜帝摄政时，主要有如下记载：

(一)三苗在江、淮、荆州数为乱。于是舜归而言于帝，请流共工于幽陵，以变北狄；放欢兜于崇山，以变南蛮；迁三苗于三危，以变西戎；殛鲧于羽山，以变东夷。①

(二)“三苗不服，禹请攻之。舜曰：‘以德可也。’行德三年，而三苗服。”②

(三)“修教三年，执干戚舞，有苗乃服。”③

(四)“故当舜之时，有苗不服，于是舜修政偃兵，执干戚而舞之。”④

(五)尧老，使舜摄行天子政，巡狩。舜得举用事二十年，而尧使摄政。摄政八年而尧崩。⑤

(六)于是帝尧老，命舜摄行天子之政，以观天命。……五月，南巡狩。

---

① (清)皮锡瑞.今文尚书考证[M].中华书局，1989：68.

② (秦)吕不韦撰，许维遹集释.吕氏春秋集释[M].中华书局，2009：519.

③ (清)王先慎集解.韩非子集解[M].中华书局，1998：445.

④ (汉)刘安撰，刘文典集解.淮南鸿烈集解[M].中华书局，1989：539.

⑤ (汉)司马迁.史记[M].中华书局，1959：38.

(七)(帝尧)七十四年,虞舜初巡狩四岳。①

第二次发生在舜帝晚年,主要有如下记载:

(一)舜生三十,征庸三十,在位五十载,陟方乃死。②

(二)"践帝位三十九年,南巡狩,崩于苍梧之野。葬于江南九嶷,是为零陵。"③

(三)舜逼尧,禹逼舜,汤放桀,武王伐纣,此四王者,人臣弑其君者也,而天下誉之。④

(四)湘水出舜葬东南陬,西环之。入洞庭下。一曰东南西泽。⑤

(五)南方苍梧之丘,苍梧之渊,其中有九嶷山,舜之所葬,在长沙零陵界中。

据司马迁《史记》载,舜帝摄政后便确立了"五岁一巡狩"的制度,但由于史料的缺乏,舜帝究竟南巡了多少次已无法确证,但上两次南巡可以基本确定。从上述史料可以看出第一次南巡发生在舜摄政期间,舜帝为何要南巡,据郭璞注《山海经·海外南经》:"昔尧以天下让舜,三苗之君非之。"大概是三苗对尧禅让帝位与舜不服。对于三苗的不服,当时内部出现了不同意见。禹主张进行武力镇压,但舜没有答应,因自帝尧上溯,帝位大多是父子相传或者兄弟相传,而舜是东夷之人,虽娶了娥皇、女英为妻,肯定还存在非议,只不过三苗之国比他部落表现更甚。尚未登上帝位的舜需要以德服人,而且舜之所以被尧帝相中也是由于其德行高尚。其时如果贸然发动战争,则有损其德行,必然失去民心,故舜最终选择了以德服人,于是"修政偃兵"。但舜帝的"修政偃兵"也并非十分顺利。没有强大的实力作后盾,再高深的德行也起不了作用,而且上古时期部落首领如果太过于软弱,也难以树立起自己的威信,所以舜登帝位前"殛鲧于羽山"。这次对待三苗"执干戚舞",并不是说要与三苗之间化干

① 王国维.今本竹书纪年疏证[M].齐鲁书社,2010:46.

② (清)皮锡瑞.今文尚书考证[M].中华书局,1989:90.

③ (汉)司马迁.史记[M].中华书局,1959:44.

④ (清)王先慎集解.韩非子集解[M].中华书局,1998:406-407.

⑤ (晋)郭璞,袁珂校注.山海经校注[M].上海古籍出版社,1980:332.

戈为玉帛，而是警告三苗，如果臣服则干戈可以化为舞，如果不臣服则舞随时可以转化为干戈。这一行动对三苗起到了一定作用，舜以德服人在三苗内部当广为流传，使得不少三苗之民对舜帝大为好感。但三苗内部其实并不团结，滥用刑法，屠杀无辜，《尚书·吕刑》载："苗民弗用灵，制以刑，唯作五虐之刑曰法，杀戮无辜……泯泯棼棼，罔中于信，以覆詛盟。虐威，庶戮方告無辜于上。上帝监民，罔有馨香德，刑发闻惟腥。皇帝哀矜庶戮之不辜，报虐以威，遏绝苗民，无世在下。"[①]最终，舜"迁三苗于三危，以变西戎"。上古时期人不会自愿离开自己的家乡，何况移居地的地理环境还不大好。故古代的迁，其实就是贬谪之意。也就是说，把三苗中的另一部分人，以相当于贬谪的方式移居到了西部。被迁的这部分苗民是三苗中反叛意识较强烈的，以至于舜登上帝位后，又"分北三苗"，三苗的问题在舜时代得到了部分解决。

在上古以杀戮为能事的时代舜帝尚能如此对待反对他的人，这种以德报怨的态度在上古时代几乎无人能够做到。但三苗问题在舜禅让帝位给禹时重新出现了。舜到底是把帝位传给自己儿子还是传给禹，在当时争议应该比尧传帝位给舜强烈得多。三苗之民本以为舜会传其位给其子，但结果却传给了禹。三苗之民早就对禹存有不满，因为在舜继承帝位之前禹极力主张用武力平叛三苗之乱，并且在舜继承帝位后还提及"何迁乎有苗，何畏乎巧言善色佞人？"[②]（《史记·夏本纪》）。指定禹为继承人无疑会引起三苗之民的恐慌。三苗之民可能再次作乱。而且禹继承帝位后，也开始对三苗之民征收赋税。《尚书·益稷》："苗顽弗即工。"[③]也更增加了禹对三苗之民的不满。舜传位与禹后，晚年依然坚持南巡，一则可能与禹之迫害相关，也即民间传说的"尧幽囚，舜野死"。也不能否认舜意识到三苗之民有可能叛乱而南巡，但这一次南巡不如上次顺利，舜帝最后崩于苍梧之野，葬于江南九嶷。其后便有禹伐三苗之事。《尚书·大禹谟》载："禹乃会羣后，誓于师曰：'济济有众，咸听朕命。蠢兹有苗，昏迷不恭，侮慢自贤，反道败德，君子在野，小人在位，民弃不保，天降之

① (清)皮锡瑞.今文尚书考证[M].中华书局,1989:438-442.

② (汉)司马迁.史记[M].中华书局,1959:77.

③ (清)皮锡瑞.今文尚书考证[M].中华书局,1989:122.

咎。肆予以尔众士，奉辞伐罪，尔尚一乃心力，其克有勋。'"[①]禹伐三苗《墨子·非攻下》有载："昔者三苗大乱，天命殛之，日妖宵出，雨血三朝，龙生于庙，犬哭乎市，夏冰，地坼及泉，五谷变化，民乃大振。高阳乃命玄宫，禹亲把天之瑞令，以征有苗。四电诱祇，有神人面鸟身，若瑾以侍，搤矢有苗之祥，苗师大乱，后乃遂几。"[②]《古本竹书纪年》也云："三苗将亡，天雨血，夏有冰，地坼及泉，青龙生于庙，日夜出，昼日不出。"[③]《史记·吴起传》载："（有苗）德义不修，禹灭之"[④]。战争的结果是三苗之国灭亡。舜帝南巡和禹伐三苗之间存在内在联系，孙星衍《尚书今古文注疏》中有"（三苗）在洞庭逆命，禹又诛之"[⑤]（郑康成语），也以《檀弓》"舜葬苍梧之野"相互印证。

二

在确定了舜帝南巡、禹伐三苗确有之事后，那三苗之国究竟在哪里呢？三苗之国确认后，舜帝南巡路线也基本上可以确认了。最早记载三苗之国具体位置的是《战国策·魏策》："昔者，三苗之居，左彭蠡之波，右有洞庭之水，文山在其南，而衡山在其北。恃此险也，为政不善，而禹放逐之。"[⑥]然而此说引起了后世学者争议。首先，"左彭蠡之波，右有洞庭之水"这一情况不符合后来的习惯。清人魏禧《日录》："江东称江左，江西称江右，何也？曰：自江北视之，江东在左，江西在右耳。"[⑦]按常理而言，应该是右彭蠡、左洞庭。但先秦时地理方位上的左右就已不分明。江左、江右在先秦文献中尚未出现。在长沙马王堆出土的东汉帛画地图上，就出现了南北左右倒置的情形。这样"文山在其南，而衡山在其北"也就可以理解了。从此处可以看出《战国策》中记载的三苗之

① （清）马骕.绎史[M].中华书局，2002：152.
② （清）孙诒让.墨子间诂[M].中华书局，2001：145-146.
③ 范祥雍.古本竹书纪年辑校补订[M].上海古籍出版社，2011：4.
④ （汉）司马迁.史记[M].中华书局，1959：2166.
⑤ （清）孙星衍.尚书今古文注疏[M].中华书局，2004，（2）：521.
⑥ （汉）刘向.战国策[M].上海古籍出版社，1985：782.
⑦ （清）魏禧.日录[M].昭代丛书（康熙刻本），1697：2.

国横跨了长江南北。又《尚书·舜典》载:“三苗在江、淮、荆州数为乱。”[①]《史记·夏本纪》:“荆及衡阳维荆州:江、汉朝宗于海。九江甚中,沱、涔已道,云土、梦为治。其土涂泥。……浮于江、沱、涔、汉,踰于雒,至于南河。”这更具体了三苗分布地域,在长江以北的江淮地区及长江以南的九江流域。宋曾彦和以沅、渐、無、辰、叙、酉、湘、资、澧水合洞庭中,东入于江称为九江。朱熹考定九江去無、澧二水,易以潇、烝。也就是说,荆州在江南地区的分布,主体部分在今天的湖湘地区。

上古时三苗之民还可能有过多次迁徙经历。据《山海经·海外南经》:“三苗国在赤水东。”[②]据今天学者考证赤水即丹水,在今天河南范围内。《吕氏春秋·君览》:“尧战于丹水之浦,以服南蛮;舜却苗民,更易其俗。”[③]尧与有苗之战后,三苗之民势力受到了一定打击,开始逐渐南移。这部分南移的苗民又分为两部分:一部分可能处在长江南北地区。对于这部分苗民,舜采用的是怀柔政策,是“修政偃兵,执干戚而舞”,但同时也采用了一些措施,如“放欢兜于崇山,以变南蛮;迁三苗于三危”,欢兜是三苗之首领,今天学者一般认为,崇山就是在今天常德、张家界一带。说明了三苗之国原来当在长江以北地区。另一部分是分化三苗之民,把他们迁移到三危地区,后来进一步分北三苗。南迁三苗为避免更残酷的打压,不久之后迁徙到了更南的地区。《山海经·海外南经》:“三苗国在赤水东,其为人相随,一曰三毛国。”郭璞注曰:“昔尧以天下让舜,三苗之君非之,帝杀之,有苗之民,叛入南海,为三苗国。”《尚书·禹贡》:“导黑水,至于三危,入于南海。”[④]此南海究竟在哪儿?《山海经》中另有多处记载:“欢头国在其南。其为人人面有翼,鸟喙,能捕鱼。”郭璞注曰:“欢兜,尧臣。有罪,自投南海而死。”(《山海经·海外南经》)“有阿山者。南海之中,有泛天之山,赤水穷焉。赤水之东,有苍梧之野,舜与叔均之所葬也。”(《山海经·大荒南经》)“南海之内有衡山。有菌山。有桂山。有山名三天子之都。”同卷又

① (清)皮锡瑞.今文尚书考证[M].中华书局,1989:68.

② (晋)郭璞,袁珂校注.山海经校注[M].上海古籍出版社,1980:193.

③ (秦)吕不韦撰,许维遹集释.吕氏春秋集释[M].中华书局,2009:559.

④ (清)皮锡瑞.今文尚书考证[M].中华书局,1989:173.

曰“南方苍梧之丘，苍梧之渊，其中有九嶷山，舜之所葬，在长沙零陵界中。”（《山海经·海内经》）公元前214年，秦军基本上占领岭南。设“桂林、象、南海”三郡。班固《汉书·高帝纪》载：十二年三月，诏曰：“南武侯织亦粤之世也，立以为南海王。”①从以上记载中虽然不能确定南海的具体范围，但却可知秦汉及以前的南海与今天南海相关，一是指南边之大海，二是指与大海紧邻之陆地，其陆地所包含范围或大或小，大的包括今天的广东及广西、湖南、江西、福建的部分地区。小的可能仅指广东、广西沿海之一线。“南方……有人曰苗民。”②（《山海经·海内经》）也指出三苗在南方。《尚书·益稷》：“俞哉，帝光天之下，至于海隅苍生，万邦黎献。”③此处的帝是指舜帝南巡于苍梧之野。《国语》也记载：“勤民事而野死”“南征三苗，道死苍梧”④。从最后一次舜帝南巡情况看，舜帝当是沿湘水南下，一直到苍梧之野，这一带正好是三苗之民南迁后之核心区域。

三

舜帝是中华道德文明之始祖，其多次南巡对于湖湘文化的发展具有重大意义。首先，舜帝南巡确立了以德化蛮的基本方略。南蛮有广义和狭义之分，广义的南蛮主要指先秦时期楚国所在之地，又称荆蛮。但随着社会的发展，长江以北地区及东南沿海一带得到了较大开发，南蛮由广义向狭义转变，开始专指长江以南反叛强烈的零陵、桂阳、长沙、武陵等地的少数民族，主要分布在湖南、江西、两广及贵州等地，而这一地域，正是上古时期三苗部落南迁后集中分布区域，这一地域上分布的苗、瑶等民族，据学者考证就是三苗之后裔。这些民族所处地理环境相对恶劣，多高山深壑，由此造成了民族性格的褊狭，民风剽悍。早在尧舜时代，三苗之民就多次起兵反抗；夏商之时，武陵蛮渐

① （汉）班固.汉书[M].中华书局，1962：227.

② （晋）郭璞，袁珂校注.山海经校注[M].上海古籍出版社，1980：455-456.

③ （清）皮锡瑞.今文尚书考证[M].中华书局，1989：115.

④ （汉）刘安撰，刘文典集解.淮南鸿烈集解[M].中华书局，1989：631.

为边患;周宣王时,命方叔南伐蛮方;秦昭王时命司马错征五溪蛮。湖湘地区民族的反抗,在东汉时最为强烈,先后有武陵蛮、溇中蛮、澧中蛮、长沙蛮进行反抗。但相比起北方民族的反抗湖湘地区民族要弱得多。而且中原民族在对湖湘地区进行武力镇压时从来没放弃过对其进行德化。以德化蛮正是从舜帝时开始,后来禹最终采取了武力镇压三苗的行动,但他还是对舜以德化蛮充满敬佩的。禹曰:"俞哉!帝光天之下,至于海隅苍生,万邦黎献,共惟帝臣,惟帝时举。敷纳以言,明庶以功,车服以庸。谁敢不让,敢不敬应?"[①]即使在反叛频繁的东汉,以德化蛮也在同时进行。东汉时应丰拜武陵太守,兴学校,举仄陋,政称变俗。西晋末年,晋室难渡,南方在一定程度上得到了开发,民族的反叛少了许多。隋唐之际,国家实现了统一,政治中心北移,但与秦汉时相比,湖湘地区少数民族的反抗无论规模还是强度都要小得多。这得益于唐王朝实行的科举制度和贬官制度。隋唐之际首开科举取士,后来这一方式成为了选拔人才的主要方式。而唐代的科举主要有明经科和进士科,考试的主要内容除了时事策论外,最多的就是儒家经典和辞赋了。故通过科举考试培养的人才主要是儒士和文学之才。他们大多崇尚尧舜之道。这批人才进入仕途之后,多把所学和所用结合起来,主张实行仁政和德治。但文人的仕途并非一帆风顺,朝代越是强盛,贬谪之风就越盛行,君主的集权使得他有能力控制文人的一切。唐代的贬谪之臣在湖湘地区最为集中,在自然条件艰苦、文化相对落后的湖湘地区贬谪尤为集中。湖湘地区在经历东晋和南北朝开发后变得相对安定。文人进入这里后,他们充分利用舜帝在该地域的影响,以德化人,取得了重大成就。在南贬的文人中,张说之于岳州、柳宗元之于永州、刘禹锡之于朗州影响尤大,他们在贬谪之地都主张以德化蛮,并且取得了较大的政绩,影响至今。还有在湖湘地区做官的文人,他们虽非贬谪至此,但与贬谪文人一起为湖湘地区民风民俗的转化作了重大贡献。道州刺史元结堪为代表,元结不仅在诗文中多次提到舜德,永泰元年(765)元结在道州刺史任时,以虞舜葬于苍梧九嶷之山,立舜祠于道州西之山南,作《舜祠表》,又令江华令瞿令问篆刻石上。《舜祠表》对虞舜之德进行了颂扬:"於戏!孔氏作《虞书》,明大舜德及生人

① (清)皮锡瑞.今文尚书考证[M].中华书局,1989:115.

之至，则大舜于生人，宜以类乎天地；生人奉大舜，宜万世而不厌。”[①]永泰二年(766)元结又于道州西山上建舜庙，上《论舜庙状》，并请免除近庙两户赋税，使其负责扫除之事。在经过唐代文人的不断努力之后，湖湘地区各民族基本上融入了中原文化中。

其次，舜帝南巡，南方民族从此有了文化向心力。众多的山川把湖湘地区分割成相对独立的版块，民族问题相当复杂，各民族之间语言、民情、风俗各自不同。至汉时湖湘地区就有长沙蛮、武陵蛮、零阳蛮、溇中蛮、澧中蛮、五里蛮、零陵蛮等。据常理，民族越复杂的地区统治越困难，但在中国历史上湖湘在秦汉时就归属于统一王朝的版图，而北方地区却战乱不断。而且每当中原王朝遭遇战乱四处逃窜时，湖湘地区成了建立新的王朝后方根据地。这主要是湖湘地区各民族具有共同的文化向心力。湖湘地区文化相对缺乏。上古时期，对湖湘地区影响最大的是炎帝和舜帝，但舜帝的影响明显大得多。舜文化成为湖湘文化的源头和中心应该非常早，《山海经》中就有不少神话记载了舜帝与湖湘的关系。从进入湖湘地区之后，湖湘大地上到处遍布舜文化遗迹，岳阳之君山、常德之德山、湘潭之韶山、衡阳之衡山、邵阳之崀山、永州之舜皇山、永州之九嶷山都有舜帝传说流传，特别是永州宁远之九嶷山，由于司马迁在《史记》中明确记载“舜葬于江南九嶷，是为零陵”[②]，九嶷从此成了朝舜的中心。屈原写作《离骚》时，他遭遇小人的谗毁，正流放于汉北。汉北地区已接近中原，屈原要申诉冤屈理应找那些身处中原地区的上古帝王，然而屈原并未去北方，而是去了湖湘地区：“济沅、湘以南征兮，就重华而陈词。……朝发轫于苍梧兮，夕余至乎县圃。”[③]这从一个侧面说明了舜帝已成了湖湘地区文化的中心，也正是因为有这一中心存在，看似分散的湖湘各族人民有了共同的文化向心力。更为重要的是舜帝本身并不只属于南方文化，他定都于蒲坂(山西)，一生的主要政绩还是在山西取得的，故舜文化的主体依然属于中原文化，也正因为整个南方文化都崇拜舜帝，舜帝又是中原文化的一个重要组

① (唐)元结著，孙望校.元次山集[M].中华书局，1960：127.

② (汉)司马迁.史记[M].中华书局，1959：44.

③ (汉)王逸章句.楚辞章句(四库本)[M]，1781：1.

成部分,这样南方文化便自然融入了中原文化中,并进而由崇拜舜帝文化转而崇拜中原文化,这样即使在中原文化被北方游牧文化打得节节败退时,依然能在南方建立较为稳固的政权。

再次,对舜帝的崇拜增强了湖湘地区民族的自信。在上古时期,三苗是唯一敢于向中原部落抗争的南方部落,然而三苗在与中原部落对抗中总处于失利地位。历朝历代南方民族的反抗,也无不以血腥镇压为终结。军事上的节节败退也导致政坛上的失利,自上古至唐代,湖湘人在政治上几乎无所作为,虽然刘邦作为楚人也建立了汉王朝,但西汉最终定都于长安,楚人最终还是被中原文化同化了。在宋之前,湖湘人在朝中做官多遭歧视,《封氏闻见记》载张九龄之事:"贺知章为秘书监,累年不迁。张九龄罢相,于朝中谓贺曰:'九龄多事,意不得与公迁转,以此为恨!'贺素诙谐,应声答曰:'知章蒙相公庇荫不少。'张曰:'有何相庇?'贺曰:'自相公在朝堂,无人敢骂知章作獠;罢相以来,尔汝单字,稍稍还动。'九龄大惭。"①

由此可反观南方人在朝中地位之低。有唐共有 300 多位宰相,出生于湖湘地区的却没有一人。宋以前的一些湖湘本土人士,在政治上多有自卑感。然而舜帝的南巡特别是舜帝死后葬于江南九嶷从某种程度上消除了地域的自卑感。经过神话的宣扬、史书的记载,舜帝去世后成为了神化或者半神化的历史人物。舜帝的以德治国也成了历代帝王效法的对象。从秦始皇始,帝王便有了祭祀舜帝的行动,以后各朝也都有祭祀,明清时期皇帝派官员祭舜帝已成为了一种制度,有文献记载的明代祭祀至少有 15 次,清代至少有 45 次(《舜帝祭典》),而且祭文多为皇帝御笔撰写。皇帝遣要员祭舜极大增强了湖湘民族文化的自信。皇帝每隔数年派人祭祀舜帝,说明舜帝重要及皇帝对九嶷山的重视。宁远有个古老的村落下灌村,自唐至清共出了 2 名状元、26 名进士,这是典型的文化自信的表现。当湘人特有的蛮霸精神结合了文化自信后,湘人便在中国近现代史上大放异彩。

当然,湖湘文化从自卑走向自强有多方面的因素,但与舜文化长期对南方文化的熏陶有密不可分的关系。

---

① (唐)封演撰,赵贞信校注.封氏闻见记校注[M].中华书局,2005:92.

TWO 02

下编

二妃影响下的湖湘文化

第八章　二妃与湖湘贬谪文学的开启

一

在中国，无论是古代还是近代，地域之间发展具有不平衡性，这导致了地域间地位的不平等。地处政治中心、经济中心或者文化中心的区域，在中华民族版图内地位较高，反之则低。如长安、北京地区在一定时期就属于政治中心，江浙地区主要是经济中心，山东地区则是文化中心，这些地区在历朝历代都受到重视。还有一些地区，如湖湘地区、岭南地区，既不是政治、经济中心，又不是文化中心，不仅得不到重视，还受歧视。《后汉书·南蛮西南夷列传》云："时帝有畜狗，其毛五采，名曰槃瓠。下令之后，槃瓠遂衔人头造阙下，群臣怪而诊之，乃吴将军首也。帝大喜，而计槃瓠不可妻之以女，又无封爵之道，议欲有报而未知所宜。女闻之，以为帝皇下令，不可违信，因请行。帝不得已，乃以女配槃瓠。槃瓠得女，负而走入南山，止石室中。所处险绝，人迹不至。于是女解去衣裳，为仆鉴之结，着独力之衣。帝悲思之，遣使寻求，辄遇风雨震晦，使者不得进。经三年，生子一十二人，六男六女。"[①]应劭《风俗通》、东晋人郭璞《山海经注》、宋人罗泌《路史》也有类似记载。西羌、北狄、东夷祖先还可归之于人，而南蛮的祖先却是条狗。这显然不合常理，并且这种看法居然还载入了

① (南朝·宋)范晔.后汉书[M].中华书局，1965：2929-2930.

正史之中。之所以这样写,很大程度上是想通过贬低南方文化以突出中原文化的核心地位。《隋书·南蛮传》也载:“南蛮杂类,与华人错居,曰蜒、曰獽、曰俚、曰獠、曰㐌,俱无君长,随山洞而居,古先所谓百越是也。”[①]这些部落名称,或带上了表动物的偏旁,或直接与动物的名称谐音,这与把狗当成苗人的祖先无异。可见,在西羌、北狄、东夷与南蛮中,南蛮的地位又是最低的。

湖湘地区是南蛮的集中分布地,同样也遭受到了歧视。湖湘地区遭受歧视还有更深层的原因,那就是受特殊的地域自然环境的影响。湖湘地区东有幕阜、武功诸山脉;西有武陵诸山脉,几乎完全阻断了东西交通。又有衡山、南岭横贯其中,南北交通也受到了极大限制。交通上的不便利带来了经济、政治和文化上的落后。在唐以前的数千年历史中,湖湘地区本土文化还处在极度落后状态,能够在全国文化中产生一定影响的人物还没有出现,而此时的中原文化——特别是以儒家为代表的文化已经完全成熟。多山地和丘陵的地理环境使得本土经济长期处于滞后状态,大规模的经济中心难以形成。虽然经济上极度落后,但依然受着各朝代苛捐杂税的盘剥,湖湘地区人民长期处于贫困之中,反抗也持续不断。早在尧舜时代,就有三苗之民起来反抗,这种反抗在东汉时达到巅峰。仅以湖湘地区为例,在东汉时期进入正史记载的湖湘人反抗就有:

光武帝时,武陵蛮夷势力强大,精夫相单程等据其险隘,大肆侵犯郡县。光武帝派遣伏波将军马援等领兵到临沅,大破之,平息了叛乱。

章帝建初元年,武陵澧中蛮陈从等反叛,本年冬,零阳蛮五里精夫为郡击破陈从,陈从等投降。

章帝建初三年冬,溇中蛮覃儿健等多次反叛,五年春,覃儿健等请降,不许。后大破之,斩儿健首。

和帝永元四年冬,溇中、澧中蛮潭戎等反叛,州郡募五里蛮六亭兵追击破之。第二年秋,溇中、澧中蛮四千人并为盗贼。州郡募善于与蛮作战之人平之。

顺帝永和元年,澧中、溇中蛮反。顺帝派遣武陵太守李进讨伐,破之,斩首数百级,其余皆降服。

---

① (唐)魏征等.隋书[M].中华书局,1973:1831.

桓帝永寿三年，长沙蛮、武陵蛮反叛，后平之。灵帝中平三年，武陵蛮再次反叛，侵犯郡界，州郡击破之。

本来就极度落后的湖湘地区，在战争的破坏下，老百姓生活更是艰辛。除此外，湖湘地区气候条件也很恶劣。柳宗元被贬永州时，写下了《同刘二十八院长述旧言怀感时书事，奉寄澧州张员外使君五十二韵之作》，其诗曰："枭族音常聒，豺群喙竞呀。岸芦翻毒蜃，磻竹斗狂麏。野鹜行看弋，江鱼或共叉。瘴氛恒积润，讹火亟生煆。耳静烦喧蚁，魂惊怯怒蛙。风枝散陈叶，霜蔓綖寒瓜。雾密前山桂，冰枯曲沼蕸。"枭、豺、毒蜃、狂麏、瘴气等，这一切都令中原人士闻之丧胆，几乎没有人主动愿意去湖湘地区为官。以中原文化为中心的政权对周边地区带有一定歧视性，对湖湘地区尤甚。朝廷安排在这里的官员，也多具有惩罚性。这样，成不了政治、经济中心的湖湘地区，成了贬谪文化中心。在中国历朝历代，湖湘地区都是贬谪文人的主要安置地。

二

湖湘地区成为贬谪之地最早可追溯至尧舜时代。据《尚书·舜典》记载："舜生三十征，庸三十，在位五十载，陟方乃死。"[①]孔颖达疏"陟方"曰："升道，谓乘道而行也，天子之行，必是巡其所守之国，故通以巡守为名。"《史记·五帝本纪》："践帝位三十九年，南巡狩，崩于苍梧之野。葬于江南九嶷，是为零陵。"[②]《帝王世纪》载："舜年八十一即真，八十三而荐禹，九十五而使禹摄政。摄五年，有苗氏叛，南征，崩于鸣条，年百岁，殡以瓦棺，葬苍梧九嶷山之阳，是为零陵。"[③]又刘向《列女传》载："舜陟方，死于苍梧，号曰重华。"[④]舜帝南巡似乎与三苗的反叛相关。在《尚书》《史记》《帝王世纪》《列女传》中，虞舜皆是以仁者形象存在，其南巡湖湘，主要是为了感化三苗。

---

① 周秉钧注译.尚书[M].岳麓书社，2001：15.

② (汉)司马迁.史记[M].中华书局，1959：44.

③ 皇甫谧.帝王世纪[M].齐鲁书社，2010：18-19.

④ (汉)刘向著，张涛译注.列女传译注[M].山东大学出版社，1990：4.

然而，舜帝南巡远不只是上述文献记载这么简单。在缺乏文字记载的上古年代，历史是以口头方式流传的。在流传过程中，流传者不断加入自我的主观想象与推测，从而使得流传故事偏离历史的真实，有些甚至完全背离了历史的真实，走向了历史的反面。偏离了历史的流传故事和真实历史混杂在一起，使得后世人再难以区分开，从而形成了同一历史事实下文化的多元性。这种多元性文化在不同地域、不同年代发挥着不同的作用。早在先秦时代，就有人对舜帝南巡提出了不同看法。《古本竹书纪年》载："舜囚尧，复偃塞丹朱，使不与父相见。"[①]《韩非子》中也载："舜逼尧，禹逼舜，汤放桀，武王伐纣，此四王者，人臣弑其君者也，而天下誉之。"[②]这种看法也并非全无道理。按《舜典》载，舜帝南巡时已年一百一十岁。按《帝王世纪》载，舜帝南巡时也有了百岁。即使如《舜帝年寿考》，舜帝南巡湖湘时也已五十五岁，这在上古时期绝对可算是"高龄"了。如舜真禅位于禹，禹未必会让如此高龄的舜帝去南巡，则舜之南巡，未尝不是为禹所迫。在先秦典籍中，认为舜帝南巡是"禹逼舜"这一看法虽不占主流，仅存于少量文献中，然而却开启了对舜帝南巡的质疑，也开启了湖湘地区贬谪文化的源头。李白《远别离》中写道："君失臣兮龙为鱼，权归臣兮鼠变虎。或云：尧幽囚，舜野死。九嶷联绵皆相似，重瞳孤坟竟何是？"与舜帝相应的是二妃形象，在文学作品中，她们是比舜帝更活跃的文学形象。张华《博物志》载："尧之二女，舜之二妃，曰湘夫人，帝崩，二妃啼，以涕挥竹，竹尽斑。"[③]任昉《述异记》也载："舜南巡，葬于苍梧。尧二女娥皇、女英泪下沾竹，文悉为之斑。"这样，又给舜帝南巡事件增添了许多情感因素，包括别离、思念、凄苦、怨恨等，这些情感因素正好与贬谪文人心中的情感因素相契合。因舜帝与二妃的传说主要流传于湖湘地区，贬谪文人在经历这些地区时，无疑会受到历史上人文遗迹的影响，于是舜帝与二妃形象密集地出现在贬谪文人的作品之中。

舜帝南巡之后，贬谪于湖湘地区的文人渐多，其中影响最大的是屈原。在

---

① 范祥雍订补.古本竹书纪年辑校订补[M].上海古籍出版社，2011：2.

② (清)王先慎集解.韩非子集解[M].中华书局，1998：406-407.

③ (西晋)张华.博物志[M].上海古籍出版社，1987.8.

他的作品中，舜帝、二妃形象反复出现。《离骚》："济沅湘以南征兮，就重华而陈词。"《涉江》："驾青虬兮骖白螭，吾与重华游兮瑶之圃。"《怀沙》："重华不可遌兮，孰知余之从容。"不仅如此，王逸《楚辞章句》载："昔楚国南郢之邑，沅、湘之间，其俗信鬼而好祠。其祠，必作歌乐鼓舞以乐诸神。屈原放逐，窜伏其域，怀忧苦毒，愁思沸郁。出见俗人祭祀之礼，歌舞之乐，其词鄙陋。因为作《九歌》之曲，上陈事神之敬，下见己之冤结，托之以风谏。"①《湘君》《湘夫人》就作于屈原贬谪于沅、湘期间。虽然此二篇是为祭祀而作，但却奠定了舜帝和二妃故事的悲剧基调。在后世的文学作品中，以"湘妃怨"为题的文学作品很多，出现在诗文中的"舜帝""二妃""斑竹"等意象极多，而且大多出现在贬谪文人的作品中。

更为重要的是经过屈原之手，舜帝与二妃形象作为贬谪意象内涵变得丰富起来了。本来，在上古神话和传说中，舜帝和二妃之间的悲剧主要是爱情悲剧，很少涉及其他方面。但屈原在他的作品中，把舜帝与二妃的传说故事和自身的贬谪遭遇结合起来，从而赋予了舜帝、二妃更丰富的情感内涵。他创造性地运用香草美人来寄托自身的不幸遭遇，具体而言，屈原使得悲戚的爱情传说的情感内涵发生了如下转变：其一，思恋之情向悲怨之情的转变。二妃与舜帝的爱情故事就其本身而言是凄美的，传说更多体现的是二妃对爱情的忠诚。但在屈原的作品中，二妃形象虽然依然对所爱之人饱含思念之情，但却多了层怨恨情绪。其二，恋夫之情向恋君之情的转变。二妃和舜帝之间的感情就其本身而言是夫妻之间的感情，但舜帝为君，二女为妃，这样恋夫之情很自然转变为恋君之情。屈原发展了香草美人传统，赋予了香草美人更多象征意义，原本只是二妃和舜帝之间的感情，在屈原的笔下成了具有象征意义的意象，君臣之间特别是贬谪之臣和帝王之间的关系也可以通过该意象来表达，这样，舜帝和二妃的爱情故事便具有了更为丰富的内涵。

屈原之后，贬谪在湖湘地区还不盛行，除了西汉贾谊贬谪于长沙、东汉蔡邕贬谪于永州，没有太多的文化名人进入这里，出任于这里的多以武将为主。魏晋南北朝时，中国的政治中心南移，湖湘地区得到了一定程度的开发，南方

---

① (宋)洪兴祖补注.楚辞补注[M].中华书局，1983：55.

民族的反抗情绪也没有以前那么强烈，以至于在后来正史中的《南蛮列传》也开始消失了。但由于政治中心的南移，湖湘地区不再属于僻远的蛮荒之地，贬谪到这里的文化名人依然还不多，谢灵运是其中名气最大的一个。进入隋唐后，政治情形发生了变化，政治中心再次北移，湖湘地区也开始日趋稳定，不大需要太多的武将把守了。再加上唐代科举制度的实行及朝廷重内轻外的政策，大量的文官开始进入湖湘地区。张说、王翰、贾至、王昌龄、刘禹锡、柳宗元等一大批文人被贬谪于这里。除此之外，还有元结、吕温等曾做官于湖湘地区，杜甫晚年也流寓于此地。宋代也是如此，寇准、苏辙、秦观等都曾被贬谪于湖湘。从某种程度上说，这些文人不大愿意来湖湘地区，但却不得不来，因而当他们抵达湖湘地区后，多数文人内心痛苦。但个人的不幸造就了他们文学上的成就，从以上列举的这些文人看，从屈原到秦观，他们的创作基本上代表了那个朝代文学的最高水平，这也就是司马迁所说的发愤著书、韩愈所说的不平则鸣。这一特征，在唐宋时期尤为显著。

一般而言，贬谪文人多怨恨之情，湖湘地区的贬谪文人也有这个特征。但是，因为传说中的舜帝与二妃到过湖湘和岭南地区，贬谪湖湘地区的士人多受其影响，在他们的作品中，有许多直接与舜帝和二妃相关诗文，这些文人受舜帝精神影响是十分明显的，所以文人在抒发贬谪之悲时，又加进了爱国、忧民等情感因素，从而提升了贬谪文学的精神品格。这种精神品格，对于地域文化精神的形成起着重大作用。

三

湖湘地区的贬谪文人大底由两部分组成，一是直接贬谪于湖湘地区的文人，如前所述的屈原、贾谊、张说、刘禹锡、柳宗元等属于这一类。这部分文人数量不是特别多，但作家所存诗文数量特别大。二是贬谪于两广、海南、贵州等地的文人，如韩愈、苏轼、黄庭坚等就属于这一类，他们虽没有直接贬谪于湖湘地区，但是在贬谪途中经过了湖湘地区。由于在湖湘地区停留的时间并不长，就单个作家而言，留下的作品并不很多，大多是几首到十几首间，但这部分文人数量庞大，所以就整体数量而言，这部分文人在湖湘地区留下的作品，并不比直接贬谪于湖湘地区的文人少多少。这部分文人同样也受虞舜、二妃的影响很深。

何以贬谪于两广、海南、贵州等地的文人会在湖湘地区留下如此多的诗歌，这与湖湘地区在古代交通地理位置上的重要性相关。

在湖湘和岭南地区（包括两广、海南、贵州等地），横亘着衡山和南岭两大山脉，南下岭南陆上交通十分不便。就整体而言，入岭南的交通路线有五条："自福建之汀，入广东之循、梅，一也；自江西之南安，逾大庾入南雄，二也；自湖南之郴入连，三也；自道入广西之贺，四也；自全入静江，五也。"[①]其中，主要的有两条，一条在江西境内。此条路线由张九龄凿开。开元四年张辞官回家后，于本年十一月，以"左拾遗内供奉"的身份负责开通大庾岭[②]，自此，鄱阳湖—赣江—大庾岭—韶州一线始通。然而，张九龄开通的这条道路，他自己并没有走过，自开元四年后数度往返京师与韶州之间，走的都是洞庭湖—湘水一线。原因是鄱阳湖—赣江—大庾岭—韶州这条路线要由水路改陆路，或由陆路改水路，这得重新改换交通工具。又据《元和郡县志》载："（韶州）西北至上都取郴州路三千六百八十五里，取虔州、吉州路四千六百八十里。"[③]因而大多数文人自长安南下岭南，都不愿走此路。只有自江西或江南东道至岭南，才有可能选择此路。即使这样，有的文人还是宁愿走从岭南至湘江经洞庭再沿长江而下至江南东道这一线路，如刘长卿上元二年贬谪南巴后回归路线走的就是这一条。

另外一条在湖湘境内，也就是洞庭湖—湘江—灵渠—漓江—珠江一线。秦始皇为了统一全国，开始出征南越，并开凿了灵渠。灵渠的开通首先具有的是军事意义。在灵渠凿成通航的当年（前 214 年），秦兵就攻克了岭南，设立桂林、象郡、南海三郡，岭南地区正式纳入了秦王朝版图。这是南下岭南的主要线路，从这条线路进入岭南地区，不需要更换任何交通工具，因为是水路，相对而言少了陆路的颠簸，因而深受贬谪文人的喜欢。不少贬谪岭南者都是沿着这条路线行进的。宋人周去非所提及的"自湖南之郴入连，三也；自道入广

---

① （宋）周去非著.杨武泉校注.岭外代答校注[M].中华书局，2006：11.

② （唐）张九龄撰，刘斯翰校注.曲江集[M].广东人民出版社，1986，(2).

③ （唐）李吉甫.元和郡县图志[M].中华书局，1983：901.

西之贺，四也”，此二线从严格意义上说，乃是洞庭湖—湘江—灵渠—漓江—珠江之分线，其起始点仍在湘江，而终点在珠江水系。在古代，虽然张九龄、元结等人曾走过此路，但毕竟只是少数，多数文人还是走的湘漓水道。

这样，在湖湘地区形成了一种奇怪的现象：在文化相当落后的地区文化却集中分布在相对狭小的地域，也即洞庭湖—湘水沿岸地带。具体说来，主要有湖南之岳阳、长沙、株洲、衡阳、永州、郴州等。这些城市文化的繁荣程度，丝毫不逊于中原地区，而且还占据着当时文化制高点的位置。可以说洞庭湖—湘江沿岸一带是落后地区文化高度繁荣的典范，这条文化走廊长达千余里，在这条文化长廊上经历的文化名人、创作的优秀作品，是任何一条文化长廊都难以企及的。

而这条文化长廊，与舜帝南巡路线高度重合。如“洞庭之山……帝之二女居之，是常游于江渊。澧沅之风，交潇湘之渊，是在九江之间，出入必以飘风暴雨，是多怪神，状如人而载蛇。”[①]（《山海经·中山经》）“帝子降兮北渚，目眇眇兮愁予。袅袅兮秋风，洞庭波兮木叶下。”《竹书纪年》载：“（有虞氏）舜作大韶之乐。”[②]“（舜）践帝位三十九年，南巡狩，崩于苍梧之野。葬于江南九嶷，是为零陵。”[③]（《史记·五帝本纪》）等等，都可以看出舜帝南巡是过长江后沿洞庭湖、湘水前行，一直至苍梧之野。这与贬谪文人贬谪湖湘及岭南地区路线具有一致性。舜文化遗迹在湖湘境内也大底分布在洞庭湖—湘水一线，如岳阳之君山、二妃庙、舜帝庙，湘潭之韶山，邵阳之崀山，永州之九嶷山、舜皇山、潇湘庙、舜帝陵等都分布在这条线上。贬谪湖湘之文人和南下岭南的贬谪文人经过这条线路时，无疑会有感于舜与二妃爱情的悲剧，进而对舜帝南巡进行多方猜测，并联系自已身世之悲，写出悲苦、忧伤，充满骚怨之情的作品。

由此可见，虞舜与二妃不仅开启了湖湘道德文化，同时也开启了湖湘贬谪文化。正是在这种贬谪文化的影响之下，贬谪湖湘的文人和湖湘本土文人共同推动了湖湘文学的发展，使得湖湘文学，特别是唐代的湖湘贬谪文学在文学史上大放异彩。

---

① （晋）郭璞，袁珂校注.山海经校注[M].上海古籍出版社，1980：176.

② 王国维.今本竹书记年疏证[M].齐鲁书社，2010：47.

③ （汉）司马迁.史记[M].中华书局，1959：44.

第九章　二妃意象的形成与新变

一

“二妃”作为一个经典文学意象，其形成并为后世文人广泛接受经历了一段较长时期。有关二妃的记载最早出现在《尚书·尧典》中：“帝曰：‘咨！四岳。朕在位七十载，汝能庸命，巽朕位？’……师锡帝曰：‘有鳏在下，曰虞舜。’……帝曰：‘我其试哉。’女于时，观厥刑于二女。’厘降二女于妫汭，嫔于虞。”[①]但这一形象承负了过多的政治与道德因素，并不具备太多的文学性。其后，《山海经·中山经》载：洞庭之山，“帝之二女居之，是常游于江渊。澧沅之风，交潇湘之渊，是在九江之间，出入必以飘风暴雨。”[②]就其出处而言，《山海经》是地理著作，严格地说，这段文字还不能说是文学作品，但它把二妃与潇、湘第一次联系起来，且二妃成了潇、湘二水之神，具有了某种神秘力量，因而也有了一定文学因素，对二妃意象的形成起了一定促进作用。

二妃以文学形象出现是在屈原贬谪沅、湘之后，王逸在《楚辞章句》中说：“《九歌》者，屈原之所作也。昔楚国南郢之邑，沅、湘之间，其俗信鬼而好祠。其祠，必作歌乐鼓舞以乐诸神。屈原放逐，窜伏其域，怀忧苦毒，愁思沸郁。出见

① (清)孙星衍.尚书今古文注疏[M].中华书局，1986：28-31.

② (晋)郭璞，袁珂校注.山海经校注[M].上海古籍出版社，1980：176.

俗人祭祀之礼，歌舞之乐，其词鄙陋。因为作《九歌》之曲，上陈事神之敬，下见己之冤结，托之以风谏。”[①]《湘君》《湘夫人》就作于这一时期，它们是《九歌》中文学色彩较浓的篇章。湘君、湘夫人不再是原有二妃形象，而是“目眇眇兮愁予”的多愁善感的女子。屈原在她们身上赋予了更多新的因素，它包含了后世湘妃文学中经常吟咏的三个主题：祭祀主题、爱情悲剧主题和士不遇主题。后世文人的创作，大多围绕这三个主题进行。二妃文学形象开始在《九歌》中形成，也奠定了意象的悲剧基调。同时，由于二妃开始与特定地域紧密联系，二妃之称谓也有了改变，除了“湘君”“湘夫人”外，还有“湘灵”之称，《楚辞·远游》中有：“使湘灵鼓瑟兮，令海若舞冯夷。”《后汉书·马融传》中说：“湘灵下，汉女游。”[②]李贤在作注解时说：“湘灵，舜妃，溺于湘水，为湘夫人也。”后世文学作品中，除极少数诗外，湘灵皆与二妃相关。

然而屈原之后二妃并没有大量出现在文学作品中，进而形成凝聚着特定情感品质的文学意象。从秦汉一直到魏晋南北朝，除了刘向、阮籍、沈约、吴均等少数文人留下了一些作品外，其他人作品中的二妃实在寥寥可数，而此时西施等女性形象却频频出现。之所以二妃再次遭受文人冷落，有多方面的原因。

先秦各类典籍中的二妃传说有许多，但正如前面所说，多以政治和道德形象出现，适合于做文学题材且有充分想象空间的只有二妃和舜之间凄美欲绝的爱情故事。刘向《列女传》载：“舜陟方，死于苍梧，号曰重华。二妃死于江、湘之间，俗谓之湘君。”[③]也就是说，二妃与舜的爱情故事，最广泛流传于湖湘地区。在它地或虽有流传，但多与道德因素相关，并不具备太多的文学因素，故不宜进入文学作品中。但如果某些文学题材远离作家，即使它再好，也很难进入诗文中，因为在文学创作中，无实景，则难产生真情，无真情，优秀作品则难产生。那么，在唐前文人是否大量到过湖湘地区呢？

湖湘地区自古以来就属蛮区，据《后汉书》载：“时帝有畜狗，其毛五采，名

---

① (宋)洪兴祖.楚辞补注[M].中华书局，1983:55.

② (宋)范晔.后汉书[M].中华书局，1965:1964.

③ (汉)刘向著，张涛译注.列女传译注[M].山东大学出版社，1990:4.

曰槃瓠。……帝不得已,乃以女配槃瓠。……其后滋蔓,号曰蛮夷。……今长沙武陵蛮是也。”①武陵蛮、长沙蛮所处地就是二妃故事广为流传的地区。中国对待蛮夷的方法归纳起来无外两种:一是武力镇压,一是文德服之。在秦汉时代,对待湖湘地区蛮族是血腥镇压。据史载:秦昭王就曾命司马错征五溪蛮;东汉时,光武帝遣伏波将军马援等将兵至临沅,击破武陵蛮;永和元年,顺帝遣武陵太守李进讨澧中、溇中蛮,斩首数百级;灵帝中平三年,武陵蛮反叛,寇郡界,州郡派军击破。可见,秦汉时期湖湘地区蛮族反抗较多,统治者镇压也极为残酷。在这种环境下,文人极少进入湖湘地区,受政府派遣前往该地做官的文人更少,故虽有好的文学题材,却无好的文学家接近它,也难以产生优秀作品。

进入魏晋时期,湖湘地区战乱不断,东吴孙权曾遣吕蒙督鲜于丹、徐忠、孙规等,率兵二万攻取长沙、零陵、桂阳三郡,又使鲁肃以万人屯巴丘,以御关羽。最终形成长沙、江夏、桂阳以东属孙权,南郡、零陵、武陵以西属刘备的局面,湖湘地区成了蜀、吴争夺的焦点。再加上蛮族仍有一定反抗,文人大多北走曹魏或避地东吴,湖湘地区依旧是文学的真空地带。南北朝时,蛮族反叛情形有所减少,湖湘地区稍有安定,但长期经济和文化上的落后也使得文人很少涉足这里。

客籍文人很少涉足这里,导致了与二妃相关的作品较少。但还有一种可能性,如果湖湘地区存在大量本土文人,他们仍然可创作大量与二妃相关的作品来,毕竟二妃题材在湖湘地区具有相当大的影响力,只要有一定文学感受力的作家,绝不会放过这样优秀的题材。那么,湖湘地区是否存在一定数量的本土文人呢?据曾大兴《中国历代文学家之地理分布》统计,从先秦至南北朝,湖湘地区本土文人仅东晋罗含一人,然存诗不多。与其说他是文学家,还不如说是政治家、思想家、地理学家。即使如此,在其地理著作《湘中记》中,也对二妃与舜事有记载:“衡山九嶷皆有舜庙,太守至官,常遣户曹致祀,则如闻弦歌之声。”②总体看来,与客籍文人相比,本土文人更少得可怜。唐

① (宋)范晔.后汉书[M].中华书局,1965:2929-2930.

② (北宋)李昉等编纂.太平御览(四库全书)[M].上海古籍出版社,1987:39.

前湖湘地区不仅经济落后，文化也极端落后，虽有好的诗材，但它们只是幽昧中的珍宝，无人发掘。故以二妃为题材的文学作品，在屈原之后、李唐之前，是极少的。

二

湖湘地区经历南朝管辖后，不再显得那么蛮荒，教化在一定程度上得到了推行，民众剽悍之风也有所改善。或许是从前王朝吸取教训，唐朝统治者对湖湘地区采取了比较友善的政策。唐太宗曾说："自古皆贵中华，贱夷、狄，朕独爱之如一。"[①]至唐朝时，湖湘地区已不构成威胁，故唐王朝把主要兵力用在了西北、东北及西南等几个方向。对于这里，则采用了文化措施，也即"偃革兴文，布德施惠"[②]，这种民族政策收到了良好的效果，所以在唐代，"百蛮奉遐赆，万国朝未央"（太宗皇帝《正日临朝》）、"百蛮饮泽，万国来王"（《延和》）。武陵蛮、澧州蛮、长沙蛮虽然还存在，但却极少反抗，甚至在各类史书中，都取消了南蛮传。

既然要化蛮，自然就不能用武将，特别是对湖湘地区的蛮族而言，他们已经有较长时间没有与朝廷对抗了，儒学之士和文学之士就成了首要人选，而二者兼之者更佳。然而，唐代湖湘地区依然相当落后，没有文人会主动承担这个责任，所以朝廷派往湖湘地区任官的多是贬谪文人。例如，张说、柳宗元、刘禹锡、刘长卿等人都有贬谪湖湘的经历。除此之外，还有大量前往岭南道的贬谪文人及流寓文人，他们要前往目的地，必须经过湖湘地区，张九龄、韩愈、白居易等诗人就曾多次往返于湖湘地区。唐代兴起的漫游、入幕之风，也促使了大量文人出入湖湘地区，特别是安史之乱后，湖湘地区相对安定，流入这里的文人就更多了，李白、杜甫就曾因此而进入，且创作了大量优秀诗篇。可见，大凡在唐代有一定声名的文人，都有过湖湘之行。

文人之行的路线不外水、陆两条。湖湘地区多山，东有幕阜、武功诸山，南

---

① （北宋）司马光编著.资治通鉴[M].中华书局，1956：6247.
② （后晋）刘昫.旧唐书[M].中华书局，1975：2258.

有南岭,西北则有武陵诸山脉,中间横亘衡岳。这些山把大半个湖湘围了起来,给陆上交通带来极大的不便。水上交通却极为便利,这里存在一个几乎覆盖整个湖湘地区的交通枢纽。这个枢纽以洞庭湖、湘江为中心,湘、资、沅、澧四水注入洞庭湖,形成了一个面积极广,主要呈南北走向的水系。这个水系在荆江口与长江汇合,在桂州通过灵渠与珠江水系汇合。在唐代,它不仅成了湖湘地区重要的水上交通要道,也是由岭北通往岭南的重要交通要道。二妃的传说,这个极具文学价值的题材,就处在这个水系的核心要道洞庭湖—湘江一线上,并且在唐时还存有不少遗迹,其中,二妃庙最具代表意义。庙的建立,至少可以追溯至秦以前,且不止一处。唐巴陵令李密思《湘君庙纪略》载:“昔人有立湘君祠于此山,复谓之君山,其庙宇为秦王毁废后,亦久无构置。”除君山上的湘君庙外,在由洞庭湖通往湘江的入口之上,还有一座规模较大的二妃庙,《方舆胜览》载:“黄陵庙在湘阴北八十里。”(卷二十三)《水经注》载:“其水上承大湖,湖水西流,径二妃庙南,世谓之黄陵庙也”。(卷三十八)因其是文人南下的必经之地,文人对此庙关注极多。唐景云元年九月,宋之问贬岭南钦州,南行至岳州,作《谒二妃庙》诗;其后不久李颀有《二妃庙送裴侍御使桂阳》;杜甫有《湘夫人祠》;韩愈长庆元年作《黄陵庙碑》,这些诗文,都与此庙相关。再沿湘水北上,至今天广西全州,在唐为永州湘源县,还有一座二妃庙,柳宗元作有《湘源二妃庙碑》,但文人对其关注较少了,在唐代,毕竟南下岭南的文人不多。

唐代湖湘地区本土文人也有一定发展,据曾大兴《中国历代文学家之地理分布》统计,这一时期本土文人共有9位,他们分别是刘蜕、欧阳询、欧阳彬、齐己、吴德光、廖凝、胡曾、李宣古和李群玉。本土文人在中晚唐时大量出现与唐王朝的化蛮政策有一定关系,贬谪文人的大量到来给这些落后地区带来了清新空气。不少文人好为师,韩愈在《柳子厚墓志铭》中说:“衡湘以南为进士者,皆以子厚为师,其经承子厚口讲指画为文词者,悉有法度可观。”[①]这一时期,本土文人的大量出现也与科举考试开始为湖湘人接受相关。据《全唐诗》小传载,在湖湘地区,刘蜕、李涛、潘纬、李宣古考中了进士,王璘和李群玉

---

① (唐)韩愈撰,马其昶校注.韩昌黎文集校注[M].上海古籍出版社,1986:512.

等人也参加过科举考试。无疑，这些本土文人对于家乡这一极富魅力的文学题材不会放过，李群玉、胡曾、齐己等诗人就创作了不少以二妃为题材的诗。这些诗歌，与客籍文人创作的诗歌有较大不同，如李群玉的《黄陵庙》："黄陵庙前莎草春，黄陵女儿茜裙新。轻舟短棹唱歌去，水远山长愁杀人。"诗写得欢快明朗，全无客籍文人作品中那种悲凄、哀怨情绪。

然而，以上只是构成二妃进入唐代文学作品中的必要条件，二妃以什么样的形象进入文学作品中却具有不确定性。从历代文献看，二妃形象具有多重复合性，不同个体会根据自身情况对二妃形象进行选择。具体说来，在众多文献中，二妃形象不完全相同：一是列女形象。《列女传·有虞二妃》对此形象有详细介绍，其情节包括涂廪、浚井、饮酒等。从这些情节可以看出，二妃知书达理、孝敬父母，她们忍辱负重的性格堪称整个中华女性的典范。二是湘水之神形象。这一形象首先出现在《山海经》中："（二妃）出入必以飘风暴雨，是多怪神，状如人而载蛇。"[①] 作为湘水之神，二妃具有了超人的本领，自然对湘水流域的民众带来一定影响，在普通民众中地位较高。在唐代，湖湘地区水患较多，为了在一年中能够风调雨顺，沿湘水一线的民众多对其有祭祀。

但不管是列女形象还是湘水之神形象，唐代文人都不大喜欢。在他们的诗歌中，较少称赞她们的懿德，也极少提及二妃的惠及民众。虽然唐代文人祭奠二妃的事常有，但在诗文中明显表达出为求取庇护而祭奠的却极少。这两类形象，只是出现在文学性并不强的祭文或碑刻中。二妃广为唐代文人接受的是怨女形象，在《尚书·尧典》中，这一形象并没有提及，《山海经》中提及了舜及二妃之死，可以看作是悲剧爱情的原型，但这仅是个简单的爱情悲剧，还不足以引起广大文人的共鸣。真正丰富和扩大了二妃爱情悲剧内涵的是屈原，《湘君》《湘夫人》不仅把二妃的爱情悲剧演绎得淋漓尽致，而且还把诗人自己遭受贬谪的忧郁情感注入其中，二妃与舜的爱情悲剧又向着士不遇的主题转化，而正是这一点，引起了广大贬谪、流寓文人的共鸣。二妃是悲剧爱情的代表，在凄迷幽怨的悲剧爱情中，蕴含着许多与文人情感相契合的因素。这一形象，成为了唐代二妃文学的主流。

---

① (晋)郭璞，袁珂校注.山海经校注[M].上海古籍出版社，1980：176.

三

文人何以放弃作为道德模范和湘水之神形象的二妃而选择了怨者形象的二妃？这里面有多重原因。爱情在文学作品中是一个永恒的主题，而悲剧性爱情尤能引起文人的同情，二妃与舜的爱情就是如此。当唐代文人大量到达湖湘地区时，陌生的环境和悲凉的心态使得他们在心理上更容易接受怨者形象的二妃，并与之产生共鸣；而文人的独孤状态又与二妃的独孤状态相似，再加上文人的涉艳心理，二妃形象开始发生新变。这一切促使二妃大量出现在唐代文学作品中，并进而形成了中国古典文学中具有经典性的悲剧意象。

(一)弱者与同情心理

舜帝南巡之后，二妃从之不及，最后死于江湘之间，这似乎给人以刚毅女子的形象，但二妃内心却是柔弱的，她们简直就是泪的化身。张华《博物志》载："尧之二女，舜之二妃，曰湘夫人，帝崩，二妃啼，以涕挥竹，竹尽斑。"[①]任昉《述异记》也载："舜南巡，葬于苍梧。尧二女娥皇、女英泪下沾竹，文悉为之斑。"唐代文人极少论及二妃性格中刚毅、坚强的一面，而对于女性柔弱的一面却大肆渲染，"泪""斑竹"是作品中最常见的意象。他们甚至认为，二妃与舜的爱情悲剧，不再是妃子和帝王之间的爱情悲剧，他们把这种爱情悲剧大众化了，在二妃的身上，寄予了更多同情与感伤，二妃也就成了湖湘地区最具悲情的人物了。唐代与二妃相关的诗歌，大多悲悲啼啼，悲剧意蕴十分浓郁。例如，刘禹锡《潇湘神二曲》之二："斑竹枝，斑竹枝，泪痕点点寄相思。楚客欲闻瑶瑟怨，潇湘深夜月明时。"

文人之所以对二妃寄予如此多同情与自身处境有密不可分的关系。一些下层仕宦文人和流寓文人，长时间寓居湖湘地区，饱受人世艰辛和世态炎凉，甚至还有衣食之忧。他们前途无望，又处于社会的底层，自己本身就是弱者，弱者在弱者面前，更容易引发共鸣。刘长卿、杜甫、戎昱、孟郊、张祜、李群玉、

① (西晋)张华.博物志(四库全书)[M].上海古籍出版社,1987.8.

李咸用、杜荀鹤、黄滔、刘昭禹等中下层文人的二妃诗歌中，都表现出了强烈的共鸣感。例如，张祜"早工篇什，研几甚苦，搜象颇深，辈流所推，风格罕及"[①]，但一生以处士终，长期流寓于各地，在湖湘地区作下了《湘中行》："南去长沙又几程，二妃来死我来行。人归五岭暮天碧，日下三湘寒水清。远地毒蛇冬不蛰，深山古木夜为精。伤心灵迹在何处，斑竹庙前风雨声。"在同情二妃的同时，也在抒写自己的漂泊感。李涉的《湘妃庙》也是如此："斑竹林边有古祠，鸟啼花发尽堪悲。当时惆怅同今日，南北行人可得知。"同样是借二妃的遭遇抒写诗人内心的悲痛。

(二)怨者与贬谪心理

二妃意象在唐代为广大文人所接受更主要的原因是在二妃意象中能表现出一种由爱而生怨的强烈感情。二妃之怨具有双重含义：其一，怨别离，二女经受的别离之苦超过了常人。对于一般女性而言，别离主要发生在夫妻之间，一般是丈夫外出寻觅功名，妻子独守闺房。虽然丈夫外出了，但还有家的存在，还有亲朋好友的存在。二妃不同，她们遭受的别离之苦不仅是与丈夫的分离，也是与家的分离，她们以柔弱女子的身份经历了就是男性也难承受的痛苦。过多的痛苦也使得二女由爱之心理向怨之心理转变。其二，怨弃离。二妃与舜的爱情毕竟不是普通百姓家女子与男子的恋爱，而是帝王与妃子间的爱情。从《尚书·尧典》看，二妃嫁给舜不是出于对舜的爱情，也不是出于舜对二妃的追求，而是一场赤裸裸的政治婚姻。婚后，二妃为维护舜的家庭尽心尽力，最终助舜登上了帝位。在这些文献资料中，我们很难见到舜对二妃究竟是怎样一种感情。虽然各类史料没有明确记载舜对二妃的弃离，但舜南巡，"二妃从之不及"，给人无限揣测。

二妃之怨也是湖湘地区客籍文人常遭受到的，他们以充满同情的心理来描写二妃的幽怨情绪，这样的诗歌很多，戎昱《湘南曲》有："虞帝南游不复还，翠蛾幽怨水云间。"孟郊《湘妃怨》有："南巡竟不返，帝子怨逾积。"刘禹锡、陈羽、王贞白等诗人也有类似之作。在唐代文学作品中，二妃绝大部分是以怨女的形象出现。其主要的原因是，二妃之怨与南来文人，特别是贬谪文人之怨有

---

① 傅璇琮主编.唐才子传校笺[M].中华书局，1990.3：196.

相通之处。因为二妃怨的对象不是普通的人，而是舜帝，这与贬谪文人所怨的对象有相通之处。在他们看来，自己之所以遭受贬谪，最主要的原因是君王听信谗言，导致了自己不被理解。所以，文人多以二妃之怨来写个人之怨。如宋之问在第三次流配途中，途径湖湘地区，创作了《洞庭湖》《晚泊湘江》《谒二妃庙》等诗。他在《洞庭湖》中写道："张乐轩皇至，征苗夏禹徂。楚臣悲落叶，尧女泣苍梧。"从此诗可以看出宋之问遭受贬谪时的屈辱与愤懑。"楚臣悲落叶，尧女泣苍梧"不只在写屈原和二妃，他认为这是他自身的写照。自己的命运也如同这两个人，多次被贬，一次比一次远，衰老与恐惧充满他的心头。因而，写"尧女泣苍梧"实际上是在写自己对君王的怨恨。而在《晚泊湘江》中写道："路逐鹏南转，心依雁北还。唯馀望乡泪，更染竹成斑。"通过写旅途的艰辛和对家乡的思恋来写自己怨恨之深。对于涉湘文人来说，他们遭遇了太多的不幸，而这些不幸却都与当时最高统治者有着直接或间接的联系，二妃之怨正好是他们用以借题发挥的工具。不仅一些贬谪文人如刘长卿、刘禹锡、柳宗元等人的二妃诗是如此，一些非贬谪文人的诗也是如此。在唐代文学作品中，借湘妃之怨写己之怨的比比皆是，如施肩吾的《湘竹词》、蒋防的《湘妃泣竹赋》等都是这样。

(三)丽者与涉艳心理

作为舜帝妃子，二妃以聪明贞仁的形象出现。关于二妃容貌，却极少记载，这给后人提供了极大的想象空间。早在魏晋之际，阮籍在《咏怀诗》中写道："二妃游江滨，逍遥顺风翔。交甫怀环佩，婉娈有芬芳。猗靡情欢爱，千载不相忘。倾城迷下蔡，容好结中肠。"把二妃描写成了一个"一顾倾人城，再顾倾人国"的美人形象。唐代诗人李群玉也有："小姑洲北浦云边，二妃容华自俨然"(《黄陵庙怀九嶷》)这样的美人，又处于独孤之状态，自然引起了文人无限遐想，也激起了文人的涉艳心理。当然，文人的涉艳心理不只是图感官上之享乐，在文学史上，美人能够激起文人多重复杂的心理，如以美人借指君王，或以美人青春易逝，感叹自己功业无成，或以美人的孤独形象暗示自己品质的高洁等。二妃形象在唐代广受关注，也与这些因素相关。

陈寅恪在《唐代政治史述论稿》中指出："若以母系母统言之，唐代创业及初期君主，如高祖之母独孤氏，太宗之母窦氏，即纥豆陵氏，高宗之母长孙氏，皆是胡种，而非汉族。故李唐皇室之女系母统杂有胡族血胤世所共知。”[①]由此带来了女性开放之风气。唐代女性地位较高，男女之间恋情也较自由，与文人的涉艳心理相结合，促使了大量有关二妃诗的产生。《唐才子传》载：“（钱）起……月夜闲步，闻户外有行吟声，哦曰：‘曲终人不见，江上数峰青。’凡再三往来，起遽从之，无所见矣。尝怪之。及就试粉闱，诗题乃《湘灵鼓瑟》，起辍就，即以鬼谣十字为落句，主文李暐深嘉美，击节吟味久之，曰：‘是必有神助之耳。’遂擢置高第。”[②]这尚是才子与才女精神上之交融，是相互倾慕的结果，还没有跨越男女之大防。至晚唐时，由于中央集权的相对削弱，思想上控制也日渐松弛，文人的涉艳心理有了进一步发展，甚至超越了一般男女之大防。据《唐才子传》载，李群玉与二妃之间还演绎了一场梦幻般的情事：“（李群玉）归湘中，题诗二妃庙，是暮，宿山舍，梦二女子来曰：‘儿娥皇、女英也，承君佳句，徽珮将游于汗漫，愿相从也。’俄而影灭。群玉自是郁郁，岁余而卒。”他与二妃的故事成了后人传颂的一段佳话。二妃形象开始发生新的转变，已变成了与巫山神女类似的文学形象了。

可见地理交通和文学传承固然对二妃意象的形成起到了一定的作用，但更主要的是二妃意象中蕴含的情感正好与南下湖湘地区文人的情感高度契合，在文化缺失的南方地区，二妃成了文人表达内心情感的最佳选择对象。二妃由道德形象向文学形象转变，到最终形成凝聚了固定情感品质的文学意象，经历了较长时间，至唐代才基本定型。唐后与二妃相关的文学作品虽然众多，但就其内在情质而言，依然是二妃意象的继承和延续，较唐人作品并无多大发展。

① 陈寅恪.唐代政治史述论稿[M].上海古籍出版社，1982：1.

② 傅璇琮主编.唐才子传校笺[M].中华书局，1989—1990，(2)：38.

第十章　二妃、屈原与唐岳州诗歌研究(一)

文化具有一定的地域性,会表现出鲜明的地域特征。但并不意味着在该文化影响的区域范围内,文化地位完全平等。文化的最先产生往往是由一个核心点开始,围绕着这个核心点慢慢影响到周围地区,然后其影响范围进一步扩大,最后影响到整个地域。虞舜文化也是这样,虞舜文化对湖湘地区的影响是整体的,它是湖湘文化精神最重要的源头。在湖湘地域范围内,虞舜文化也存在文化的核心点,而且核心点还存在两个:一是以舜帝为中心的永州文化,该地域因为有舜帝陵的存在,成为了全国舜文化最集中分布的地区之一。历代湖湘民众对舜帝的祭拜主要在该地域进行。舜帝作为中华道德文化的开创者、孝悌文化最忠实的践行者,对湖湘民众的影响无疑是巨大的。但这种影响也是有层级之分,影响最大的当然是文化产生的核心区域永州地区,然后围绕着永州向四周扩散,应该说在整个湘南地区,包括永州、郴州、衡阳、邵阳等地,受舜文化影响较大,随着地域逐渐向北推移,舜帝的影响开始逐渐减弱。二是以二妃为中心的岳州文化,该地域由于有二妃墓的存在,成为了二妃文化的集中分布地。二妃位列《列女传》之首,相传在舜帝南巡时追舜不及,死在了江湘之间,葬于岳州湘阴之青草山上,今岳阳君山上也存在湘妃祠。二妃之后,屈原贬谪于湖湘,有感于二妃之事,写下了《湘君》《湘夫人》。于是,在二妃身上不仅体现了她们对爱情的忠诚,也倾注了屈原的爱国精神、骚怨精神。二妃对于湖湘文化的影响进一步扩大,开始向常德、长沙、益阳等四周扩散,但随着远离文化产生的核心区域,二妃文化在跨越长沙后影响逐渐减弱。屈原之后，二妃的文学形象开始日渐突出，到唐代时，湖湘地区成为了贬谪的集中地，而在湖湘岳州地区，由于二妃与屈原的存在，使得贬谪文学有了更深厚的文化底蕴，与二妃、屈原等相关的诗歌开始大量出现，从而形成了贬谪文学创作的高潮，影响着后世湖湘地区文学的发展。本章及下章主要探讨二妃、屈原影响下的唐岳州诗歌发展情况，对其影响下的唐代岳阳楼诗、君山诗、屈子祠诗作对比研究，并进一步探讨随着唐代时局的变化发展，二妃、屈原是怎样影响湖湘本土文人和客籍文人文学创作的。

一

岳州"本巴丘地，古三苗国也。《史记》：'三苗之国，左洞庭，右彭蠡。'春秋及战国时属楚，秦属长沙郡，吴于此置巴陵县，宋文帝又立为巴陵郡，梁元帝改为巴州，隋开皇九年改为岳州，大业三年为罗州，武德六年复为岳州"[①]。其地"管县五：巴陵、华容、湘阴、沅江、昌江"，洞庭、青草在其境。从地域特征上看，可以把唐岳州诗歌分为以岳阳楼为中心的岳州东部与北部诗歌（包括巴陵、华容等地诗歌，下文简称岳阳楼诗歌）、君山诗歌、以屈子祠为中心的岳州范围内的沅湘流域诗歌（包括湘阴、沅江、昌江诗歌，下文简称为屈子诗歌）及洞庭湖诗歌（仅指湖体本身诗歌）。洞庭湖成了维系这些诗歌的纽带，把它们完整地纳入了宽广的怀抱中。但由于自然条件和地域特征的细微差别，历史人文因素对这几种诗歌的影响也各有侧重，它们相互关联而又各具特色，下面就这些诗歌的异同点作具体的比较分析。

岳阳楼和君山地理位置上相隔很近，但君山地处洞庭湖中央，四面环水，是一座孤岛，这使得它与岳阳楼无论是在地理特征、自然环境，还是生活方式都有较大的不同。这些不同影响着二者对古代文化的吸收，并进而影响着诗歌创作，使得岳阳楼诗歌和君山诗歌既呈现出一定共性又表现出较大的差异性。

---

① (唐)李吉甫.元和郡县图志[M].中华书局,1983:703.

(一)岳阳楼濒临洞庭湖,前身是一座军事戍楼

东汉建安二十年(215)孙权、刘备争夺荆州,孙权遣鲁肃"以万人屯巴丘,以御关羽"[①]。宋人范致明《岳阳风土记》引《舆地志》称:"巴丘有大屯戍,鲁肃守之,今郡城乃鲁公所筑也。"[②]由此可见,岳阳楼前身是鲁肃阅军楼。岳州地处南北交通要道,历来为兵家必争之地,岳阳楼也因之有"阅军楼""戍楼""巴陵城楼"之称。

君山与岳阳楼不同,刘禹锡在《洞庭湖》中写道:"湖光山色两相和,潭面无风镜未磨。遥望洞庭山水翠,白银盘里一青螺。""白银盘"是指洞庭湖,"青螺"指君山,它把君山四面环水的孤岛形象刻画出来了。君山在洞庭湖中处于孤绝境地,这样孤立的环境,导致了其生活方式与外界不同。由于地处湖中,它受政治影响较小,战争威胁又难到达,故属于小型文化。钱穆在《中国文化史导论》中说:"农耕可以自给,无事外求,并必继续一地,反复不舍,因此而为静定的,保守的。"[③]

岳阳楼和君山在地理环境和历史文化上的不同,影响了它们对古代文化的吸收与融合,这主要表现在以下两个方面。

1. 对屈骚文化的吸收与融合

屈原晚年活动在湖湘地区,留下了不少作品。屈骚文化成了湖湘文化最重要的源头,它对岳阳楼、君山诗歌创作影响是明显的。具体说来,岳阳楼诗歌多取其神而君山诗歌多取其形。从张说与杜甫岳阳楼诗中可以看出岳阳楼诗歌对屈骚文化的吸收与融合情况。如不少人就注意到了张说诗歌对屈骚文化的继承:

若乃山林皋壤,实文思之奥府,……然屈平所以洞监风骚之情者,抑亦江山之助乎?[④]

(张说)睿宗时,兵部侍郎、同平章事,开元十八年终左丞相、燕国公。……

① (晋)陈寿.三国志[M].中华书局,1959:1119.
② (宋)范致明.岳阳风土记[M].成文出版社,1976:3.
③ 钱穆.中国文化史导论[M].商务印书馆,1994:2.
④ (南朝)刘勰撰,范文澜注.文心雕龙注[M].人民文学出版社,1958:694-695.

诗法特妙,晚谪岳阳,诗益凄婉,人谓得江山之助。[①]

从上可以看出前人已认识到了屈原对张说的影响，如张说《岳阳早霁南楼》:“歌闻枉渚邅,舞见长沙促。心阻意徒驰,神和生自足。白发悲上春,知常谢先欲。”对自己功业未成而岁月已逝的焦虑就很近于屈原的“忽驰骛以追逐兮,非余心之所急。老冉冉其将至兮,恐修名之不立”[②]。他“举目思乡县,春光定不殊”与屈原“余固知謇謇之为患兮,忍而不能舍也”中恋君情结是相同的。另外,张说诗也汲取屈原作品中的部分词汇,“杞梓”“芳杜”在他诗中出现频率较高。

如果说张说继承的是屈原诗歌中凄婉的一面,那杜甫岳阳楼诗则从一个更高的角度上加以继承。其作于岳州的《岁晏行》就体现他爱国忧民的情怀:

岁云暮矣多北风,潇湘洞庭白雪中。渔父天寒网罟冻,莫猺射雁鸣桑弓。去年米贵阙军食,今年米贱大伤农。高马达官厌酒肉,此辈杼轴茅茨空。楚人重鱼不重鸟,汝休枉杀南飞鸿。况闻处处鬻男女,割慈忍爱还租庸。往日用钱捉私铸,今许铅锡和青铜。刻泥为之最易得,好恶不合长相蒙。万国城头吹画角,此曲哀怨何时终。

这首诗形象地描绘出了洞庭湖区农民的艰苦生活，表达了诗人对他们的深切同情和对造成他们灾难生活的统治者的深沉痛恨。作者忧国忧民的感情倾注其中,这种情感与屈原精神是相一致的。杜甫把屈原精神中偏重于君臣关系的一面发展成更多关心下层劳动人民命运的一面,就这点而言,思想深度比屈原更进了一步。

君山诗歌中很少有这种忧国忧民的情怀。屈骚文化对君山诗歌的影响主要表现在独特的艺术技巧和语言风格方面。屈原精神为什么不能融入君山诗歌中,主要是君山独特的地理环境影响着君山人的生活,他们平和的

---

① 傅璇琮主编.唐才子传校笺[M].中华书局,1987,(1):135、136、138.

② (宋)洪兴祖补注.楚辞补注[M].中华书局,1957:22.

性格特征与屈原精神是格格不入的。他们生活在君山岛上，与世无争，谁会去关心那些似乎与自己无关的国家大事呢？但屈原在岳州范围内的影响毕竟是巨大的，于是君山诗歌从另一角度继承了屈原，这从下面比较中可以看出：

帝子降兮北渚，目眇眇兮愁予。袅袅兮秋风，洞庭波兮木叶下。（屈原《湘夫人》）

枫叶下秋渚，二妃愁渡湘。疑山空杳蔼，何处望君王。日落水云里，悠悠心自伤。（邹绍先《湘夫人》）

二诗在景物描写及环境的烘托上惊人地相似，通过塑造惝恍迷离的凄美景象，来表现人物忧郁的内心世界。

君山自然环境本来就与屈原作品中的艺术氛围高度契合。唐可朋《中秋月》中说："曾向洞庭湖上看，君山半雾水初平。"牛希济在《临江仙》中写道："洞庭波浪飐晴天，君山一点凝烟。此中真境属神仙。"在一年中大多数时间里，烟雾雨气紧紧裹着君山，使得君山得以成为人间仙境，在君山看洞庭别有一番情韵。这样的自然环境使得屈原作品中独特艺术手段和语言风格更容易为君山诗歌融合吸收。

2. 对神话传说和历史的吸收与融合

在对待神话传说与历史上，岳阳楼诗与君山诗对它们的取舍与融合也不尽相同。大体看来，岳阳楼诗偏于历史选择，即使带有传说性的东西，在岳阳楼诗中也不断具体化，传说性与神话性大大减弱，历史的性质突出。而君山诗偏于神话传说选择，本来具有历史性质的事件往往被异化、神秘化，呈现出神话特色。我们先看岳阳楼诗：

襟带三千里，尽在岳阳楼。忆昔斗群雄，此焉争上游。吴昌屯虎旅，晋盛骛龙舟。宋齐纷祸难，梁陈成寇雠。钟鼓长震耀，鱼龙不得休。（吕温《岳阳怀古》）

诗中多罗列历史，这些历史多为正史所载。除了这，一些本应与神话有关的事在岳阳楼诗中也写得充满理性。《史记》载："浮江，至湘山祠。逢大风，几不得渡。上问博士曰:‘湘君何神?’博士对曰:‘闻之,尧女,舜之妻,而葬此。’于是始皇大怒,使刑徒三千人皆伐湘山树,赭其山。”①对于这样一件事,在岳阳楼诗和君山诗中都有反映,但反映方式有所区别,在岳阳楼诗中,写得充满哲理、充满反思,如“可怜万里堪乘兴,枉是蛟龙解覆舟”(李商隐《岳阳楼》),而在君山诗中,多充满了对二妃的同情,发展到后来,则成了完完全全的神话传说了。

岳阳楼诗偏于史实选择是有其原因的。诗人在登楼远眺时,面对眼前景物,会产生一种渺小悠远的感觉,这很容易触动诗人对历史人生进行理性反思。历史的变迁、王朝的更替、社会的动乱都在岳阳楼中留下了痕迹,反映在诗歌中,偏于史实选择也就成了必然了。而神话传说与岳阳楼诗歌精神内核是不一致的,神话传说是幼稚的,是人类在童年时对自然、社会的一种虚幻的反映方式,它与岳阳楼理性精神是相违背的。所以,虽有个别岳阳楼诗歌中出现了神话传说,但它本意不是要表现它们的神奇性与神秘感,而是通过表面现象反映其深刻的意蕴内涵,如湘妃与舜帝传说就写入了岳阳楼诗中:

乾坤千里水云间,钓艇如萍去复还。楼上北风斜卷席,湖中西日倒衔山。怀沙有恨骚人往,鼓瑟无声帝子闲。何事黄昏尚凝睇,数行烟树接荆蛮。(崔珏《岳阳楼晚望》)

这首诗中二妃与帝子传说更具有普通人的属性了,成了传达诗人情感的载体。由此可见,虽然洞庭湖区神话传说异常丰富,但岳阳楼诗歌却是一块它们不易侵入的领地。

君山诗不同,黄帝、二妃、舜帝、秦皇汉武传说以及君山的形成传说等都在君山诗中有所反映,而且比史载更富于传奇性,诗中多呈现出一个惝恍迷离的世界:

午夜君山玩月回,西邻小圃碧莲开。天香风露苍华冷,云在青霄鹤未来。(吕岩《洞庭湖君山颂》)

① (汉)司马迁.史记[M].中华书局,1959:248.

风波不动影沉沉，翠色全微碧色深。应是水仙梳洗处，一螺青黛镜中心。（雍陶《题君山》）

这哪里是现实的人间世界？仙鹤、仙台再加上具有仙风道骨的人居于其中，简直就是一个神仙世界。这种境界在岳阳楼诗中几乎是找不到的。

《山海经》曰："又东南一百二十里曰洞庭之山，多银铁，其木多柤梨橘櫾，其草多葌蘪芜芍药芎藭，帝之二女居之。"[①]因为帝尧女湘君居住在这里，所以叫君山。《拾遗记》亦云："洞庭山浮于水上，其下有金堂数百间。玉女居之，四时闻金石丝竹之声，彻于山顶。"[②]唐前大量神话传说就钟情于君山了。它得天独厚的自然条件使得它很早就成为了道家第十一福地。唐时，由于皇帝的推崇，道教得到了长足的发展。张尊师、曹唐、丁道士、王道士、顾道士、郑遨等众多道士兼诗人的到来，对于君山诗歌偏爱神话传说起了一定促进作用。另外，富足而又安定的环境不仅使外人感到这里是一个世外桃源，而且君山农民对这一切也感到满足与惬意。于是他们在茶余饭后、月朗星稀之时，不免会对周围神奇的大自然发出种种疑问：君山岛是怎样形成的？为什么中秋在君山赏月会显得格外明朗？是什么原因使洞庭湖时而狂风巨浪，时而风平浪静？斑竹上为什么泪痕斑斑，于是水仙、月老、龙宫、湘妃等神话传说在君山出现了。

（二）由于岳阳楼、君山地理人文因素及人们生活方式有所不同，历史文化对这两个地区的影响也有区别，这些影响到了岳阳楼诗歌和君山诗歌的创作，使得它们在题材内容、表达方式及语言风格上呈现出不同特色。

1. 从题材内容来看，岳阳楼诗歌以爱国题材为主，而君山诗歌以爱情隐逸题材为主。

岳阳楼诗中以爱国为题材最著名的诗是杜甫《登岳阳楼》。大历三年冬，杜甫从公安到了岳阳，登上岳阳楼，写下了这首五言律诗：

昔闻洞庭水，今上岳阳楼。吴楚东南坼，乾坤日夜浮。亲朋无一字，老病有

① （晋）郭璞，袁珂校注.山海经校注[M].上海古籍出版社，1980：176.

② （前秦）王嘉.拾遗记（四库全书）[M].上海古籍出版社.1987：363.

孤舟。戎马关山北，凭轩涕泗流。

此诗不仅描绘出了洞庭湖浩瀚汪洋的气势，同时也抒发了诗人触景伤情所感受到的凄凉孤寂。更难能可贵的是，诗人在如此贫困潦倒之时还在关注着时局的发展和国家的前途与命运，诗人的爱国情感在此诗中得到了充分展现。

另外，在封建社会里，忠君与爱国几乎是同一概念。在有关岳阳楼的许多诗篇中，诗人的爱国之情就是通过忠君表达出来的。虽然这种爱国感情比杜诗曲折婉转了许多，也不如杜诗之强烈，但那只是高下之分，而非有无之别。贾至的《岳阳楼宴王员外贬长沙》就是这样的诗歌：

极浦三春草，高楼万里心。楚山晴蔼碧，湘水暮流深。忽与朝中旧，同为泽畔吟。停杯试北望，还欲泪沾襟。

对人民疾苦的关心、对朝政黑暗的愤懑、对人才被压抑的强烈不满也体现在岳阳楼诗篇之中：

前年出官由，此祸最无妄。公卿采虚名，擢拜识天仗。奸猜畏弹射，斥逐恣欺诳。新恩移府庭，逼侧厕诸将。于嗟苦驽缓，但惧失宜当。……生还真可喜，克己自惩创。……誓耕十亩田，不取万乘相。（韩愈《岳阳楼别窦司直》）

在党争激烈和藩镇战乱的年代，过于耿直的性格会导致无端祸患，于是诗人的爱国情感就会转化为用以一种较婉曲的方式对统治者进行忠告，这就是为什么中晚唐时咏史诗出现较多的原因。李商隐的《岳阳楼》："欲为平生一散愁，洞庭湖上岳阳楼。可怜万里堪乘兴，枉是蛟龙解覆舟。"就是对当权统治者的委婉规讽。

君山诗歌不同，以爱国为主题的诗歌在君山诗歌中较少，更多的是爱情诗、隐逸诗，这里是道家的圣地、人间的天堂：

帝子潇湘去不还，空余秋草洞庭间。淡扫明湖开玉镜，丹青画出是君山。（李白《陪族叔刑部侍郎晔及中书贾舍人至游洞庭五首》之五）

苍梧千载后，斑竹对湘沅。欲识湘妃怨，枝枝满泪痕。（刘长卿《斑竹》）

这类诗在君山诗作中有许多，写得幽怨、凄婉，多呈迷离感伤之美。他们往往把这类爱情写得圣洁，给人不可亵渎之感。另外值得一提的是，君山爱情诗基本上以二妃为题材来写，其原因是二妃传说在湖湘一带影响很大。后屈原又写下了《湘君》《湘夫人》，促使了二妃由人向神的转化。司马迁又以历史的形式将二妃传说载入史册，其影响进一步扩大。正因为二妃传说影响如此之大，所以传统的以男欢女爱为题材的爱情诗在君山基本上无立足之地。即使后人想写一些与二妃无关的爱情，也是写得悲悲啼啼，如孟郊《闲怨》："妾恨比斑竹，下盘烦冤根。有笋未出土，中已含泪痕。"不过是把二妃换成其他人物而已，其感情基调没有发生改变。

在君山诗篇中，写得最多的还是那些隐逸诗，且看下面二首：

夜钓洞庭月，朝醉巴陵市。却归君山下，鱼龙窟边睡。生涯在何处，白浪千万里。曾笑楚臣迷，苍黄汨罗水。（齐己《渔父》）

月到君山酒半醒，朗吟疑有水仙听。无人识我真闲事，赢得高秋看洞庭。（郑遨《宿洞庭》）

《湖广通志》卷十二载："君山，洞庭孤绝处也。又名湘山，状如十二螺髻，道书第十一福地。"① 因此，君山道教文化一直较为发达。又由于唐时三教融合，君山以其秀美而呈灵性的景色吸引了不少佛教徒来此云游或居住。上面所举二诗的作者就是佛教徒或道教徒，这些人的到来，使得君山隐逸诗风更盛。他们的诗多写得高远脱俗，表现出一种超脱于世俗之外的情思。

道教徒与佛教徒于君山写下隐逸诗确实不少，但更多隐逸诗不是作于这些人手，而是作于远道贬谪而来的诗人：

巴陵一望洞庭秋，日见孤峰水上浮。闻道神仙不可接，心随湖水共悠悠。（张说《送梁六自洞庭山作》）

湖光秋月两相和，潭面无风镜未磨。遥望洞庭山水翠，白银盘里一青螺。（刘禹锡《望洞庭》）

---

① (清)迈柱等监修，夏力恕等编纂.湖广通志(四库全书)[M].上海古籍出版社，1987：362.

以上二诗的作者，既不是佛教徒也不是道教徒，而是以功业自诩的人物。张说曾在开元初进中书令，封燕国公。不久降为岳州刺史，官终集贤院学士、尚书左丞相。刘禹锡在永贞革新时，是王叔文集团的核心成员，王叔文对他言无不从。革新失败后，被贬连州刺史、朗州司马等。但以上二诗，丝毫找不出那种建功立业的雄心壮志，而与佛道教徒之诗十分接近。事功心重之人能写出这类诗歌来，且写得如此灵性而有生气，推测起来主要有三点原因：首先，是在儒家的处世哲学之中，有独善其身的一面，当他们政治不得意之时，独善其身就会居于主导地位，并影响到他的诗歌创作。其二，三教合一趋势也促使儒家更多地汲取佛道思想的一面。其三，对自然景色的欣赏也能使他们暂时忘记自己的痛苦。再加上他们都有很深的文学根底，所以君山名诗多出自这些人之手。

从情感表达方式来看，岳阳楼诗歌多直抒胸臆，情感激越，多以风骨胜；而君山诗歌婉曲含蓄，多创造情景交融的诗境，以情韵胜。

2. 情和景的关系，一直是历代诗人不断探寻和追求的，《诗经》《楚辞》和魏晋南北朝诗有不少写情、景的诗句，但二者关系还未尽善尽美。直至唐代情与景的关系才处理好了，不仅处理好了，而且还完美无瑕、玲珑凑泊，一切如行云流水，自然形成。君山在唐是山水胜地，君山诗也就成了唐人山水诗中的精品。唐人的山水审美体验，在君山诗中得到了最完美的体现。元稹《洞庭湖》就很好地处理了情与景的关系：

人生除泛海，便到洞庭波。驾浪沉西日，吞空接曙河。虞巡竟安在，轩乐讵曾过。唯有君山下，狂风万古多。

诗的开篇以海涛比洞庭波，一开始就把洞庭波的浩荡声势形容出来了。颔联是对洞庭波的直接描写，那吞吐日月星河的气势丝毫不逊于“气蒸云梦泽、波撼岳阳城”。接下来两句反用典故，以衬托洞庭波的险恶。最后一联写出了君山之下狂风怒号、浊浪滔天并不是偶然现象，而是自古以来经常发生的事。诗分析到这里，此诗还只能算是一首较好的写景诗。如果我们联系元稹生平事迹来看，就会发现诗人巧妙地把情感寄寓在其中。他年少曾因事贬江陵士曹参军,徙通州司马。后“进同中书门下平章事,朝野杂然轻笑。”[①]“附宦贵得宰相,居位才三月罢。晚弥沮丧,加廉节不饰云。”从《新唐书》看,少年元稹是一个有正义、能谏诤之人,之所以“晚弥沮丧”,其实是他识透了宦海风波而采取的自保行为。上面这首诗就表现了他对宦海风波的恐惧心理,“泛海”其实也就是宦海,洞庭波未尝不就是宦海风波,而且这样的风波时时刻刻都出现在他身边,一旦言行不慎,就可能葬身宦海之中。诗中一个“狂”点明了作者情感与态度。全诗以写景的形式出现,但其中所寓含的情感是非常深沉的。

此外,还有曹邺的《旅次岳阳寄京中亲故》:“君山南面浪连天,一客愁心两处悬。身逐片帆归楚泽,魂随流水向秦川。月回浦北千寻雪,树出湖东几点烟。更欲登楼向西望,北风催上洞庭船。”崔橹的《题云梦亭》:“薄烟如梦雨如尘,霜景晴来却胜春。好住池西红叶树,何年今日伴何人?”这些诗歌,都是君山诗中佳作,君山诗歌情感婉曲含蓄的特色得到了很好的体现,唐诗中的神韵也得到了很好的发挥。

在处理情与景关系、创造情景交融的意境上,岳阳楼诗比不上君山诗,部分诗甚至出现了情与景的割裂现象。张乔的《岳阳即事》:“远色岳阳楼,湘帆数片愁。竹风山上路,沙月水中洲。力学桑田废,思归鬓发秋。功名如不立,岂易狎汀鸥。”就有这种倾向。但它绝不与谢灵运之诗相同,诗中透出了一种特有的唐人气质,这种气质表现为诗中的风骨美。陈子昂的《与东方左史虬修竹篇序》指出风骨美是:“骨气端翔,音情顿挫,光英朗练,有金石声。”[②]如果我们仔细品味,就会发现陈子昂对风骨的理解虽然受到刘勰《风骨》篇影响,但已注入了时代新内容,那便是唐人所特有的昂扬奋发、气魄雄壮的精神状态。陈子昂提出的风骨,体现了时代新要求,顺应了文学发展趋势,唐代岳阳楼诗就是在这样的理论指导下来完成的。如李白的《留别贾舍人至二首》就充分体现了这一特点:“拂拭倚天剑,西登岳阳楼。长啸万里风,扫清胸中忧。”诗人那壮大昂扬的气势足以压倒一切,盛唐人特有的精神风貌在他身上得到了最好的体现。虽然诗人身处逆境、功名未就,但无丝毫沮丧悲观意绪,那乐观、开朗

---

① (宋)欧阳修,宋祁等.新唐书[M].中华书局,1975:5228.

② (唐)陈子昂.陈拾遗集(四库全书)[M].上海古籍出版社,1987:536.

的情状实令后世诗人为之叹服。像这样情感激越的诗歌，在君山诗中基本上是找不到的。

此外，杜甫、韩愈、刘禹锡等人关于岳阳楼的诗篇绝大多数也体现了这一特色，谢榛言："凡登高致思，则神交古人，穷乎遐迩，系乎忧乐。"[①] 岳阳楼诗多风骨之作，看来与这有一定关系。

3. 抒情方式的不同也会引起风格的差异。

如果以司空图《二十四诗品》中的"品"来形容岳阳楼诗歌与君山诗歌风格，那岳阳楼诗歌多"雄浑""劲健""豪放""悲慨"之作；君山诗歌多"冲淡""自然""含蓄""飘逸"之作。这种区别可以从贾至的两首诗中看出：

极浦三春草，高楼万里心。楚山晴蔼碧，湘水暮流深。忽与朝中旧，同为泽畔吟。停杯试北望，还欲泪沾襟。（贾至《岳阳楼宴王员外贬长沙》）

湘中老人读黄老，手援紫藟坐碧草。春至不知湖水深，日暮忘却巴陵道。（贾至《君山》）

前一首诗通过对楚地特有景物的描绘，发出了"同是天涯沦落人"之叹，悲慨之情溢于言表。第二首对湘中老人日常生活的记叙，表现了诗人对隐逸生活的向往，充满自然、飘逸之感。两诗所写景物基本相同，但其中所蕴含的情感却不一样。同写"春草""流水"，一寄托极深之愁思，一冲淡得见不到任何感情，从中我们可以看出岳阳楼诗和君山诗在风格上的区别。

由于地理位置原因，洞庭湖往往成了岳阳楼诗和君山诗共同描写的对象，但二者对洞庭湖的自然条件、景物特征的取舍各有偏好。从统计结果看，岳阳楼诗描写下的洞庭湖偏于阳刚之美，往往多具雄壮震荡的特征，多取暮春及夏之景物，自然气候中描写狂风暴雨巨浪的很多；君山诗中的洞庭湖多呈阴柔之美，具有平和秀美的特征，景物取舍以早春及秋冬季景物为多，自然气候则以晴空细雨静浪为主。下面这首诗是韩愈从岳阳楼上看到的洞庭湖：

洞庭九州间，厥大谁与让。南汇群崖水，北注何奔放。潴为七百里，吞纳各殊状。自古澄不清，环混无归向。炎风日搜搅，幽怪多冗长。轩然大波起，宇宙

① （明）谢榛.四溟诗话[M].人民文学出版社，1996：69.

隘而妨。巍峨拔嵩华，腾踔较健壮。声音一何宏，轰輵车万辆。犹疑帝轩辕，张乐就空旷。蛟螭露笋虡，缟练吹组帐。鬼神非人世，节奏颇跌踼。阳施见夸丽，阴闭感凄怆。(《岳阳楼别窦司直》)

把洞庭置于九州间，洞庭湖阔大磅礴气势凸显出来了。容纳群水，吞吐殊状之貌让人感到洞庭之博大胸襟。其中对洞庭波涛的描绘更使人感到有一种充塞天地间的气势。韩愈笔下的洞庭湖雄浑劲健，充满着力之美，让人感到那不仅只是个湖，而是整个宇宙，天地万物无不包括其间！

与韩诗有着同样力度且从岳阳楼角度写洞庭湖的诗句还有杜甫的“吴楚东南坼，乾坤日夜浮”(《登岳阳楼》)、“湖阔兼云雾，楼孤属晚晴”(《陪裴使君登岳阳楼》)，李白的“楼观岳阳尽，川迥洞庭开”(《与夏十二登岳阳楼》)，窦庠的“巨浸连空阔，危楼在杳冥”(《酬韩愈侍郎登岳阳楼见赠》)，刘禹锡的“怒激鼓铿訇，蹙成山岿硊”(《韩十八侍御见示岳阳楼别窦司直诗，因令属和重以自述，故足成六十二韵》)，崔珏的“楼上北风斜卷席，湖中西日倒衔山”(《岳阳楼晚望》)。这些诗歌，或写洞庭湖之雄壮开阔，或写洞庭波之怒张震荡，“雄浑”“劲健”“豪放”之风格尽显其间。

君山诗中描写洞庭湖的也有许多，也有把洞庭湖写得壮大而有气势的，如前所举元稹的“驾浪沉西日，吞空接曙河”(《洞庭湖》)、“唯有君山下，狂风万古多”(《洞庭湖》)。然而，像这样的诗句在君山诗中毕竟只是少数，绝大多数诗中的洞庭湖则是另一番景象：

千顷水纹细，一拳岚影孤。君山寒树绿，曾过洞庭湖。(钱起《江行无题一百首》之七二)

此诗描写洞庭湖风平浪静时的情状，写其水用“纹”而不用“波”，足见作者用心之细。由此诗更能看出君山诗与岳阳楼诗的不同。

君山诗中写洞庭湖的诗句还有雍陶的“风波不动影沉沉，翠色全微碧色深”(《题君山》)、李群玉的“汗漫铺澄碧，朦胧吐玉盘。雨师清滓秽，川后埽波澜”(《中秋维舟君山看月二首》之一)。洞庭湖阴柔含蓄之美在这些诗句中得到了很好的表现。

总体看来，由于岳阳楼、君山地理环境及人们生活方式不同，加上唐前文化对二者影响有别，使得岳阳楼诗和君山诗呈现出较大的差异性，这种差异在唐以后的社会中不是缩小了，而是被无限扩大。

二

以屈子祠为中心的岳州范围内的沅湘流域诗歌（包括湘阴、沅江、昌江诗歌，下文称为屈子诗歌）由于受屈原影响很大，表现出与岳州其他地区诗歌不同的鲜明特色。

（一）屈原在唐岳州诗歌中的接受史

从有关史料及屈原作品推测，屈原有相当长一段时间在岳州洞庭一带活动。

其子襄王，复用谗言，迁屈原于江南。[①]

将运舟而下浮兮，上洞庭而下江。

于是怀石遂自投沉汨罗以死。[②]

由此可以推断，屈原是到过岳州的。他的足迹可能沿沅水到朗州（枉陼）、辰州（辰阳、溆浦）（见《惜诵》），返洞庭，再沿湘水而至潭州，后又返回到汨罗，其主要活动范围在岳州东南一带。左迁至洞庭湖一带后，屈原作品情感基调更深沉了。在《渔父》篇中，他就存有“宁赴湘流，葬于江鱼之腹中。安能以皓皓之白，而蒙世俗之尘埃乎？”[③]这是彻底的绝望，是看不到希望之后的无可奈何。《怀沙》《哀郢》中同样带有这种绝望情绪。

屈原的作品以爱国、忠君、民本为其主要内容，情感炽热深沉，神话想象神采飞动，“开创了中国抒情诗的真正光辉的起点和无可比拟的典范”[④]。而他湖湘作品中的孤独情结和绝望情绪，他“知死不可让，愿勿爱兮”（《怀

① （宋）洪兴祖补注.楚辞补注[M].中华书局，1957：8.

② （汉）司马迁.史记[M].中华书局，1959：2490.

③ （汉）王逸.楚辞章句（四库全书）[M].上海古籍出版社.1987：54.

④ 李泽厚.美学三书[M].天津社会科学院出版社，2003：73.

沙》)以死明志的决心,对唐代岳州屈子诗歌影响更是巨大。这种巨大影响可从下面数据看出来:在唐岳州诗歌中,直接写屈原事的极多,如“屈原”在唐岳州诗中出现 33 次;“灵均” 出现 41 次; 而与屈原相关的诗篇, 总数在 350 篇以上,如:

秦陷荆王死不还,只缘偏听子兰言。顷襄还信子兰语,忍使江鱼葬屈原。(周昙《顷襄王》)

苍藤古木几经春,旧祀祠堂小水滨。行客谩陈三酎酒,大夫元是独醒人(洪州衙前军将《题屈原祠》

诗人通过这些诗歌表达了对屈原含冤被贬的同情,对无耻小人的厌恶以及对君王反复听信谗言的寒心,屈原的人格及爱国思想在这些诗中得到了很好体现。

但是唐代的屈子诗歌不再局限于咏史怀古性质,屈原对唐岳州诗歌的影响大小也因时代变迁而略显不同。在初唐岳州诗歌中,几乎找不到屈子的影响的痕迹,这种情况一直延续至玄宗开元年间。如张说于开元三年由中书令贬岳州,政治地位改变巨大,他应该很容易接受屈原,但张说在岳州三年所作 74 首诗中,却无一首提到了屈原。非但不接受屈原,这一时期的岳州诗人,还对屈原的行为处世有所排斥:

初贞正喜固当然,往蹇来誉宜可俟。盈虚用舍轮舆旋,勿学灵均远问天。(赵冬曦《灉湖作》)

此诗佛教哲理意味较浓,从中可看出诗人看透了人事变迁,识破了生死轮回。诗的最后一句“盈虚用舍轮舆旋,勿学灵均远问天。”显然是对屈原行为处世的否定。这种态度代表了初唐及盛唐前期大部分岳州诗人的心态,而且这种心态一直影响到了盛唐及中唐的部分诗人。

初盛唐岳州诗人为什么对屈原行处世方式排斥呢? 根本原因是初盛唐时唐帝国处于封建社会的高度繁荣阶段:经济的繁荣,吏治的清明,对外战争的不断取得胜利,使得士人对国家充满自豪感,也对前途充满高度自信。科举制度不断完善,给了读书人前所未有的希望。对外战争的频繁与不断胜利也刺激了部分士人建立边功的愿望。所以他们虽在官场上多有挫折，却没有失去信心，四杰是这样，张说也是这样。正因为这样，虽然他们有屈原的爱国热情，但缺少屈原特有的孤独情节，他们没有处于孤军奋战的状态，在他们头脑中也没有屈原那种对立的二元世界观。虽或遭贬了，他们也多从自己身上找原因，他们对象征国家政权的封建帝王始终没有失却信心，正因为这样，他们对屈原向天发问与自沉行为很不理解。对这一点，中唐诗人顾况诗句“欲作怀沙赋，明时耻自沉”（《酬唐起居前后见寄二首》）道出了初盛唐时大部分岳州诗人的共同心态。

开元天宝年间，唐帝国的深层矛盾开始逐渐暴露出来了。玄宗晚年好大居功思想严重，用人方面也缺乏前期英明。弄权宰相李林甫、杨国忠为了一己之私利置国家利益而不顾，使得部分士人失去了晋升机会。天宝六载，“帝诏天下士有一艺者得诣阙就选，林甫恐士对诏或斥己，即建言：‘士皆草茅，未知禁忌，徒以狂言乱圣听，请悉委尚书省长官试问。’使御史中丞监总，而无一中程者。林甫因贺上，以为野无留才。”[①]杜甫和元结就参加了这次骗局性考试，他们用诗文记下了这一荒唐行径。尽管如此，唐帝国依然维持着表面繁荣的局面，这一时期诗人仍难接受屈原。

安史之乱爆发后，长达八年的动乱及动乱平息后的割据使得李唐王朝元气大损。这个时期的诗人，开始为唐王朝前途命运担忧。他们诗中多迸发出强烈的爱国热情，这种爱国情感与屈原爱国情感有明显的继承关系。李杜晚年的岳州诗歌就明显受屈原精神影响。李白乾元二年（759年）流放夜郎途中遇赦而归经岳州时与族叔李晔同游洞庭写下的“刬却君山好，平铺湘水流”（《陪侍郎叔游洞庭醉后三首》之三）与屈原作品中所体现的那种除恶务尽的精神是相通的。不过此时的诗人们虽面对的是满目疮痍的情景，但开元盛世依然存留在他们心中，他们认为唐王朝还有中兴的希望，不会因此而一蹶不振。所以虽然李杜、元结及大历时部分诗人总体上认同了屈原的爱国及忧民精神，但屈原的孤独绝望情绪并不为他们所认可，这段时期除少量咏史诗外，受屈原影响的诗歌依然很少，屈原在唐时被全面接受依然需要一段时期。

---

① （宋）欧阳修，宋祁等.新唐书[M].中华书局，1975：6346.

时至贞元年间，诗人仍未见到唐王朝复兴曙光，政局似乎比以前更黑暗了。他们逐步认识到仅凭写几句诗是难以解决实际问题的，部分文人开始踏入政坛，一时文人从政之风遂起。韩愈、白居易、元稹、柳宗元、刘禹锡等一大批对唐岳州诗歌有重大影响的诗人就是在这一段时间内进入政坛的。他们开始有意识地接受屈原的爱国激情，并对屈原命运表示同情，对屈原投江行为开始理解。

德宗死后，太子诵即位，是为顺宗。顺宗在位不到一年，但就在这一年，发生了历史上著名的永贞革新。这年八月，贬王伾为开州司马、王叔文渝州司户，永贞革新失败。九月贬王叔文所用韩泰、韩晔、柳宗元、刘禹锡为南方各州刺史。十一月，再贬以上四人及韦执谊、陈谏、凌准、程异为远地各州司马，这就是历史上的“二王八司马事件”。革新虽失败了，但它却深深影响了一代文人。他们开始认识到，朝政、社会的黑暗是可以通过变革来改变的，而且改革的道路十分艰难困苦，在这个过程中会遇到重重险阻，甚至会遭遇失败和挫折。屈原的改革思想和举贤授能思想开始为这些人所接受。从这之后，唐岳州诗歌对屈原思想的继承到达了一个前所未有的高度，岳州诗人开始由理论、空谈走向现实人生。因而这段时间及其后的元和年间是唐屈子诗歌最光辉灿烂时期，诗中对屈原的情感由否定、同情走向认可、共鸣。

传闻废淫祀，万里静山陂。欲慰灵均恨，先烧靳尚祠。(徐凝《浙西李尚书奏毁淫昏庙》)

屈原死处潇湘阴，沧浪淼淼云沉沉。……屈原尔为怀王没，水府通天化灵物。何不驱雷击电除奸邪，可怜空作沉泉骨。……行来击棹独长叹，问尔精魄可所如。(李绅《涉沅潇》)

以上两首诗虽在风格上有所不同，但都对屈原的遭遇表示同情，对他沉江行为表示理解。这种同情与理解来源于这一时期诗人对革新政治艰巨性的认识，革新过程中斗争的激烈与残酷也使得屈原二元世界观为他们所接受。

正如楚国后期一样，唐王朝最终免不了走向衰落、灭亡。大和九年，文宗以舒元舆、李训为相，郑注为凤翔节度使，谋求内外合势以除宦官。李训等诈称天降甘露，文宗命令宦官仇士良、鱼志弘等前往探视，想乘机一网打尽。结果仇士良等发现幕后有伏兵,奔回殿上,劫持文宗还宫。宦官仇士良等率兵大杀朝官,宰相王涯、贾餗、舒元舆、李训、太原节度王璠,以及郭行馀、郑注、罗立言、李孝本、韩约等十余家,都被族诛,前后死者达一千多人,朝野震骇,史称“甘露之变”。之后,文人从政热情大大减低了,他们感觉到文人干预朝政的命运不仅仅是被贬谪到某个僻远的地方,甚至会为此付出生命的代价。

楚灭国前五十年屈原投江而死了,但从“甘露之变”至朱温即帝位(唐天佑四年)近七十年时间除司空图“后闻哀帝遇弑,不食扼腕,呕血数升而卒,年七十有二”[①]外,不见有为唐而死的诗人,即使是司空图,其诗也少忧愤之作,大多呈现出一种空灵纯美的意境。杜牧《赠渔父》就揭示了当时这种令人奇怪的行为:“芦花深泽静垂纶,月夕烟朝几十春。自说孤舟寒水畔,不曾逢着独醒人。”这一时期对屈原的接受发生了异变,从下面这首诗可以看出:

忆过巴陵岁,无人问去留。中宵满湖月,独自在僧楼。渔父真闲唱,灵均是谩愁。今来欲长往,谁借木兰舟。(齐己《怀洞庭》)

面对唐王朝江河日下的局势,诗人表现如此镇定闲雅,仿佛朝政的黑暗和残酷无情与他无任何关系。晚唐诗歌中,大多数诗都呈现出这种风格。诗中不再见屈原那种忧患感、孤独感与绝望感,对屈原的接受在晚唐岳州诗歌中被异化了。

这种异化主要来源于三个方面原因:其一,“甘露之变”的惨局提醒诗人这样的社会不再是一个可以挽救的社会,如果不慎出己言,随时都有可能招来杀身之祸。其二,这一时期的诗人,大多为寒门之士,晚唐王朝的科举制度已把他们折磨得伤痕累累,少年俊爽之气尽销。释褐又要经过多年,等到他们为官之时,大多双鬓斑白,而且所得之官大多小得可怜,他们根本就没参与朝政的机会。他们不像屈原“入则与王图议国事,以出号令;出则接遇宾客,应对诸侯”。[②]因为他们官职本来就小,即使被贬心理落差也不会很大,反应自然也远不如屈原激烈。其三,唐时儒释道三教并行,儒之入世行不通,还可以在佛

① 傅璇琮主编.唐才子传校笺[M].中华书局,1990:527.

② (汉)司马迁.史记[M].中华书局,1959:2481.

道中找到一块心灵乐土,所以终有唐一代,也不见一人之诗作有如屈原诗歌情感激烈,行为处世方式也不如屈原偏激。

但无论晚唐诗人选择何种方式来使自己求得解脱,他们还是感觉到自己所处环境与屈原相似,他们的遭遇与屈原大体上相同,他们承受的各种痛苦也不见得比屈原少,他们只不过选择了一条保全自己的方式。所以,他们并不排斥屈原,而是同情理解他。

(二)唐岳州屈子诗歌的特色。

1. 鲜明的地域色彩

宋人黄伯思曰:"屈、宋诸骚,皆书楚语、作楚声、纪楚地、名楚物,故谓之楚辞。"①道出了屈原诗歌的基本特色。唐岳州屈子诗歌在沿着前人开辟的道路继续前进,"书楚语、作楚声"在唐时诗歌中已不太可能,而"纪楚地,名楚物"依然保留在唐时诗歌中:

昧者理芳草,蒿兰同一锄。狂飙怒秋林,曲直同一枯。嘉木忌深蠹,哲人悲巧诬。灵均入回流,靳尚为良谟。我愿分众泉,清浊各异渠。我愿分众巢,枭鸾相远居。此志谅难保,此情竟何如。湘弦少知音,孤响空踟蹰。(孟郊《湘弦怨》)

此诗虽不是骚体形式,但"蒿""兰""嘉木""枭""鸾"均为《楚辞》中之名物,诗中依然保留了楚辞中的某些特点。

唐岳州诗中还保留了一些特有的民俗,这些民俗是在屈原沉江之后逐渐形成的。文秀在《端午》一诗中说:"节分端午自谁言,万古传闻为屈原。堪笑楚江空渺渺,不能洗得直臣冤。"就指出了端午节是为纪念屈原而设的。唐时,不仅纪念屈原有端午节,而且相传"竞渡"也是因屈原事而生。在唐诗中,有两首诗是关于岳州竞渡的:

画作飞凫艇,双双竞拂流。低装山色变,急棹水华浮。土尚三闾俗,江传二女游。齐歌迎孟姥,独舞送阳侯。鼓发南湖溠,标争西驿楼。并驱常诧速,非畏日光遒。(张说《岳州观竞渡》)

雷奔电逝三千儿,彩舟画楫射初晖。喧江雷鼓鳞甲动,三十六龙衔浪飞。

① (宋)王应麟,玉海(四库全书)[M].上海古籍出版社.1987.944:434.

灵均昔日投湘死，千古沉魂在湘水。绿草斜烟日暮时，笛声幽远愁江鬼。(李群玉《竞渡时在湖外偶为成章》)

从此二诗可以看出唐时“竞渡”的原因(纪念屈原)、工具(飞凫艇、彩舟、画楫、鼓)、地点(南湖)、路线(由南湖至西驿楼)、规模(三千儿、三十六龙)等，唐时“竞渡”的实况在这两首诗中被完整地复现出来了。

另外，还有一些与屈原有关的楚俗也在唐诗中得以保存下来。如司空曙《迎神》《送神》诗，这种迎神、送神之俗如今在湘阴、汨罗一带仍广泛流传。

2. 与神话、传说交织在一起

在屈原作品中，有大量的神话传说存在。唐岳州屈子诗歌继承了这一特点，诗歌中多出现一种人神交织的场面。李绅《涉沅潇》就很好地体现出了这一特点：

屈原死处潇湘阴，沧浪淼淼云沉沉。蛟龙长怒虎长啸，山木翛翛波浪深。烟横日落惊鸿起，山映余霞杳千里。鸿叫离离入暮天，霞消漠漠深云水。水灵江暗扬波涛，鼋鼍动荡风骚骚。……潇湘岛浦无人居，风惊水暗惟鲛鱼。行来击棹独长叹，问尔精魄可所如。

“蛟龙”“怒虎”“惊鸿”“水灵”“鼋鼍”“鲛鱼”这一切似乎都具有了灵性。另外，这些具有灵性的生物仅“怒虎”居于陆上，“惊鸿”见于天空，其余均为水中之物，也可见唐岳州屈子诗歌是与传说中的洞庭水府紧密联系在一起的。贯休在《读离骚经》中之所以有“我恐湘江之鱼兮，死后尽为人。曾食灵均之肉兮，个个为忠臣”这样奇特的想法，恐怕也是基于洞庭湘江一带水府龙宫文化十分发达的缘故。

屈原之后，因《湘君》《湘夫人》的巨大感人力量，二妃见诸诗篇逐渐多了起来，至唐时大盛。唐岳州诗歌中，有123篇诗歌与二妃传说有关，占岳州诗歌十分之一左右。以二妃为主要题材的诗有65首，占整个诗歌的5.1%。其中很多篇章艺术性很高，如钱起的《省试湘灵鼓瑟》最为突出：

善鼓云和瑟，常闻帝子灵。冯夷空自舞，楚客不堪听。苦调凄金石，清音入杳冥。苍梧来怨慕，白芷动芳馨。流水传潇浦，悲风过洞庭。曲终人不见，江上数峰青。

《唐才子传》卷四还就诗最后两句敷衍成了一个故事:“起……月夜闲步,闻户外有行吟声,哦曰:‘曲终人不见,江上数峰青。’凡再三往来,起遽从之,无所见矣。尝怪之。及就试粉闱,诗题乃《湘灵鼓瑟》,起辍就,即以鬼谣十字为落句,主文李暐深嘉美,击节吟味久之,曰:‘是必有神助之耳。’遂擢置高第。”[1]由此可见此诗在唐诗中艺术水平之高。

3. 唐人精神与屈子精神的特定融合

唐代士人普遍具有一种为辽阔疆域及强大国力所激起的强烈自豪感与乐观情神,这种自豪感与乐观精神几乎充斥于有唐一代,也刺激了士人追求功名之心。张说、李白、杜甫、韩愈等人都是积极干世者。“他年名上凌烟阁,谁羡当时万户侯”(贯休《献钱尚父》)、“请君暂上凌烟阁,若个书生万户侯”(李贺《南园十三首》)、“功名待寄凌烟阁,力尽辽城不肯回”(杜牧《寄远》),从这些诗句中可见唐代诗人建功立业的强烈愿望。

但同时屈子诗歌也是属于岳州的,屈子对这些诗歌的影响不仅表现在形式上,而且体现在精神上。屈原的爱国情绪、悲愤怨怼情感以及他的痛苦、烦恼与困惑都深深影响着创作这些岳州诗歌的人,使他们的诗也如同屈子诗歌一样,充满着凄怆与感伤:

秋入楚江水,独照汨罗魂。手把绿荷泣,意愁珠泪翻。九门不可入,一犬吠千门。(孟郊《楚怨》)

其实,“九门不可入,一犬吠千门”,何止是屈原,孟郊不也是这样吗?年五十,才中进士,后担任溧阳尉,又不善为官,终身穷困潦倒。

岳州屈子诗歌把唐人精神与屈子精神完美地融合在一起。纵观前期岳州屈子诗歌的作者,大都有过一段遇合之期,或虽未遇合,也深切体会到了大唐的政治清明、经济繁荣,这些培养出了他们积极乐观的性格。张说、李白、杜甫、王维、韩愈等一些对岳州屈子诗歌做出较大贡献的诗人都是如此。后来,

---

① 傅璇琮主编.唐才子传校笺[M].中华书局,1989,(2):38.

或经动乱，或遭贬谪，他们才抵达岳州，岳州特殊的地理位置与人文环境使得他们直接或变相地接受了屈子精神。虽然唐王朝经安史之乱后在走下坡路，但其后还出现过一些较英明的君主，也有过一些“中兴”局面，至唐武宗时，政治还没有到达不可收拾的地步。即使唐武宗后，政治变得一塌糊涂，但百足之虫死而不僵，唐王朝还维持了几十年统治。这些又使得他们在接受屈子精神时并不欣赏屈子那绝望、孤独的心理情绪，大唐气韵仍旧弥漫于他们诗歌之中。于是，看似矛盾的两种精神在唐岳州屈子诗歌中得到了统一，并形成了自己独特的风格。

三

在唐岳州范围内，除岳阳楼、君山、屈子诗歌之外，还有部分与洞庭湖湖体本身相关的诗歌。洞庭湖诗歌在岳州诗歌中地位至关重要，不仅诗歌本身文化内涵丰富，而且它对岳州境内其他诗歌的整合浑融都产生了重大影响。

“洞庭”一词在《全唐诗》中出现了 565 次，280 篇诗歌中，其中除近三分之一指太湖洞庭外，其余都是指岳州洞庭湖。除此之外，还有很大一部分唐诗，虽没出现洞庭一词，但却是在描写岳州洞庭湖。合计与洞庭湖相关的诗歌，总数在 520 首左右，占唐岳州诗歌总数的 42.4%。而以描写洞庭湖为主要题材的诗歌有 112 首，占诗歌总数的 8.8%。由此可见，唐岳州洞庭诗歌在岳州诗歌中的重要性。

(一)唐岳州洞庭诗歌与唐其他山水诗的异同

水是有灵性的东西，自古以来就成了文人关注的对象。《诗经》中有关水的诗篇就极多，如“淇水滺滺，桧楫松舟。驾言出游，以写我忧”[①](《竹竿》)就是一篇写得较好的诗歌。洞庭湖作为湖中之大者，自然会得到更多文人的关注，唐诗中关于洞庭湖的优秀诗篇极多，杜甫的《舟泛洞庭》就是其一：

蛟室围青草，龙堆拥白沙。护江盘古木，迎棹舞神鸦。破浪南风正，收驱畏日斜。云山千万叠，底处上仙槎。

---

① 王宗石.诗经分类诠释[M].湖南教育出版社，1993：67.

岳州洞庭湖诗具有一般山水诗的共性,但也有自己的特色,它与一般山水诗的异同主要体现在以下三个方面:

首先,对于一般山水诗而言,山水总是娱人的,置身于山水之间能获得身心的快乐。山水成了陶冶人性情的最佳处所,人以此参契天地万物之道,从而达到任性自适的精神境界。岳州洞庭湖诗作为山水诗,也有娱人的作用,如吕岩《洞庭湖君山颂》:"午夜君山玩月回,西邻小圃碧莲开。天香风露苍华冷,云在青霄鹤未来。"然而这样的诗在洞庭湖诗中极少,除偶见佛教徒或道士及佛道思想极浓的诗人(如张志和、白居易等)有所作外,大多数诗人创作更多的是下面类型的诗:

携手登临处,巴陵天一隅。春生云梦泽,水溢洞庭湖。共叹虞翻枉,同悲阮籍途。长沙旧卑湿,今古不应殊。(贾至《送王员外赴长沙》)

空江浩荡景萧然,尽日菰蒲泊钓船。青草浪高三月渡,绿杨花扑一溪烟。情多莫举伤春目,愁极兼无买酒钱。犹有渔人数家住,不成村落夕阳边。(许棠《洞庭湖》)

洞庭湖之景未尝不美,"春生云梦泽,水溢洞庭湖","青草浪高三月渡,绿杨花扑一溪烟"。然而诗人面对如此美景,并没有陶醉其间,反而由此引起哀怨与悲情。景有乐景与哀景之分,以乐景写哀情尤显其哀。这在洞庭湖诗中是一个普遍现象,也是洞庭湖诗与一般山水诗相区别的地方。一般山水诗作者大多能通过对山水的观照而获得心灵解脱,但大多数洞庭湖诗却是例外。一些从高位贬入岳州的诗人或因穷困潦倒流寓洞庭湖的诗人,总感觉自己被抛弃,因而他们对这些自然景色感受特别敏锐。陷入愁绝之中的诗人总是担心时间的流逝、生命的荒废,进而对自己前途充满忧虑与担心,如:

清秋时节近,分袂独凄然。此地折高柳,何门听暮蝉。浪摇湖外日,山背楚南天。空感迢迢事,荣归在几年。(朱庆余《夏末留别洞庭知己》)

从上面诗中可以看出诗人心情受到严重压抑,哀愁、愤慨、痛苦、困惑之情溢于言表,洞庭湖的美景成为触动他们悲思的琴弦,发而为诗,便出现了美景与哀思的和谐统一了。如果诗人遇上洞庭湖上“雾雨晦争泄，波涛怒相投”这样的恶劣天气，其孤愤心情更是难以言说。

其次，对于一般山水诗来说，多描写纯净明丽的自然山水，山水与人文脱钩。例如，王维晚年于辋川写下的一系列诗歌、柳宗元流寓永州写下的山水诗都是这样。特别是柳宗元之山水诗，如《登柳州城楼寄漳汀封连四州》，诗中景物描写、情感内容以至于表达方式都与一般洞庭诗歌极为相近。但作为山水诗，此诗缺乏一种历史与文化沉淀，“惊风乱飐芙蓉水，密雨斜侵薜荔墙。岭树重遮千里目。江流曲似九回肠”，描绘非不细致，传达情感也极为深沉，但于情感之外，找不出更深层次的东西。洞庭诗歌与之不同，后羿斩蛟，二妃从舜，屈子沉江、秦王赭山、汉武求仙、鲁肃筑台等神话传说与历史故事在这一带广泛流传。这些神话故事和历史传说与洞庭湖自然山水交织在一起，共同组成了独具魅力的洞庭湖诗歌。在一些诗中，洞庭与二妃、斑竹传说联系在一起，用来表达对人的思念之情。许浑的《怀江南同志》就是这样：“南国别经年，云晴波接天。薄深鸂鶒戏，花暖鹧鸪眠。竹暗湘妃庙，枫阴楚客船。唯应洞庭月，万里共婵娟。”还有的诗把洞庭与屈子传说联系在一起，如马戴《送客南游》：“拟卜何山隐，高秋指岳阳。苇干云梦色，橘熟洞庭香。疏雨残虹影，回云背鸟行。灵均如可问，一为哭清湘。”诗中愤懑之情溢于言表。

洞庭诗歌大量运用这些神话故事和历史传说，使得这些诗歌显得格外深沉，它弥补了一般山水诗浅白直露的缺陷，提高了山水诗的审美情趣与文化品位，使山水诗显得典雅而富于韵味，这是对唐代山水诗的一个重大突破。很多诗人，如洪州将军、程贺、唐温如等人，就因写过一两首洞庭诗歌而名垂诗史，可见这类山水诗的感人力量。

最后，对于一般山水诗来说，是很讲究诗歌意境的，意境的有无及浸染人心的程度是这首诗艺术水平高低的重要标志。意象在意境的构成中起着重要作用。洞庭诗歌也重视意象的运用，但却呈现出不同的特色，即形成了独具地域特色的意象群，且这种意象群可兼实指和虚指。为了说明这个问题，先看下面三首诗歌：

西风吹老洞庭波，一夜湘君白发多。醉后不知天在水，满船清梦压星河。（唐温如《题龙阳县青草湖》）

洞庭波起兮鸿雁翔,风瑟瑟兮野苍苍。浮云卷霭,明月流光。荆南兮赵北,碣石兮潇湘。(卢照邻《明月引》)

夏律昨留灰,秋箭今移晷。峨嵋岫初出,洞庭波渐起。桂白发幽岩,菊黄开灞涘。运流方可叹,含毫属微理。(太宗皇帝《度秋》)

第一首诗"西风吹老洞庭波,一夜湘君白发多"里的"洞庭波"当然含有"洞庭波浪"的意思,但"吹老"二字,却使洞庭波具有了人的愁情。而第二首"洞庭波起兮鸿雁翔,风瑟瑟兮野苍苍"中的洞庭波,尽管还有"碣石兮潇湘"与之相连,但诗中时东时西、时南时北,洞庭波浪这层意思不再占据十分重要的位置,而且洞庭波这个意象与瑟瑟寒风这个意象并列放在一起,洞庭波无形之中也似乎成了具有普遍意义的独立意象。在第三首诗中,把"峨嵋岫"与"洞庭波"这两个距离十分遥远的物象放在一起,并非是要描写这两个具体的物象,而是为了表达一种意绪。这里洞庭波已由具体物象完全转变为具有普遍意义的意象。但不管怎样虚化,因其仍带有"洞庭"二字,地域特色也是显而易见的,这是它区别于其他意象所不同的地方。

在洞庭湖中,除了洞庭波外,还形成了"洞庭霜""洞庭秋""洞庭月"等一系列具有审美意蕴的洞庭意象,它们共同构成了洞庭意象群:

洞庭霜落水云秋,又泛轻涟任去留。世界高谈今已得,宦途清遗旧曾游。手中彩笔夸题凤,天上泥封奖狎鸥。更见南来钓翁说,醉吟还上木兰舟。(罗隐《秋晓寄友人》)

登高复送远,惆怅洞庭秋。风景同前古,云山满上游。苍苍来暮雨,淼淼逐寒流。今日关中事,萧何共尔忧。(刘长卿《重阳日鄂城楼送屈突司直》)

泛泛江上鸥,毛衣皓如雪。朝飞潇湘水,夜宿洞庭月。归客正夷犹,爱此沧江闲白鸥。(刘长卿《弄白鸥歌》)

在这三首诗歌中,"洞庭霜""洞庭秋""洞庭月"都不再只是简单的自然景物,都已构成了诗歌意象,承载着人类普通的情感。在唐代山水诗中,还没有哪一个地方的山水诗能形成如此多的带有地域特色的意象,这些洞庭意象,大量出现在唐诗之中,为唐诗审美意蕴的提高做出了重大贡献。

（二）洞庭湖诗在岳州诗歌中的作用

为了说明洞庭诗在岳州诗歌中的重要作用，先看表1-1。此表统计数据具有一定的纯粹性，因岳阳楼诗、君山诗、屈子诗、二妃诗、洞庭湖诗往往都交织在一起，不易区分，因而本表统计时把这类不易区分的诗歌排除在外，仅选取题材单一的诗歌。

表1-1　唐岳阳楼诗、君山诗、屈子诗、二妃诗、洞庭湖诗一览表

类别 阶段	岳阳楼诗	君山诗	屈子诗	二妃诗	洞庭湖诗
第一阶段	6	1	—	3	25
第二阶段	5	2	2	16	29
第三阶段	7	3	11	20	20
第四阶段	7	9	18	25	38
唐　代	25	15	31	64	112
所占比例	1.8%	1.2%	2.4%	5%	8.8%
五　代	4	0	2	1	6
唐五代	29	15	33	65	118
所占比例	2.3%	1.2%	2.6%	5.1%	9.3%
合　计	唐	247首		五代	13首
	唐五代	260首		所占比例	20.5%

从表1-1统计可以看出，洞庭湖诗在岳州诗歌中的重要作用首先表现在它在岳州诗歌中的主体性地位。表中，纯粹描写岳阳楼、君山、屈子、二妃诗共计135首，占唐岳州诗歌总数的10.6%，而洞庭湖诗歌有112首，占岳州诗歌总数的8.8%，几乎相当于前面四类诗歌的总和。洞庭湖诗歌主体地位还表现在岳阳楼诗歌、君山诗歌、屈子诗歌、二妃诗歌中，很大一部分诗歌都涉及洞庭湖本身，如李商隐的“欲为平生一散愁，洞庭湖上岳阳楼”（《岳阳楼》）、陆希声的“君山苍翠接青冥，东走洮湖上洞庭”（《山居即事二首》）、刘长卿的“洞庭波渺渺，君去吊灵均”（《送李侍御贬郴州》）、韩愈的“衡山与洞庭，此固道所

循”(《送惠师》)、许浑的“树暗水千里，山深云万重”(《崇圣寺别杨至之》)，在岳州诗歌中与洞庭湖相关的诗句还有很多。如果把岳州诗歌比作一个巨大的旋涡，那洞庭湖诗歌就是这个旋涡的中心，岳州其他诗歌都紧紧围绕这个中心在旋转。

洞庭湖诗歌还起着联系纽带的作用。如果没有洞庭诗歌，则岳州诗歌基本上处于一种松散状态。这种联系的重要性可以通过一些统计数据来说明。唐岳阳楼诗共 104 首(此处数据指以岳阳楼为主要描写对象的诗歌，与表 1–1 数据统计不同)，其中 64 首涉及洞庭湖。而涉及君山的仅 4 首，涉及屈原的有 8 首，涉及二妃的有 11 首。在 78 首主要写君山诗中，与洞庭湖相关的有 58 首，而涉及屈子及二妃的仅 5 首，没有一首提到岳阳楼。屈子、二妃诗与岳阳楼诗及君山诗基本上也没什么联系。从这些数据统计可以看出，如果失去了洞庭湖诗这个中介，即使是岳阳楼诗歌和君山诗歌，也呈现出相对松散状态。其他的屈子诗歌与岳阳楼诗歌、屈子诗歌与君山诗歌，它们之间的联系紧密程度还不如岳阳楼与君山诗歌。是洞庭湖诗歌把这些思想内核及风格相差较大的诗歌紧密联系在一起，组成一个完整、融洽无间的岳州诗歌。

当然，岳阳楼诗歌、君山诗歌、屈子诗歌和洞庭湖诗歌之间的相异性只是相对的。在同一时间或同一阶段，这些诗歌又会表现出某种共同特性，这也就是下章要论述的内容。

第十一章　二妃、屈原与唐岳州诗歌研究（二）

前一章从地域角度分析了唐岳州诗歌的不同组成部分，并对它们之间的关系及诗歌呈现的特征进行了比较分析，揭示它们的共性与相异之处。这一章将从历史的角度对唐岳州诗歌做纵向剖析，以图在一个较大的背景中对它有一个更深的了解。

唐岳州诗歌实质是以贬谪、流寓及隐逸为中心的山水楼台诗歌。社会重大历史事件不仅对当时政治、经济有重大影响，而且对岳州诗歌影响也是十分重大的。在唐代重大历史事件中，安史之乱、永贞革新、甘露之变等事件对唐岳州诗歌影响尤为重大。安史之乱是唐王朝由盛转衰的转折点；永贞革新是试图挽救唐王朝衰败命运的一次重大政治革新；甘露之变则把唐人企图通过改革实现中兴的梦想彻底打破了，唐王朝从此一蹶不振，最终为朱全忠所篡代。本章以这三次事件为依据把唐岳州诗歌划分为四个阶段。在结合史实的基础上揭示每一阶段诗歌基本特征及与政治的关系，探讨作家的主体创作倾向及心态，以加深对唐岳州诗歌的理解。

一

从高祖武德元年（618）至玄宗天宝十四年（755）安史之乱爆发是唐岳州诗歌发展的第一个阶段。这一时期又可分为两个阶段。其中，从高祖武德元年至玄宗先天元年是岳州诗歌发展的酝酿期，从玄宗先天元年至天宝十四年是岳州诗歌的初步繁盛期。

(一)高祖武德元年至玄宗先天元年的岳州诗歌

之所以这一时期称为酝酿期，是因为这一时期岳州诗歌发展相对迟缓，诗人少,留下的诗作少,到过岳州的诗人更少。但它却是唐岳州诗歌发展必不可少的阶段。

1. 本阶段诗歌发展概况及原因探讨

本阶段诗人数量少,仅 15 人,且无一湘籍作家。据现存史料推测,这些诗人中到过岳州的仅宋之问。这一时期存留下来的 26 首诗歌,很少与岳州有直接关系。不少诗中虽出现了“洞庭”一词,但仅把它当作意象来使用,用它传达某种情感,表达某种意绪,严格意义上说,这种诗算不上岳州诗歌。如太宗皇帝的《度秋》:“夏律昨留灰,秋箭今移晷。峨嵋岫初出,洞庭波渐起。桂白发幽岩,菊黄开灞涘。运流方可叹,含毫属微理。”在这首诗中,并没有描绘洞庭波的具体形状、声势,只不过是利用它来表达一种秋的意绪。“无因关塞叶,共下洞庭波”(庾抱《和乐记室忆江水》)、“洞庭波起兮鸿雁翔，风瑟瑟兮野苍苍”(卢照邻《明月引》),这些诗句中“洞庭”也只是一个意象,是用来传达某种心绪的。在 26 首诗歌中,有 24 首属这种情形,仅有 2 首例外。

本阶段岳州诗歌发展相对缓慢有以下三个方面原因:首先,唐前各朝岳州诗发展相当缓慢,这种滞缓情况影响到了这一时期。这从表 2-1 的数据统计可以看出。此表为电脑统计,其中“洞庭”包括太湖“洞庭”在内。

表 2-1 岳州常见地名在历朝诗歌总集出现次数对照表

作品集 / 地名	《先秦汉魏晋南北朝诗》	《全隋诗》	《全唐诗》
洞　庭	42	5	565
巴　陵	12	0	77
君　山	3	0	52
湘　山	1	0	21
巴　丘	1	0	22
合　计	59	5	737

表2-1以唐岳州境内出现较为频繁地名来统计的，从中可大致反映唐及唐前各朝岳州诗歌发展的实际状况。表中五个地名在《全唐诗》中出现了737次，在《先秦汉魏晋南北朝诗》中出现了59次，在《全隋诗》中出现了5次。五地名在《全唐诗》中出现的次数是在《先秦汉魏晋南北朝诗》和《全隋诗》中出现次数的11.5倍。由此可见，唐前岳州诗歌发展相当缓慢。唐岳州诗歌受前朝影响，自然在第一阶段前期发展相对缓慢了。相比唐前各朝而言，这一阶段的岳州诗歌虽仅26首，但年均诗歌比例仍要高于唐前各朝。因此虽发展缓慢，但仍然是在前进而不是在倒退。

其次，这与当时的政治形势及贬谪制度有一定关系。先天元年前唐政局多动荡不安。这种动荡的政局往往以皇室内部权力的争夺为中心，围绕着皇位的争夺、太子及皇后废立等进行的。权力争夺仅局限在皇宫或都城之内，没有波及远在江南的岳州地区。对于政变失败一方的处置，或被杀戮，或被远谪岭外。表2-2是唐不同阶段岳州贬官及贬官诗人数据分析表。

表2-2　唐不同时期岳州贬官及贬官诗人数据分析表

类型＼阶段	第一阶段		第二阶段	第三阶段	第四阶段	总计
	前期	后期				
岳州贬官	2	3	2	4	3	14
岳州贬官诗人	0	3	2	2	0	7

从表2-2可以看出，在第一阶段前期，尽管政局动荡，但相对于其后各阶段而言，岳州地区的贬官人数是较少的。而贬官诗人更是无一人。原因在于唐王朝在建国之初，需要大量人才为其服务，人才的缺乏使得统治者不敢大量贬谪官员。即使遇到重大事件，如谋逆之罪，统治者也尽量把贬谪人数控制在最低范围内，从而保证朝廷能够正常运转。如唐贞观十七年，太子承乾谋反事发，被废，作为太子之师的张玄素"会宫废，玄素坐除名为民。顷之，召授潮州刺史，徙邓州，讫不复亲近"[①]。如此重大事件，张玄素能够逃离一死，并且在短时间内"徙邓州"（邓州在山南东道），说明了当时贬谪制度的相对宽松。武

① （宋）欧阳修，宋祁等.新唐书[M].中华书局，1975：4002.

周时期，政局更为动荡，不管是武周代唐，还是唐代武周，均以杀戮为能事。杀戮替代了贬谪。长孙无忌、柳奭、上官仪、太子贤及其二子、张昌宗、张易之、中宗、韦后、安乐公主、武延秀、上官婉儿等被杀，间有流放贬谪之官，也都投诸岭南。正因为本阶段政局的动荡及贬谪制度对岳州的影响较小，文人进入岳州地区的也就相应较少，而本土文人还没开始形成，故导致了这一时期岳州诗歌发展相对缓慢。

第三，唐立国初期文人的相对缺乏及科举选士规模较小，也在一定程度上影响了这一时期岳州诗歌的创作。高祖李渊于马背上建立唐王朝，手下功臣大将多为武夫或吏能之辈，文人相对而言较少。虽然唐王朝一直沿袭了隋的科举取士，但高祖朝年均取士 3 人，太宗朝年均取士 9.9 人，高宗朝虽然提高至 21.8 人，但不及唐平均数。武周时期取士人数为 29.1 人，比以前各朝都有所提高（武周时期杀戮了大批唐宗室人员及与之关系密切之大臣，提高取士人数，是武则天在更新大唐血液，为武周注入新的力量），但此时进士文学创作，特别是诗歌创作，尚未达到巅峰。他们创造力的爆发，大多进入了玄宗朝。例如，张说为长安二年进士、贺之章在证圣初擢进士，他们诗歌创作的主要成就在玄宗朝，因而把他们二人归入了第一阶段后期。正因为这一阶段文人与进士较少，自然影响到了岳州地区的诗歌创作，使得这一时期岳州地区无论是诗人还是诗歌创作，都处于相对低迷阶段。

2. 宋之问和他的岳州诗歌

这一时期，值得注意的诗人是宋之问。宋之问并没有贬于岳州做官，只是在贬谪途中经过岳州。《新唐书》记载其贬所及所贬次数较详："及（张易之）败，贬泷州，朝隐崖州，并参军事。"[①]"景龙中……太平发其知贡举时赇饷狼藉，下迁汴州长史，未行，改越州长史。""睿宗立，以狯险盈恶，诏流钦州。"宋之问之历洞庭，当在第三次流配途中，其部分诗作如《洞庭湖》《晚泊湘江》《自衡阳至韶州谒能禅师》《登逍遥楼》可作参证，从中可以清楚看出其贬途经历。

宋之问贬谪途中所作岳州诗歌中，最引人注目的是《洞庭湖》诗：

地尽天水合，朝及洞庭湖。初日当中涌，莫辨东西隅。晶耀目何在，滢荧心

① （宋）欧阳修，宋祁等.新唐书［M］.中华书局，1975：5750.

欲无。灵光晏海若,游气耿天吴。张乐轩皇至,征苗夏禹徂。楚臣悲落叶,尧女泣苍梧。野积九江润,山通五岳图。风恬鱼自跃,云夕雁相呼。独此临泛漾,浩将人代殊。永言洗氛浊,卒岁为清娱。要使功成退,徒劳越大夫。

这是唐诗史上第一首以"洞庭湖"为题的诗篇,从这首诗中,可以看出宋之问遭受贬谪时的屈辱与愤懑。"楚臣悲落叶,尧女泣苍梧"不只在写屈原和二妃,他认为这是他自身的写照。自己的命运也如同这两个人,多次被贬,一次比一次远,衰老与恐惧充满在他的心头。然而,即便在如此令人绝望的环境中,诗人还发出了"永言洗氛浊,卒岁为清娱。要使功成退,徒劳越大夫"的豪语。

宋之问人品是否真如二妃和屈原一样高尚呢?据《唐才子传》载:"(刘希夷)尝作《白头吟》,……又吟曰:'年年岁岁花相似,岁岁年年人不归。'复叹曰:'死生有命,岂由此虚言乎!'遂并存之。舅宋之问苦爱后一联,知其未传于人,恳求之,许而竟不与。之问怒其诳已,使奴以土囊压杀于别舍,时未及三十,人悉怜之。"[①]《新唐书》也鄙其人品:"易之所赋诸篇,尽之问、朝隐所为,至为易之奉溺器。"[②]"天下丑其行。"唐代人品比宋之问差的恐怕找不出第二个了。然而在《洞庭湖》这首诗中,他并没有对自己的行为进行反思,而认为自己是无辜的。自己对皇帝的忠诚也如同屈原对楚王一样日月可鉴。诗中宋之问的人品与诗品出现了分离。

人品与诗品的悖离主要有三点原因:从主观上讲,人不易自见,对于自己所犯过错,往往固执己见,认为自己是正确的。也许宋之问根本就没意识到自己错在什么地方。其次,诗具有传达情志的作用,特别是名气较大的诗人,其诗传播速度更快,在诗中抒发自己的忠心与冤屈,总能博得别人的同情。如果诗作传入君主之耳,就有可能收到一定的效果,有利于自己复出。宋之问很可能想以这种方式把自己内心幽愤传于圣听。第三,受诗言志这一传统功能之影响,志,当然是自己心中美好善良忠诚的一面,而不是自己为非作歹的一面,从根本上说,如果不是代言体或集体创作,个体诗人决不会在诗中揭露自

① 傅璇琮主编.唐才子传校笺[M].中华书局,1987:98-99.

② (宋)欧阳修,宋祁等.新唐书[M].中华书局,1975:5750.

己的伤疤。如唐著名奸相李林甫留下的三首诗,就无一首符合其本身人品。综观唐所有人品有问题的诗人,诗中无不表现出人品与诗品相悖现象,宋之问只不过是其中一个较为典型的例子而已。

这一时期创作岳州诗歌的诗人,除宋之问外,陈子昂、刘希夷等也取得了一定成就。太宗皇帝李世民也以帝王之尊在《度秋》诗中留下了"峨嵋岫初出,洞庭波渐起"这一具有洞庭意象的诗句,从而使他成为唐代唯一留下岳州诗歌的封建帝王。

(二)玄宗先天元年至天宝十四年的岳州诗歌

经过长时间酝酿后,至本阶段,形成了以张说为首的岳州诗人创作群。仅张说一人,在岳州就留下了 74 首诗歌。除了以张说为中心的岳州诗歌创作群外,王维、李颀、储光羲、王昌龄、孟浩然等大量盛唐诗人都有岳州诗歌传世。岳州诗歌经过长期的沉寂后,进入了初步繁盛期。

1. 本阶段诗歌发展概况及原因探讨

与第一阶段前期相比,后期岳州诗歌取得了较大的发展。首先,这一时期创作岳州诗歌的诗人共 24 人,与前期相比虽仅多 9 人,但这一阶段仅 43 年,年均诗人 0.56 人,是前期的 3.5 倍。其次,这一时期创作诗歌 157 首,诗歌总数是前期的 6.04 倍。年均诗歌数为 3.65 首,是前期的 13.04 倍。再次,作于岳州的诗歌与到岳州的诗人在数量上都有较大增长。这一时期作于岳州的诗为 114 首,是前期的 57 倍。到过岳州的诗人有 15 人,是前期的 15 倍。前、后期统计数据的较大差异透露出了一个重要信息:唐岳州诗歌进入了初步繁盛阶段。

这种初步繁盛阶段的到来,是多种因素共同作用的结果。首先与科举取士对诗歌影响有一定关系。这一时期,科举取士规模不断扩大,诗歌进入了科举考试范围,"进士试诗、赋及时务策五道,明经策三道"①,这样诗歌不仅仅只是吟咏风月、抒发性情的工具,而且成了士人进身之梯。试诗进入科举,极大地促进了士人创作诗歌的欲望、提升了诗歌审美艺术。唐岳州诗歌的初步繁荣与唐诗进入盛唐几乎是同步的,也与这一历史背景有着莫大的关系。

其次,与玄宗朝相对宽松的贬谪制度分不开。玄宗是有唐一代在位时间

① (宋)欧阳修,宋祁等.新唐书[M].中华书局,1975:1168.

最长的皇帝，这段时间内，虽也是“弄权宰相不记名，依稀忆得杨与李”（元稹《连昌宫词》），但毕竟没有出现朝代反复情况，东宫废立情况也远不如唐前百年频繁（仅于开元二十五年废太子瑛）。因此，玄宗朝除了先天二年铲除太平公主发生较重大杀戮和天宝十四载发生安史之乱外，其间多达四十年时间在政治上是较为安定的。正因为如此，玄宗朝流贬制度远不如前一百年严厉，除轻杀戮外，流贬至岭南的文人相对较少，大多数贬官都就近安置，置于江南西道的贬官文人相对就多了。据表 2–2 统计，这一时期贬于岳州的文人有 3 人，即张说、韦嗣立、赵冬曦。虽仅三人，但却是四个阶段中最多的。他们三人创作岳州诗共 90 首，占这一时期岳州诗歌总数的 60%。由此可见，正是由于玄宗朝贬谪制度相对宽松，贬官内移，才使得有较高素养的诗人在岳州得以停留、居住较长时间，为大量创作岳州诗歌创造了条件。

第三，岳州诗歌的初步繁荣还与创作主体即诗人有密切关系。大抵地方文学的繁荣，需要有杰出成就的作家出现，还需大批文人围绕在这个人物的身边，从而形成一股强大的力量。岳州诗歌发展到玄宗朝，主体上具备了这种因素。张说“精义探系表之微，英辞鼓天下之动”[①]“喜推藉后进，于君臣朋友大义甚笃”[②]“善用人之长，多引天下知名士，以佐佑王化，粉泽典章，成一王法”。正因为张说在文坛上的领袖地位，在他周围形成了一个具有较强创作力的作家群。当他左转岳州刺史时，这个作家群便由宫廷移到了岳州，岳州诗歌就是在这样的情况下繁荣起来的。

2. 以张说为首的作家群和他们的岳州诗歌创作

这一时期诗歌整体特征是与张说为首的作家群分不开的。这里先分析一下这 24 人间的相互关系：在 157 首诗歌中，张说创作了 74 首，占诗歌总数的 47%。苏颋之父苏瓌与张说相交甚厚。张均为张说长子，张垍为张说次子。韦嗣立开元中谪岳州别驾，存留的两首诗是与张说的唱和诗。在张九龄的岳州诗中虽没提及张说，但“时张说为中书令，与九龄同姓，叙为昭穆，尤亲重之，常谓人曰：‘后来词人称首也。’九龄既欣知己，亦依附焉。”赵冬曦与张说在开

---

① (后晋)刘昫.旧唐书[M].中华书局，1975:3056.

② (宋)欧阳修，宋祁等.新唐书[M].中华书局，1975:4410.

元初坐事流岳州，其所存 16 首诗中，直接提及张说的有 12 首，而张说岳州诗作中也有 7 首提及赵冬曦，由此可见二人关系之密切。尹懋为张说岳州从事，有 4 首诗提及张说，都是在岳州时所作，张说也有 5 首提及尹懋。王琚对张说有知遇之恩，三首岳州诗中有两首提及张说，张说也有《岳州别赵国公王十一琚入朝》。阴行先，开元间，为张说湘州从事，仅存诗一首，而这首诗就是《和张燕公湘中九日登高》。王熊仅存诗两首，即《奉别张岳州说二首》，张说也有《岳州宴别潭州王熊二首》。梁知微在《全唐诗》中存诗仅一首，即《入朝别张燕公》，而张说有《送梁知微渡海东》，张说还有《岳州别梁六入朝》《送梁六自洞庭山作》，其中梁六就是梁知微。孙逖则为张说所欣赏的词学之士："(韦)述与张九龄、许景先、袁晖、赵冬曦、孙逖、王翰常游其门。"① 王昌龄有《奉赠张荆州》。开元四年，张说为岳州刺史时，孟浩然写有《望洞庭湖赠张丞相》。其余 9 人，虽和张说无直接关系，但他们与张说周围的这些人或多或少有联系，如王维与孟浩然关系就十分要好。他们所作岳州诗歌仅 17 首，占所有作品数的 11%，而且多在岳州之外作，在这一阶段中这些诗歌处于较次要的地位。

由上可得出本阶段岳州诗歌的第一个特点：以张说为中心进行创作，具有明显的向心力。

第二个特点是诗中贬谪意味浓厚。这一时期是诗人贬谪岳州最多的时期，据表 2-2 统计，唐贬于岳州的文士共 7 人，其中从先天元年到天宝十四年有 3 人：张说，左转岳州刺史；韦嗣立，谪岳州别驾；赵冬曦，坐事流岳州。他们创作岳州诗歌 92 首，占这一时期诗歌总数的 59%。张说于开元三年贬岳州，五年二月，才迁荆州大都督府长史，前后跨三个年头。他的《岳州守岁》及《岳州守岁二首》也可证明他在岳州前后有三年。赵冬曦贬于开元初，开元七年从岳州归，任监察御史，他在岳州时间应略长于张说。韦嗣立"开元初，入为国子祭酒。先是，中宗遗制睿宗辅政，宗楚客、韦温等改削藁草，嗣立时在政事，不能正之。至是为宪司所劾，左迁岳州别驾。久之，迁陈州刺史。……开元七年卒"，从"久之"可断定他在岳州也有数年。由于他们长期生活在悲苦凄清的环境中，心中充满激愤、惶恐与哀怨。他们把这种情感与洞庭湖周围的自然人文

---

① (后晋)刘昫.旧唐书[M].中华书局,1975:3183.

环境结合起来，发而为诗，形成了具有独特审美特色的岳州诗歌。如张说《岳州宴别潭州王熊二首》（之二）结尾以“谁念三千里，江潭一老翁”来抒发自己孤寂情怀。《岳州别子均》则抒发父子间离别相思肠断之情。当他在岳州宴送朋友入京时，内心感受更不堪忍受，《岳州别梁六入朝》就写出了这种心情：“自我违京洛，嗟君此泝洄。容华因别老，交旧与年颓。梦见长安陌，朝宗实盛哉。”面对朋友的离别，他想到了自己的年老与衰颓，而此时唐王朝却在蒸蒸日上，自己却失去了最好的建功立业机会，内心痛苦可想而知。但当他离岳赴荆时，心情一下开朗起来，写下了《四月一日过江赴荆州》：

春色沅湘尽，三年客始回。夏云随北帆，同日过江来。水漫荆门出，山平郢路开。比肩羊叔子，千载岂无才。

之前那种悲凄微弱之音一扫而尽，换之以昂扬奋发之风格。赵冬曦也是这样，他到岳州后写下了《和张燕公耗磨日饮》：

上月今朝减，流传耗磨辰。还将不事事，同醉俗中人。

春来半月度，俗忌一朝闲。不酌他乡酒，无堪对楚山。

这种“耗磨日饮”行为，是内心极度痛苦的表现，酒醒时分，他依然只能对着楚山发出哀伤叹息。除了流贬岳州的三个人外，张均与张垍由于受其父事牵连，也在岳州过了一段时间，留下了一些岳州诗，其风格与情感基调与其父相同。总观他们的诗歌，写他们面对贬谪的悲愤抑郁之情和对时间流逝而功业无成的紧迫感的诗句比比皆是。这一时期的唐岳州诗歌，呈现出典型的贬谪文学特色。

还有部分诗人因为贬谪于更远地方路过岳州留下了诗歌。王琚“（开元）二年二月回，未及京，便除泽州刺史，削封。历衡、郴、滑、虢、沔、夔、许、润九州刺史，又复其封”，从其仕宦经历和所留诗作看，是到过岳州的。王熊做过潭州都督，梁知微也曾守潭州，王昌龄晚年贬为龙标尉。这些人虽没有贬于岳州，但都曾在贬谪途中到过岳州，且贬所环境比岳州更恶劣，他们留下的诗歌并不很多，但大多属于贬谪诗的范畴。如王昌龄之《岳阳别李十七越宾》就是代表：

相逢楚水寒，舟在洞庭驿。具陈江波事，不异沧弃迹。杉上秋雨声，悲切蒹葭夕。弹琴收余响，来送千里客。平明孤帆心，岁晚济代策。时在身未充，潇湘不盈画。湖小洲渚联，淡淡烟景碧。鱼鳖自有性，龟龙无能易。谴黜同所安，风土任所适。闭门观玄化，携手遗损益。

两个同被谴黜的人在秋雨阴沉的洞庭相逢，这种凄凉情感不堪忍受，只能“闭门观玄化”，希望能从诗歌创作中获得一丝安慰。

岳州诗歌的第三个特点是特有的盛唐气象。特别是张说，“说知太平等怀逆，乃因使以佩刀献玄宗，请先决策，帝纳之。至忠等已诛，召为中书令，封燕国公，实封二百户”[①]。对于张说来说，已位极人臣，但张说在贬谪岳州之前，还有一次贬谪经历，被流放到地处岭南道的钦州。由于他的仕宦经历过较大风浪，使他养成了处事不惊、从容镇定的处世态度。因此，开元三年坐贬岳州所作诗歌中，虽对所处凄凉环境有所描写，部分诗歌也言及自己内心的苦楚与忧惧，但很少有愤怒与怨怼，在他的岳州诗中，有许多诗句表达出了隐退思想：

息心观有欲，弃知返无名。五十知天命，吾其达此生。（《岳州夜坐》）

平湖一望上连天，林景千寻下洞泉。忽惊水上光华满，疑是乘舟到日边。（《和尹从事懋泛洞庭》）

张说从佛、道两家思想中汲取精神力量，希冀通过内心的静默观照来解除心中的忧惧与凄苦。他这种达观的人生态度，使得他在贬谪岳州三年中，即使面对打击和挫伤，也没有放弃对生命的热爱和追求。他诗中所表现的参透佛道思想只是他用以平衡政治失意的手段，并非内心完全想去隐居。

这种盛唐精神更集中表现为积极、乐观的进取精神。张说对自己的才能充满信心，他常把自己比作贾谊，认为他所处朝代是圣明的，他所缺乏的只是机遇。一旦机遇来临，他将重新获得施展才华的机会。他在诗中，反复表明希望自己被重新启用的愿望：

伫立帝京路，遥心寄此篇。（《登九里台是樊姬墓》）

窃羡能言鸟，衔恩向九重。（《广州萧都督入朝过岳州宴饯得冬字》）

---

① (宋)欧阳修，宋祁等.新唐书[M].中华书局，1975：4406.

离魂似征帆，恒往帝乡飞。(《岳州别赵国公王十一琚入朝》)

形影相追高翥鸟，心肠并断北风船。(《同赵侍御望归舟》)

梦见长安陌，朝宗实盛哉。(《岳州别梁六入朝》)

正有江潭月，徘徊恋九华。(《岳州作》)

旧恩怀未报，倾胆镜中看。(《闻雨》)

而自己之所以希望重新得到重用主要有两点原因，首先是为了报恩："唯有报恩字，刻意长不灭。"(《岳州作》)再次就是希望凭借自己的才华实现建功立业的愿望："倘蒙罗袖拂，光生玉台上。"(《咏镜》)所以他虽处在岳州这种南蛮之地，也是竭诚尽力为当地人做些好事，他自叹"空惭棠树下，不见政成歌"(《岳州看黄叶》)，对自己在岳州的政绩进行反省。面对自己被贬岳州时间越来越长，他对功业未建常产生一种焦虑感，对时间流逝也特别敏感："自怜心问景，三岁客长沙。"(《巴丘春作》)由此而产生了一种被弃置的感觉，并引发了对家乡，对亲人的思念："举目思乡县，春光定不殊。"(《与赵冬曦尹懋子均登南楼》)

张说这种积极用世思想是与盛唐前期政治环境分不开的，政治的清明和统治者对人才的渴求使得他们较易实现自己的理想。张说虽官至宰相，达到了权力的巅峰，但为相时间较短，就因"素与姚元崇不平，罢为相州刺史、河北道按察使。坐累徙岳州，停实封。"[①]他想建立一个以文治为主的国家的政治理想由此破灭，精于吏治的姚崇与李林甫不断地寻找机会排除异己。因此，张说贬岳州之前，官虽至宰相，但他并不认为自己完全功成了，他总是一个不甘落寞、积极干世的人。据《新唐书》载："说既失执政意，内自惧。雅与苏瓌善，时瓌子颋为相，因作《五君咏》献颋，其一纪瓌也，候瓌忌日致之。颋览诗呜咽，未几，见帝陈说忠謇有勋，不宜弃外，遂迁荆州长史。"总地看来，乐观、自信的人生态度充溢于张说岳州诗中，在其后的岁月里，他不断为实现理想而奋斗，后又两次拜相，成为唐史上三次入相的名相。

贬于岳州的其他诗人也有着相似的情感经历，如赵冬曦也渴望能够有回京的机会："永怀宛洛游，曾是弹冠望。"(《酬燕公出湖见寄》)但与张说相比，

① (宋)欧阳修，宋祁等.新唐书[M].中华书局，1975:4407.

他隐退思想更浓些,“清溪无数曲,未尽莫先回”(赵冬曦《和尹懋秋夜游灉湖二首》)、“所赖中和作,优游凿与耕”(赵冬曦《陪张燕公行郡竹》),在赵冬曦所存留的 16 首诗中,大都是抒发这种情感,在人生态度上要比张说消极一些。尹懋诗与赵冬曦诗在情感上趋于相同。“嬉游竟不尽,乘月泛舟还”(《秋夜陪张丞相赵侍御游灉湖二首》)、“幸奏潇湘云壑意, 山傍容与动仙桡”(《同燕公泛洞庭》),似乎他能够从现实中超脱出来。然而当他回到现实中时,却比张说更为痛苦,他经常“屡登高春台,徒使泪如霰”(《奉陪张燕公登南楼》)。

从有关史料看,李颀与孟浩然均没在岳州做过官,因而他们的诗更能显示出盛唐气象,如孟浩然的两首诗:

八月湖水平,涵虚混太清。气蒸云梦泽,波撼岳阳城。欲济无舟楫,端居耻圣明。坐观垂钓者,空有羡鱼情。(《望洞庭湖赠张丞相》)

洞庭秋正阔,余欲泛归船。莫辨荆吴地,唯余水共天。渺弥江树没,合沓海潮连。迟尔为舟楫,相将济巨川。(《洞庭湖寄阎九》)

前一首是干谒诗,然而他却写得婉曲自如,不卑不亢。后一首是送别诗,也丝毫不见悲凄之气。这两首诗都写出了洞庭湖的浩阔声势和牢笼万物的气魄,这些诗歌可以看作是这一时期诗歌中的异音,是贬谪诗歌之外的一点亮色。

总观这一时期的岳州诗歌, 既有悠游于洞庭美景之间的闲情逸致之作,也有面对现实的痛苦悲歌。只是由于创作主体人生经历、个人抱负有细微差别,使得表现在这些诗中的人生理想与参政热情略有不同,然而,乐观、自信的进取精神始终是这一时期诗歌中的主旋律。

二

岳州诗歌经过短暂的繁荣后,随着张说等人北移,又重新进入了沉寂的阶段。开元中后期至天宝十四年,留下的岳州诗作屈指可数,艺术价值较高的岳州诗作更少。原因是这一时期唐王朝还处在上升阶段,当时诗人大多昂扬奋发,在政治上有所遇合,又有着丰裕的庄园经济作基础,过着一种余粮肉、衣轻裘的生活,他们不愿意也不屑于在诗中表现穷愁酸苦的诗风。虽“自天宝已还,小人道长。如山有朽坏，虽大必亏；木有蠹虫，其荣易落”①，但唐王朝仍维系着表面的繁荣，文人学士集于长安洛阳两地，岳州诗歌要进一步发展，需要新的契机出现。天宝十四年，这种契机出现了，却是以唐王朝的巨大动乱为代价的。

（一）安史之乱对第二阶段岳州诗歌的影响

唐天宝十四载十一月，安禄山在范阳起兵，以讨伐杨国忠为名，率领十五万人反叛，河北郡多望风瓦解。唐天宝十五载六月，潼关失守，哥舒翰被俘，玄宗入蜀。七月，太子到灵武即位，改元至德，是为肃宗。代宗广德元年，叛将田承嗣以莫州降，李怀仙以范阳降，史朝义逃亡自杀。至此，安史之乱结束。

安史之乱对唐岳州诗歌影响是巨大的，具体说来表现在以下三个方面。

首先，它促使了文学之士南移。天宝十五载“甲午，将谋幸蜀，乃下诏亲征，仗下从，士庶恐骇，奔走于路”。变乱发生后，除部分文士被授以伪官，大多数人或陆续抵蜀，与玄宗一道主持朝政；或前往灵武，为肃宗出谋划策；或至江陵，入永王幕下，为其歌功颂德，还有大批诗人，他们与广大人民一起，为了躲避战乱，加入了流亡队伍，辗转于江南各地。当这些人抵达岳州时，他们登楼咏怀、凭栏怀古，写下了唐岳州诗歌史上最光辉的篇章。成长于开元天宝年间的诗人，在他们艺术水平和创作才能达到最巅峰时，却遭遇了这样大的不幸。他们用自己的笔，用那敏感的心，记录下了这次社会的巨大动乱及他们在动乱中遭受的不幸和屈辱。他们的到来，从总体上提高了岳州文人的诗歌艺术水平，促进了岳州诗歌的繁荣。这一时期直接遭受安史之乱带来痛苦的最杰出诗人是李白，他在乾元二年至乾元三年间，停留于岳州一带，写下了许多著名诗篇，如《与夏十二登岳阳楼》《巴陵赠贾舍人》《与贾至舍人于龙兴寺剪落梧桐枝望灉湖》《陪族叔刑部侍郎晔及中书贾舍人至游洞庭五首》等，这些都是岳州诗歌中的千古绝唱。

其二，安史之乱促使了文人心态转变。自张九龄罢相后，朝政相继为李林甫和杨国忠把持，开元盛世已呈现出败相，但仍维持着表面的繁荣。这时的诗人，以自我为中心、乐观自信，以生长于太平盛世为骄傲，多耻于自身碌碌无为。科举行卷、从军出塞、投递干谒，即使碰得头破血流，他们也未尝退缩。他们想在明时一展自己的抱负，干出一番事业，以留名于青史。因此这些诗人大

① （后晋）刘昫.旧唐书[M].中华书局，1975：237.

多有一种不羁之心。“长风破浪会有时,直挂云帆济沧海”(李白《行路难》)、“天子呼来不上船,自称臣是酒中仙”(杜甫《醉中八仙歌》),狂妄而又自信,就是这段时间大多数士人的心态。安史之乱发生后,由于波及范围广、持续时间长,致使文人心态发生了巨大转变。他们意识到没有国家的安定,想成就一番事业是不可能的,于是痛恨动乱给他们带来的灾难,关心唐王朝的生存与灭亡,前期岳州诗歌中的那种昂扬、乐观、自信的心态不见了。他们收敛了以自我为中心的论调,转而忧国忧民、关心时政。岳州地区特殊的自然环境和人文因素与他们这种情感相契合,激发了他们的创作激情,唐岳州诗篇中最富于思想价值的诗歌就是写于这一时期。

另外,安史之乱也为岳州诗歌注入了新的思想内容。安史之乱前的诗人多关注自身生命价值的实现,常抒发个人被贬谪时的不平心情及渴望回归京都的迫切愿望,虽也有抒写农民的劳苦及悲惨命运的诗篇,但极少。安史之乱发生后,流寓于岳州一带的诗人,切身体会到安史之乱带给岳州人民的灾难。他们把时事注入诗中,增加了诗歌的思想深度,如李白《九日登巴陵,置酒望洞庭水军》:

九日天气清,登高无秋云。造化辟川岳,了然楚汉分。长风鼓横波,合沓蹙龙文。忆昔传游豫,楼船壮横汾。今兹讨鲸鲵,旌旆何缤纷。白羽落酒樽,洞庭罗三军。黄花不掇手,战鼓遥相闻。剑舞转颓阳,当时日停曛。酣歌激壮士,可以摧妖氛。龌龊东篱下,渊明不足群。

像这样关心时局的诗篇,先前是不存在的。虽然此诗保留了前期诗人建功立业的心态,但从总体上看,爱国情感是这首诗的主体情感基调。

随着安史之乱的平定,大唐王朝并没有走向中兴。大的动乱消弭了,小的动乱却更为频繁。在镇压安史之乱的过程中,不少藩镇开始掌握强有力的军队,唐王朝对一些藩镇已无力控制了。此外,吐蕃不断扰乱,也使得唐王朝疲于奔命。这些动乱中,以发生在大历五年的湖南兵马使臧玠杀观察使崔瓘事件对岳州诗人影响最大。杜甫就深受其害,几乎死于乱军之中。动乱发生之后,杜甫带着一家人赴衡州。后来为了躲避乱兵的袭击,他们舍船而走陆路。因为事变突然,他们找不到交通工具,只能拖着两腿拼命逃跑。他作于汨罗江上的绝笔诗《风疾舟中伏枕书怀三十六韵,奉呈湖南亲友》对这次战乱充满着担心与忧虑:

公孙仍恃险，侯景未生擒。书信中原阔，干戈北斗深。畏人千里井，问俗九州箴。战血流依旧，军声动至今。葛洪尸定解，许靖力还任。

由此可见，安史之乱对岳州诗歌的影响不止几年的时间，直至建中元年，它的负面影响依然存在。

（二）从安史之乱至建中元年的岳州诗歌发展概况

与前一阶段相比，这一时期岳州诗歌的创作情况发生了较大变化，这从表2-3中可以看出。但此表中部分诗人籍贯为“江南”，无法确定其是否为湖湘诗人，另神、仙、鬼、怪带有一定虚幻性，均排除在湖湘诗人之外。

表2-3 唐五代各时间段岳州诗歌创作情况一览总表

类别 阶段	诗人	诗歌	人均	时间	年均诗歌	年均诗人
第一阶段	39	183	4.69	137	1.34	0.28
第二阶段	51	331	6.49	25	13.24	2.04
第三阶段	63	280	4.44	66	4.24	0.95
第四阶段	93	432	4.65	60	7.2	1.55
唐　代	246	1226	4.98	288	4.26	0.85
五　代	29	43	1.48	53	0.81	0.58
唐五代	275	1269	4.61	341	3.72	1.24

类别 阶段	经过岳州	所占	湖湘诗人	所占	录诗	作于岳州	作于岳州之外	内外比例
第一阶段	16	41%	0	0	183	116	67	1.73:1
第二阶段	23	45%	0	0	331	104	227	0.46:1
第三阶段	36	57%	0	0	280	99	181	0.55:1
第四阶段	50	53%	7	7.5%	432	174	258	0.67:1
唐　代	125	51%	7	2.8%	1226	493	733	0.67:1
五　代	9	31%	0	0	43	12	31	0.39:1
唐五代	134	49%	7	2.5%	1269	505	764	0.66:1

从表 2-3 统计数据可以看出，与前一阶段相比，这一阶段岳州诗歌创作情况发生了以下变化。

首先，这一时期创作岳州诗歌的诗人共有 51 人，创作诗歌总数为 331 首，其中可以确定作于岳州的诗歌为 227 首，与第一阶段相比，本阶段诗人多 12 人，诗歌数多 148 首。就年均诗歌创作量而言，本阶段时间跨度为 25 年，年均创作诗歌 13.24 首，是第一阶段的 9.88 倍，也是年均诗歌创作量最高的阶段。本阶段年均诗人数为 2.04 人，是第一阶段的 7.28 倍，也是四个阶段中最高的。

其次，从相关史料推测，在 51 位诗人中，到过唐岳州的诗人有 23 人，占总数的 45%，这个比例也略高于前一阶段。正因为有较多的诗人能亲历洞庭，能感受这里的湖光山色及人民的生存状态，因而写下了许多艺术性很高的篇章。特别是盛唐时期最著名的两位诗人李白和杜甫，都曾多次较长时间流寓于岳州洞庭，在这里感受到了战火的纷飞，创作了思想及艺术水平极高的诗篇。

再次，改变了第一阶段岳州诗歌创作一枝独秀的局面，呈现出多元化倾向。从天宝十四载至大历十四年，存诗十首以上的诗人有 8 人，他们是杜甫(存诗 53 首)、刘长卿(存诗 49 首)、李白(存诗 48 首)、贾至(存诗 33 首)、顾况(存诗 14 首)、李端(存诗 11 首)、皎然(存诗 11 首)、皇甫冉(存诗 10 首)，从统计数据可以看出，一枝独秀的局面得到了明显改观。本阶段找不出一个能团结这一时期大部分诗人的核心人物。虽然刘长卿与李白、杜甫与贾至之间也有诗歌交流，但他们是一种对等的关系。唐岳州诗歌发展到这一阶段呈现出百花齐放的局面。

最后，诗人构成出现了一定的变化。在前一阶段，创作岳州诗歌的诗人中，由于政治原因贬谪于岳州的有 3 人，他们创作的诗歌总数有 90 首，贬谪岳州诗人创作的诗歌数占第一阶段总数的 49%。在本阶段中，仅贾至“坐小法，贬岳州司马”[①]，留下了岳州诗 33 首，占这一时期诗歌总数的 9.97%，这一比例远远低于前一阶段。构成成分的变化，影响着岳州诗歌思想内容的变化。特别是李白与杜甫，由于身受安史之乱之害，在他们的诗中表现出了较强烈的爱国情感以及对饱受战祸的人民的无限同情。只有贾至，依然保留着前一

① (宋)欧阳修，宋祁等.新唐书[M].中华书局，1975:4299.

阶段岳州诗歌的特点,这可以视之为岳州诗歌发展史上的延续性。

(三)本阶段代表性作家和他们的岳州诗歌创作

根据诗人创作诗歌的主体内容和风格,可以把从安史之乱到建中元年诗人分为四类:以贾至为代表的贬谪诗人;以李杜为代表的反映社会动乱与民生疾苦的诗人;以刘长卿及大历诗人为代表的关注个体生命的感伤诗人;以张志和为代表的看透世事远离官场的隐逸诗人。下面就这四类诗人及他们的岳州诗歌创作进行论述。

1. 贾至和他的岳州诗歌

贾至之父贾曾,开元初授中书舍人,官终礼部侍郎。贾至"天宝末为中书舍人。禄山之乱,从上皇幸蜀。时肃宗即位于灵武,上皇遣至为传位册文,上皇览之叹曰:'昔先帝逊位于朕,册文则卿之先父所为。今朕以神器大宝付储君,卿又当演诰。累朝盛典,出卿父子之手,可谓难矣。'至伏于御前,呜咽感涕"[①]。这种两代受恩情况也深为他人所羡慕,李白在《巴陵赠贾舍人》中说:"贾生西望忆京华,湘浦南迁莫怨嗟。圣主恩深汉文帝,怜君不遣到长沙。"《新唐书》载他"坐小法,贬岳州司马"[②],时间在乾元二年至宝应三年,此时李白正在赦归途中。贾至"与李白相遇,日酣杯酒,追忆京华旧游,多见酬唱"[③]。在岳州三年期间,贾至写下了大量诗篇,并把它们编为《巴陵诗集》,独孤及有《贾员外处见中书贾舍人巴陵诗集,览之怀旧,代书寄赠》赞其诗:"唯当袖佳句,持比青琅玕。"在《全唐诗》中贾至存诗四十五首,其中有33首与岳州有关,这些诗可能就出自于他的《巴陵诗集》。

与张说相比,贾至无论在人生经历还是在诗歌创作上都有许多相似之处。二人在贬谪岳州前都担任过显要的官职,贬谪岳州时间均为三年,二人在岳州都留下了自己的诗集,张说的为《岳阳集》,贾至的为《巴陵诗集》。而且两人所留下的岳州诗歌均代表其诗歌的最高成就。张说"晚谪岳州,诗益凄婉,人谓得江山之助"。"(贾)至特工诗,俊逸之气,不减鲍昭、庾信。调亦清畅,且

---

① (后晋)刘昫.旧唐书[M].中华书局,1975:5029.

② (宋)欧阳修,宋祁等.新唐书[M].中华书局,1975:4299.

③ 傅璇琮主编.唐才子传校笺[M].中华书局,1987:491.

多素辞，盖厌于漂流沦落者也。”然而，毕竟他们处于不同的时代，个人性格气质也有所不同，这些影响着他们的岳州诗歌创作，使他们诗歌同中有异。

首先，贾至也如张说一样，希望能重新得到重用，在他的诗中，这样的诗句比比皆是，但他在企盼中也加入了新的思想内容，如《巴陵早秋，寄荆州崔司马、吏部阎功曹舍人》：“登高望旧国，胡马满东周。宛叶遍蓬蒿，樊邓无良畴。”不仅仅忧虑个人前途，也为国家前途而忧，而且后者是更主要的，这样为他的诗歌增添了新的积极因素。

其次，贬谪之地的僻远也常引起他内心的痛苦。他作《长门怨》以托己意：“独坐思千里，春庭晓景春。莺喧翡翠幙，柳覆郁金堂。舞蝶萦愁绪，繁花对靓妆。深情托瑶瑟，弦断不成章。”从他的诗作看，几乎所有诗中都有泪的存在，他的痛苦远远超过了张说。更值得同情的是，张说还可以通过发一些牢骚之语来抒发他的愤懑，而贾至却世受君恩，连这一点他都做不到。另外，张说精于佛道之理，能通过大自然参透佛理，化解内心痛苦。岳州三年，他曾多次观光寺庙，以求心灵解脱。而贾至却对佛老排斥，《大唐传载》中有一记载可作参考：“贾至常侍平生毁佛，尝假寐厅事，忽见一牛首人，长不满尺，携小锅而燃薪于床前。公惊起而讯之，对曰：‘所谓镬汤者，罪其毁佛人。’公曰：‘小鬼何足畏耶。’遂伸足床下，其汤沸，忽染于足，涌然而上，未几烘烂而卒。”[①]这则故事虽宣传了佛法的广大，但从中可看出贾至对佛教的态度。对佛教的排斥直接影响到了他的人生观与价值观，他拒绝用佛教义理消解其内心痛苦。因而在他的诗中，贾至是一个“万里莺花不相见，登高一望泪沾巾”的形象。

再次，由于时代发生了转变，体现在岳州诗中的人生观与价值观也有所不同。张说贬岳州时正由初唐进入盛唐，社会处于上升阶段，因而当时人普遍对自我才能充满自信。他们乐观、积极用世，即使身处逆境，也决不自甘堕落。从张说诗歌来看，他虽精于佛道，但只是他排遣内心苦闷的方式，他积极用世的观念极为强烈。贾至却不同，虽然他还可算作盛唐时代的诗人，但他所处社会环境发生了巨大转变，安史之乱给社会造成了巨大的动荡。而在动乱还未平息的时候，他又被贬为岳州司马，国与家可以说是双重不幸。因而其诗与张

① (唐)不著撰人.大唐传载[M].上海古籍出版社，1987：531.

说相比，少了盛唐诗人对自己才能高度自信的因素，他的诗就如一个步履蹒跚的老人，在缓缓述说着这些不幸：

畴昔丹墀与凤池，即今相见两相悲。朱崖云梦三千里，欲别俱为恸哭时。(《送南给事贬崖州》)

谪宦三年尚未回，故人今日又重来。闻道崖州一千里，今朝须尽数千杯。(《重别南给事》)

贾至诗存在一些缺陷，阅读贾至任岳州司马时所作的33首诗，就会发现贾至的诗思想内容比较单薄，在他的诗中，赠友送别诗作有17首，交游唱和诗6首，这两类诗歌占他所作诗歌总数的69.7%，而这些诗又几乎是用同一个模式和同一种语调来写的。咏怀诗和怀古诗在他诗中不多，羁旅行役及反映安史之乱的诗更少，仅《巴陵早秋，寄荆州崔司马、吏部阎功曹舍人》略有提及，而对于此次动乱中人民所遭受的灾难更是只字未提。因而就反映现实深度上说，他的岳州诗作远远不及李杜的深刻。

2. 李杜岳州诗歌比较

这一时期，李白留下诗歌48首，杜甫留下53首，是写作岳州诗歌较多的作家。而且这些诗歌多创作于安史之乱后，写作年代大致相同，具有相似的社会背景，诗中多反映战乱和民生疾苦，具有强烈的爱国精神。但由于李杜人生经历，艺术气质及个人才性等方面不同，且李白大量创作岳州诗歌的时间早于杜甫十年左右，其间社会小环境也起了一定的变化，因而他们的诗歌又呈现出一定的个性差异。

从李白诗作及唐代有关史料推测，李白至少有六次到过岳州，开元三年出蜀南游途经岳州，但没留下诗作；开元二十七年秋，与王昌龄在岳州相会；天宝六年至十一年，相访贬谪湘阴的挚友崔成甫，《古风》(美人出南国)可能就是为崔成甫所写；至德二年流放夜郎，次年至临湘，在这里认识了裴隐，写下了《至鸭栏驿上白马矶，赠裴侍御》；乾元二年，李白、贾至相逢，写下了《巴陵赠贾舍人》《陪族叔刑部侍郎晔及中书贾舍人至游洞庭五首》等诗；这年冬赴零陵，第二年春又经岳州，不久即往江夏。李白留下的48首岳州诗，主要作于至德二年至乾元年间。

杜甫"永泰元年夏,武卒,甫无所依。……乃游东蜀依高适。既至而适卒。……甫以其家避乱荆、楚,扁舟下峡,未维舟而江陵乱,乃泝沿湘流,游衡山,寓居耒阳。甫尝游岳庙,为暴水所阻,旬日不得食。耒阳聂令知之,自棹舟迎甫而还。永泰二年,啖牛肉白酒,一夕而卒于耒阳,时年五十九。"[①]杜甫于大历三年冬经湖北进入岳州,次年春离开岳州,大历五年冬卒,他的岳州诗大多作于此段时间。

虽然李、杜二人都曾到过岳州,但二人并未相会于此,李白乾元年间流寓岳州时,杜甫还在秦州。对于李白的这次流放,杜甫还是较为关注的,他在秦州写下了《天末怀李白》:

凉风起天末,君子意如何。鸿雁几时到,江湖秋水多。文章憎命达,魑魅喜人过。应共冤魂语,投诗赠汨罗。

安史之乱尚未平定,杜甫生活也处于辗转流离之中,但他却想到了更远的朋友,希望能够得到友人的音讯。然而江湖险恶,鸿雁难到,诗人心情,无限伤感。"文章憎命达,魑魅喜人过",这是对李白身世命运的同情,对无端伤害他的小人的憎恨,本来一心想平定叛乱的人怎么会一下子成了囚犯呢?最后两句用屈原投汨罗江而死的典故,来表明李白和屈原一样,他的爱国之心至死不灭,满腔冤屈也是亘古未有。这是我们仅见的一首可视为杜甫在李白流寓岳州时所作的岳州诗。但李白对此诗并未作任何回应,可能由于某种原因李白并未读到此诗。而杜甫抵达岳州时,已到了代宗大历三年冬(768),此时李白已逝世(762)多年了。

这里把李、杜放在一起比较,是因为他们同为盛唐最具盛名而又风格迥异的作家。从天宝十五年至建中元年,两人创作的岳州诗歌数占这一时期岳州诗歌总数的48.2%。他们的诗歌,代表了这一时期岳州诗歌两种不同创作倾向,呈现出不同的风格特色。

其一,从反映现实生活层面上看,李、杜都能把社会的动乱、人民的疾苦书之于诗,并于诗中倾注着强烈的爱憎情感。例如,李白就写下了《荆州贼平,

---

① (后晋)刘昫.旧唐书[M].中华书局,1975:5055.

临洞庭言怀作》和《九日登巴陵，置酒望洞庭水军》来反映乾元二年八月康楚元、张嘉延据荆襄作乱这一事件，杜甫也写下了《舟中苦热遣怀，奉呈杨中丞通简台省诸公》来反映臧玠之乱。但李白在平安史之乱的过程中，在不知情的情况下加入了永王李璘军队，"璘败，当诛。……子仪请解官以赎，有诏长流夜郎"。[①]李白这次"从军"经历几乎把命都给弄丢了。但在流放夜郎的途中，他便遇赦。在极短的时间里，他与死神擦肩而过，又成了自由之人。当他到达岳州时，安史之乱战局好转，不时有好消息传来。李白是个充满幻想之人，一旦生活给予他希望，便能很快调整心态，迅速摆脱人生沮丧的一面，重新恢复活力。于是，他在岳州留下了神采飞扬的一笔，他以欣喜的笔调来写岳州诗歌，使岳州诗歌呈现出一种异调。我们先看看他的《陪侍郎叔游洞庭醉后三首》：

今日竹林宴，我家贤侍郎。三杯容小阮，醉后发清狂。

船上齐桡乐，湖心泛月归。白鸥闲不去，争拂酒筵飞。

刬却君山好，平铺湘水流。巴陵无限酒，醉杀洞庭秋。

这组诗作于乾元二年，它的豪爽气势，丝毫不逊于他的前期作品。从这些诗中可以看出李白纵情诗酒的狂态，淡泊名利的胸襟，疾恶如仇的品性。这些便是盛唐前期诗人的特征，是与本阶段岳州诗整体风格迥异的格调。在《陪族叔刑部侍郎晔及中书贾舍人至游洞庭五首》中，李白劝慰李晔与贾至不要因目前的得失而耿耿于怀，不要辜负眼前良辰美景。《留别贾舍人至二首》写得相对凄婉些，但"拂拭倚天剑，西登岳阳楼。长啸万里风，扫清胸中忧"仍然给人豪气干云天的气势。另外"壮士愤，雄风生。安得倚天剑，跨海斩长鲸"（《临江王节士歌》）、"剑舞转颓阳，当时日停曛"（《九日登巴陵，置酒望洞庭水军》）、"登眺餐惠风，新花期启发"（《登巴陵开元寺西阁，赠衡岳僧方外》）等个性张扬的诗句，不仅杜甫岳州诗歌中很难见到，在整个岳州诗歌中也是很少见的。李白依然以盛唐前期的笔调来写安史之乱后的诗歌，因而其诗显出清刚昂扬气势，这种气势正是本阶段岳州诗歌所缺少的。李白用雄奇的笔墨，为岳州诗歌抹上了重彩的一笔。

---

① （宋）欧阳修，宋祁等.新唐书[M].中华书局，1975：5763.

杜甫比李白年轻11岁，对开元盛世的感受不如李白强烈。当他步入仕途时，政局在不断恶化，他对事物的察觉极为敏锐，能于平静表面发掘出事物本质内涵。他性格中又有沉郁的一面，特别是安史之乱后，在他的诗中很难看到他展颜一笑。他为生计苦，为病痛苦，为四处奔波苦，为国家战乱未平定苦。他就是带着这些苦痛来到岳州的，直至他死，这些苦痛也未解决。杜甫始终以“致君尧舜上，再使风俗淳”为己任，思想中儒教思想极浓，因而他往往陷入这些痛苦中得不到解脱。他后期诗已脱去了盛唐诗的特征而步入中唐，晚期创作的岳州诗歌尤是如此。同样是反映社会动乱，在李白诗中，动乱似乎可轻而易举平定，但在杜甫诗中却不是这样了。多年的漂泊生活使他变得十分现实，从他的《夜闻觱篥》诗，便可感受到同是写时事，李、杜诗歌是有差别的：

夜闻觱篥沧江上，衰年侧耳情所向。邻舟一听多感伤，塞曲三更欻悲壮。积雪飞霜此夜寒，孤灯急管复风湍。君知天地干戈满，不见江湖行路难。

诗人夜中听到邻舟夜吹觱篥之歌，顿觉感伤不已，“君知天地干戈满，不见江湖行路难”，这种无端的反诘实在令人深思，我们不禁又要问，江湖行路难是因何而起？这样便可见杜诗深沉境界了。从这首诗可以看出，在反映时事上，杜甫诗中少了盛唐人那种昂扬向上的个性气质，更无李白的自信与洒脱。由于他把深广的社会内容和个人漂泊无依的生活加入诗中，因而他的诗显得沉郁而感伤。

其二，就情感抒发而言，李、杜在岳州诗中均表现出强烈的爱国思想。但李白的爱国往往与自己才能能否实现相联系，充满着强烈的自我意识。因而在他反映社会动乱的诗篇中，多把矛头直接指向那些反叛者，并对他们进行无情的诅咒。“今兹讨鲸鲵，旌旆何缤纷。白羽落酒樽，洞庭罗三军。黄花不掇手，战鼓遥相闻。剑舞转颓阳，当时日停曛。酣歌激壮士，可以摧妖氛。龌龊东篱下，渊明不足群。”(《九日登巴陵，置酒望洞庭水军》)“关河望已绝，氛雾行当扫。长叫天可闻，吾将问苍昊。”(《荆州贼平，临洞庭言怀作》)从这些诗句中可以看出，诗人把平定叛乱作为展示自己才能的最好机会。但李白是一个刚遇赦不久的人，要想在平定叛乱中展示自己才能几乎是不可能的。再加上他受道家思想影响较大,少年时为"竹溪六逸"[①]之一。"天宝初,……与道士吴筠隐于剡中"[②]"白晚好黄老",故在功名难得的情况下,诗中也有些及时行乐和隐退思想。"人生且行乐,何必组与圭"(《夜泛洞庭,寻裴侍御清酌》)、"醉后凉风起,吹人舞袖回"(《与夏十二登岳阳楼》)这也很少见于杜诗中。

杜甫却把爱国与同情人民思想相结合,因而他不仅对叛乱者予以鞭挞,即使是统治者,如果贪婪残忍,他也会给予无情的指责。"万姓疮痍合,群凶嗜欲肥"(《送卢十四弟侍御护韦尚书灵榇归上都二十韵》)、"壤童犁雨雪,渔屋架泥涂"(《过南岳入洞庭湖》)、"高马达官厌酒肉,此辈杼轴茅茨空"(《岁晏行》),这些诗句通过对农民生活具体翔实的描写来表现作者对他们的同情，进而对造成这种灾难的原因进行深层探索。杜甫虽比李白现实得多,但对于社会的巨大变动，更多的只是感到震惊和痛惜。他把平息动乱的希望全寄托在统治者身上,自己却感到无能为力,只能陷入无尽的痛苦忧愁中。从这层意义上说,杜甫诗不像李白诗,他的岳州诗缺少那种积极进取、昂扬向上的盛唐精神,就像一个生命垂危的老人,虽然对生命无比热爱,却无力抗拒悲剧命运的发生。

另外,李、杜二人的岳州诗在艺术风格及诗歌语言上也有一定的相异性,前人已于此多加论述,因此不再赘述。

李、杜二人的岳州诗所呈现出的不同特色主要是由于诗人禀性存在着差异,诗人的气质、才情、思想观念及对生活态度有所不同引起的。但无论怎样,他们二人对唐岳州诗歌发展的贡献是不可磨灭的。正如《唐才子传》所说:"观李、杜二公,崎岖板荡之际,语语王霸,褒贬得失,忠孝之心,惊动千古,骚雅之妙,双震当时,兼众善于无今,集大成于往作,历世之下,想见风尘。惜乎长辔未骋,奇才并屈,竹帛少色,徒列空言,呜呼哀哉!"[③]

3. 刘长卿及部分大历诗人的岳州诗歌

刘长卿,字文房,河间人。开元二十一年进士。至德中,为监察御史。因事贬南巴尉,大历中以检校祠部员外郎为转运使判官,知淮南鄂岳转运留后。由

① (后晋)刘昫.旧唐书[M].中华书局,1975:5053.
② (宋)欧阳修,宋祁等.新唐书[M].中华书局,1975:5763.
③ 傅璇琮主编.唐才子传校笺[M].中华书局,1987.1:396、397.

于鄂岳观察使吴仲孺诬奏，被贬为播州南巴尉。官终隋州刺史，世称刘随州。刘长卿"以诗驰名上元、宝应间"①，权德舆曾称他为五言长城。皇甫湜亦云："诗未有刘长卿一句，已呼宋玉为老兵矣。"

刘长卿岳州诗作较多，共49首，其中作于岳州的有22首。他的岳州诗歌创作可分两个阶段。第一阶段是贬南巴期间创作的岳州诗歌。乾元至上元年间，刘长卿在贬往南巴及获赦北归途中，均经岳州，作下了不少诗。南巴地处黔中道的播州，在唐时可以算是荒僻之地了，这一时期他的诗多写迁谪之苦、离别之情。他乾元二年秋赴南巴途中作的《寄万州崔使君》就是这样一首诗：

时艰方用武，儒者任浮沉。摇落秋江暮，怜君巴峡深。丘门多白首，蜀郡满青襟。自解书生咏，愁猿莫夜吟。

万州在山南东道，此处离岳州较近，当诗人抵达岳州时，想起了被贬万州的崔令钦，于是写下了这首诗。诗前两句为激愤之辞，在这万方多难的时刻，真是"百无一用是书生"。接下来是对秋景的描写，文人自古喜欢悲秋，在贬谪途中诗人想到了两人同贬于蛮荒之地，而自己贬所更为遥远，而且是在白首之年，于是不禁忧从中来，发出了"愁猿莫夜吟"的哀求，诗人在对朋友的哀怜中引发了自己内心更大的悲痛。除了这首诗外，他还写下了《晚次湖口有怀》《赴巴南书情寄故人》《秋杪江亭有作》《却赴南邑留别苏台知己》《同姜浚题裴式微余干东斋》《南楚怀古》《入桂渚次砂牛石穴》《湘中忆归》等诗篇来抒发他的贬谪之悲。

贬谪时心情是落寞悲凄的，回归时自另有不同心情。上元二年春，刘长卿于北归道中作了《弄白鸥歌》："泛泛江上鸥，毛衣皓如雪。朝飞潇湘水，夜宿洞庭月。归客正夷犹，爱此沧江闲白鸥。"诗中虽然流露出了隐逸倾向，但从情感基调上看，此诗一扫他贬南巴时的悲怨之气，将回归时的主观意绪通过江上白鸥表现出来，显得空灵而富于朝气。

第二阶段是大历六年至大历九年间，刘长卿在鄂岳转运留后任上，创作了大量岳州诗歌，其中大历六年至大历七年出使湖南，途经岳州，是他创作岳

---

① (唐)纪有功.唐诗纪事[M].中华书局，1965：395.

州诗歌最多的时候。相比起贬南巴时状况，此时条件得到了较大改善，因而体现在诗中的情感也出现了细微区别。下面是他大历八年前后作于岳州的一首送别诗：

洞庭波渺渺，君去吊灵均。几路三湘水，全家万里人。听猿明月夜，看柳故年春。忆想汀洲畔，春伤心向白苹。(《送李侍御贬郴州》)

与他贬谪南巴时相比，诗的主体风格没有多大变化，但诗中情感却发生了转移。贬南巴时，不管是送别诗还是唱和诗，诗人总能把客观景物与诗人主观意绪相融合，以表达他孤寂凄苦情怀。此诗意境依然写得幽怨感伤，但诗人主体情感徘徊于诗体之外，幽怨感伤意境都是替朋友而设的，诗人与友人之间不再具有共鸣因素，因而这些诗都是在替人作诗。

诗人这一时期还作了四首与二妃相关的诗篇，他是以二妃为题材创作诗歌最多的诗人，如：

帝子不可见，秋风来暮思。婵娟湘江月，千载空蛾眉。(《湘妃》)

苍梧千载后，斑竹对湘沅。欲识湘妃怨，枝枝满泪痕。(《斑竹》)

这些诗写出了二妃的幽怨迷惘和无望，意境凄迷幽寂。在以二妃为题材的诗歌中，这几首均可算上乘之作。但这些诗缺少变化，这也是刘长卿诗歌的通病，高仲武在《中兴间气集》中说他“大抵九首以上，语意稍同，于落句尤甚，思锐才窄也”[①]，很是中肯的。除此之外，刘岳州诗中也较少反映时事的诗篇，他留下的30多首诗歌，除乾元二年秋赴南巴途中作《寄万州崔使君》“时艰方用武，儒者任浮沉”和大历八年前后作于岳州的《重阳日鄂城楼送屈突司直》“今日关中事，萧何共尔忧”两处稍作提及外，再很难见到他反映时事及下层老百姓生活的诗篇，与李杜诗相比，这不能不算是一个较大缺陷。

除刘长卿外，还有一批活跃于大历诗坛，留下岳州诗作的诗人。他们是李华、李希仲、韦应物、张谓、皎然、李嘉佑、皇甫曾、钱起、韩翃、独孤及、郎士元、皇甫冉、褚朝阳、蒋冽、韦建、顾况、耿湋、戎昱、卢纶、李端、司空曙、崔峒、元

---

① 傅璇琮编.唐人选唐诗新编[M].陕西人民教育出版社，1996：502.

结、张继等。与刘长卿相比，这些诗人的岳州诗歌在题材上更狭窄幽深，情感更感伤落寞，表达方式更幽微内敛，意象选择上更纤弱灰暗。他们的诗关注个人狭小天地与亲情友情，实际上也是从另一侧面反映了社会的动乱，他们也是社会历史的记录者，虽不如李、杜深刻，却也能于细微处摇动人心。

4. 张志和和他的岳州词

这一时期，岳州诗歌中出现了第一首词，即张志和的《渔父歌》（青草湖中月正圆）。不少人认为，张志和作《渔父歌》在湖州，实际上张志和《渔父歌》非作于一处。唐人朱景玄在《唐朝名画录》中说："张志和或号烟波子，常渔钓于洞庭湖。"①

从他的作品也可推断，前四首主要作于吴越处的湖州磁湖镇道士矶，即张志和所说的西塞山前。但其五"青草湖中月正圆，巴陵渔父棹歌连。钓车子，橛头船，乐在风波不用仙"应作于岳州，故君山上仍有张志和钓鱼台遗址。另外《颜鲁公集·逸诗存目》云："公与陆鸿渐、徐士衡、李成矩共和玄真子（张志和）《渔父词》共二十五首。今惟志和词存，见《续仙传》。"②《全唐诗补编》收录了的 15 首词，系张志和同时诸人的唱和词，其中有两首写岳州洞庭渔父的，可能就是与张志和《渔父歌》唱和的词：

洞庭湖上晓风生，风触湖心一叶横。兰棹快，草衣轻，只钓鲈鱼不钓名。

冲波棹子橛头船，青草湖中欲暮天。看白鸟，下长川，点破潇湘万里烟。

从这些资料可以看出，张志和是到过岳州的。他的《渔父歌》（青草湖中月正圆）是岳州诗歌中的第一首词，也是岳州诗歌中第一首专写渔父的诗。

张志和，字子同，婺州金华人。16 岁时举明经。肃宗时待诏翰林。《新唐书·隐逸传》载："后坐事贬南浦尉，会赦还，以亲既丧，不复仕，居江湖，自称烟波钓徒。"③由此可见，在张志和年少时，是春风得意的。他之所以隐居不复仕，表面原因是"以亲既丧"，而真正原因恐怕是官场上受挫。再加上他受家世影

① （唐）朱景玄撰，温肇桐注.唐朝名画录［M］.四川美术出版社，1985：35.

② 陈尚君等辑.全唐诗补编［M］.中华书局，1992：531.

③ （宋）欧阳修，宋祁等.新唐书［M］.中华书局，1975：5608.

响很大,“父游朝,通庄、列二子书,为《象罔》《白马证》诸篇佐其说”。[①]自己本人也“著《玄真子》,亦以自号”,“志和又著《太易》十五篇,其卦三百六十五”,所以他受道家思想影响很深。在官场受挫的情况下,他的出世思想占了上风,于是便过起了浪迹渔樵的生活。他所作的五首《渔父歌》就流露出全身远祸、悠然自得的闲适心情。他以隐居生活和龌龊黑暗的官场相对抗,以抒发自己在官场上不得志的抑郁情怀。另外,当时社会环境不断恶化,也使张志和不愿复出。安史之乱平定后,藩镇间战乱仍不断,宦官专权和朋党之争也开始出现,不断恶化的政治环境更坚定了张志和远离官场的决心。

张志和的这首《渔父歌》在唐岳州诗歌中有重要意义。首先,它是唐岳州诗歌中出现的第一首专咏洞庭的词。在张志和之前,还没有一首词专门来描写洞庭湖的,即使在诗歌中,以隐逸为题材的岳州诗也不多见。而自此之后,歌咏洞庭的词开始逐渐增多,五代牛希济有《临江仙》(洞庭波浪飐晴天)。至两宋时,咏洞庭之词更多,据统计,在《全宋词》中,洞庭一词出现99次之多,更出现了像张孝祥《念奴娇》(过洞庭)等优秀词作。更重要的是,这些咏洞庭词大多受张志和词影响,歌咏隐逸生活的词占到了45%左右。张志和之词,可谓意义重大。

其次,这也是岳州诗歌中第一首以渔父为题材的词,被称为“渔父”词之祖。渔父作为一个完整的人物形象,最先出现在《楚辞》中,是一个“不凝滞于物,而能与世推移”[②]的人物,是作为屈原的对立面出现的。这个形象虽然与张志和《渔父歌》中的形象无本质区别,也得到了后世一些人的认同,然而却不是作者所赞同的人物。而出现在张志和《渔父歌》中的渔父不仅是一个举世高蹈的隐者,而且这个隐者与词的作者在精神本质上完全合而为一。至此,渔父形象才成为一个完全值得肯定的人物形象。渔父从此以一种新的面貌进入文学作品中,成为了许多文人喜爱的文学形象。

再次,就张志和本人而言,他也丰富和发展了岳州诗歌中的隐者形象。在张志和之前,就出现了不少隐者,如伯夷、叔齐、长沮、桀溺等。但这些隐者好似天生就是一个隐士,缺少性格的变化,未若张志和作为隐士一样有血有肉。

---

① (宋)欧阳修,宋祁等.新唐书[M].中华书局,1975:5608.

② (宋)洪兴祖补注.楚辞补注(四库全书)[M].上海古籍出版社,1987:212.

由一个有隐逸思想的人成为一个真正意义上的隐士，张志和大致经历了三个阶段。张志和“十六擢明经，以策干肃宗，特见赏重”[①]。可见，张志和并不是一个天生的隐逸诗人。然而，受家世的影响，张志和具有了隐逸思想，这是第一阶段。在官场上受打击后，张志和决定隐退，于是乘丧亲之机，从官场上退了下来，过起了闲适自在的隐居生活。但此时的他依然和一些官场上的朋友相往来。张志和“每垂钓不设饵，志不在鱼也”，这很容易让人想起庄子钓于濮水之事，也许张志和确实有志于山水；但也令人想起吕尚“以渔钓奸周西伯”[②]的故事。他垂钓不设饵，到底是彻底放弃了功名心还是在等待时机，谁也难以证实。在这个阶段中，他的思想依然在左右徘徊。他可能在等待最佳复出时间，只是一直没有等到而已。在这段时间里，“兄鹤龄恐遁世不还，为筑室越州东郭”[③]，以词招之：

乐是风波钓是闲，草堂松径已胜攀。太湖水，洞庭山，狂风浪起且须还。(《和答弟志和渔父歌》)

张志和在其兄劝说之下，在越州东郭住了一段较长的时间。然而，这一切并没有吸引他，他离开了他所熟悉的人，而不知所终。“(张志和)兴趣高远，人不能及。宪宗闻之，诏写真求访，并其歌诗，不能致。后传一旦忽乘云鹤而去”。[④]最终，他成了一个不留姓名和事迹的真隐者。从张志和的生平可以看出，作为隐者，张志和并不是天生不食人间烟火的人物，而是一个富有情感的诗人。他由仕而隐的整个过程都是那样地贴近人的生活，因而使得他比其他隐者更易为人接受。

从主观意图上看，张志和“只钓鲈鱼不钓名”[⑤]，而客观上，他当时名声已非常大，引起了最高统治者的注意。“尝撰《渔歌》，宪宗图真求其歌，不能致”，也就是说，张志和虽不想钓名而名声却自来。李德裕称他是“渔父贤而名隐，

---

① (宋)欧阳修，宋祁等.新唐书[M].中华书局，1975:219.

② (汉)司马迁.史记[M].中华书局，1959:1499.

③ (宋)欧阳修，宋祁等.新唐书[M].中华书局，1975:5608.

④ 傅璇琮主编.唐才子传校笺[M].中华书局，1987，(1):695-696.

⑤ 陈尚君等辑.全唐诗补编[M].中华书局，1992:539.

鸱夷智而功高，未若玄真隐而名彰，方而无事，不穷而达，其严光之比欤”。他因隐而成名，这一点，正是后世文人所羡慕的地方。

总地看来，在唐岳州诗歌史上，张志和是第一个把初盛唐隐逸思想变为真正的隐逸行动的诗人。他作于岳州的《渔父歌》(青草湖中月正圆)不仅影响着唐代岳州诗歌的发展，而且对唐后岳州诗歌的发展也有重要影响。自此，岳州诗歌中具有真正意义上的隐逸诗篇开始发展起来了。

三

面对巨大的社会动乱，第二阶段中的诗人或被激起爱国热情，或感叹生命之脆弱，或干脆把自己关闭起来，过起了一种隐居生活。不管是李、杜、刘长卿或大历十才子，都拿不出具体的办法来应对这场动乱，他们在动乱面前显得束手无策，动乱带给他们的徒有忧伤而已。在当时情况下，他们也缺乏参政的条件。李林甫与杨国忠当权之时，多重吏能之辈而轻儒者，儒者以俳优蓄之。杨被诛后，以文学著称的宰相房琯在陈陶、青坂之役中大败，再次证实了在动乱之时任用儒者的不恰当。“时艰方用武，儒者任浮沉”，体现了当时文学之士的地位。正因缺乏参政条件，所以体现在岳州诗中的杀敌与报国就给人以不切实际的感受。随着动乱平息后部分岳州诗人回归京都及李、杜相继逝世，岳州诗歌又陷入了短暂的沉寂期。

(一)第三阶段政治环境对岳州诗歌的影响

从建中元年(780)到会昌六年(846)是唐岳州诗歌发展的第三阶段，这一阶段前后跨66年。与前一阶段相比，本阶段诗歌受政治环境因素影响较大。

安史之乱平息后，经过肃宗、代宗数十年的东征西讨，虽然外族入侵与各藩镇反复情况时有发生，但社会大动乱已逐渐平息。德宗继位初年，曾是一位有作为的皇帝，据《旧唐书》载：“德宗皇帝初总万机，励精治道。思政若渴，视民如伤。凝旒延纳于谠言，侧席思求于多士。”[①]政局的好转和皇帝的励精图治激起了士人参政的热情。这一时期，韩愈贞元八年进士，白居易贞元中擢进

① (后晋)刘昫.旧唐书[M].中华书局，1975:400.

士第,刘禹锡贞元九年擢进士第,元稹贞元年间15岁明经及第,柳宗元贞元九年20岁登进士第,张籍贞元十五年登进士第,吕温贞元末擢进士第。这些中唐时著名的岳州诗人,都在贞元年间及第,且及第年龄多在30岁以下,元稹尤为年轻,仅15岁。年轻及第无疑激起了他们强烈的斗志,他们不再满足于做一个文学之士,而想凭自己才能在政治领域有一番作为。

顺宗继承皇位后,果断任用王叔文等人实行变法。但变法一开始,便呈露出败相,"时上久疾,不复延纳宰臣共论大政。事无巨细皆决于李忠言、王伾、王叔文。物论喧杂,以为不可"。而这些人又多为新进,在朝中无甚根基,反对之人极多。刘禹锡、柳宗元就是在这样知其不可而为之的情况下,以极大的热情参与了这场政治革新,造成了具有悲壮意义的人生。变法以"八司马"被贬或被杀而结束,刘禹锡被谪为朗州司马,柳宗元被谪为永州司马。他们大部分岳州诗歌就是作于永贞元年至元和十年这段时间。

继承皇位的是宪宗,据《新唐书》卷七载:"宪宗刚明果断,……自吴元济诛,强藩悍将皆欲悔过而效顺。当此之时,唐之威令几于复振。"[①]这样又重新激起了文人的参政热情,元稹与白居易在这一时期登上了政坛。但后期的宪宗开始骄奢淫逸,不听谏言。元和十年,宰相武元衡被刺,白居易立马上疏缉拿凶手,权贵恶其非谏官而言事,于是贬为江州司马。元和十四年,由江州司马升忠州刺史,途经岳州。长庆二年,由忠州刺史改杭州刺史,七月末经岳州,在途中作下了大量岳州诗。元稹也是在元和年间在贬谪途中作下岳州诗歌的。

其后穆宗、敬宗较昏庸,然在位时间总共才七年。文宗的继位,使士人们重新燃起了希望,元稹、白居易、刘禹锡、李德裕等在这一时期都有所作为。然而这一时期皇权与宦权严重对立,文宗分别在大和五年和大和九年谋除宦官,但两次都因计划不周而夭折,结果反为宦官所控。尤以大和九年"甘露之变"为惨痛,前后死者达1000多人,虽白居易、刘禹锡等远离了这次事变而没受害,但一些中小诗人如卢仝、舒元舆等人就死于这次事变之中。事变之后,政权基本为宦官把持。其后继位的武宗仍能"继元和戡乱之功"[②],然而,武宗

① (宋)欧阳修,宋祁等.新唐书[M].中华书局,1975:219.

② (后晋)刘昫.旧唐书[M].中华书局,1975:610.

在位仅六年，唐宣宗继位后，唐王朝江河日下，一蹶不振了。

总观这一时期的政治，皇帝大多在继承皇位之初能够励精图治，举贤授能，因而取得了一定成绩。特别是在宪宗时期任用裴度为相，一度出现过元和中兴的局面。但受到安史之乱重创后的唐王朝，始终难以恢复到以前繁盛局面了，中唐时期士人们为中兴唐王朝所做的一切努力，在藩镇割据、宦官专权、朋党之争及皇帝反复无常、昏明交替中化为泡影。但他们这种知其不可而为之的革新精神、积极的参政意识，在唐代诗人中别具一格。可以这样说，在岳州诗人中，初唐文人大多为个人一己之利去参政。盛唐安史之乱前文人为实现个人理想而参政，盛唐后期文人则呈现出茫然心态。只有中唐时文人，他们用自己的激情与热血为挽救唐王朝衰败命运而作不懈努力，这是一批不屈的诗人，他们以切实的爱国行动为岳州诗歌谱下了悲壮的篇章。

（二）本阶段岳州诗歌发展概况

本阶段是岳州诗歌的变化期，从表 2–3 的统计可以看出本阶段岳州诗歌创作情况：这一时期创作岳州诗歌的诗人共有 63 人，创作诗歌总数为 280 首，其中作于岳州的诗歌有 99 首；这一阶段人均创作诗歌仅 4.44 首，为四个阶段中人均诗歌创作最少的阶段；虽创作诗歌 10 首以上的有 7 人，与第二阶段相比仅少一人，但存诗 40 首以上的无一人；这一阶段年均诗歌数为 4.24 首，仅为第二阶段的三分之一左右，年均诗人数为 0.95 人，不及第二阶段的二分之一。从这些统计可以看出，本阶段唐岳州诗歌明显呈分散趋势。其原因有两个方面：首先，这一时期贬官于岳州的虽有四人：源休、程异、建封素、谭元澄，但他们四人均没留下一首岳州诗歌。其次，这一时期的湖湘籍作家也无一人，本土作家群还没有形成。这样导致了本阶段岳州诗歌创作更为零散化，它不像第一阶段只有一个中心，也不像第二阶段有多个中心存在，它几乎处于一种无核心状态，这种无核心状态便是这一阶段岳州诗歌的主要特点。

（三）本阶段代表性作家和他们的岳州诗歌创作

根据具体创作情况，可以把这一时期诗人分为三类，一是贬谪诗人，这类诗人大多贬于江南西道（但非岳州）、剑南道和黔中道，他们在贬谪途中途经岳州，这类诗人包括杨凭、韩愈、柳宗元、刘禹锡、吕温、元稹、白居易、李涉、李绅等人。第二类是流寓、官宦（非贬谪）诗人，这类诗人构成情况较为复杂，他们或在青壮年时游历岳州,或为探亲访友而停留岳州,或赴任途中经过岳州,或直接在岳州任职,这类诗人有李益、杨凝、权德舆、陈羽、孟郊、张碧、沈亚之、戴叔伦、窦常、张籍、殷尧藩、朱庆余、窦庠等人。第三类是隐逸诗人,他们是施肩吾、周贺、张祜、雍陶、李涉等人,这些诗人也算不上真正的隐逸诗人,他们大多仅具有隐逸思想而非隐逸行动。施肩吾可算得上一个真正的道士,但也曾于元和十年登第。再加上这类诗人存诗较少,个性特征不太明显,因而在下文中放入第二类诗人中论述。

1. 贞元、元和贬谪诗人和他们的岳州诗歌

总观这一阶段贬谪诗人和他们的岳州诗歌的创作,会发现许多共同特点:

首先,永贞革新对这一时期贬谪诗人影响极深。永贞革新虽仅持续了几个月,但它却诏告诗人,面对困窘重重的唐王朝,诗人不应当只生活在忧虑之中,而应有所作为。革新虽然很快失败了,然而它在短时间内带来的巨大改观连对革新持否定态度的韩愈也不得不承认。其后的元和君臣,虽然废除了部分革新内容,但却继承了永贞精神。即使是久处贬谪之地的刘禹锡与柳宗元,这种精神依然存在。下面是柳宗元的《汨罗遇风》:

南来不作楚臣悲,重入修门自有期。为报春风汨罗道,莫将波浪枉明春。

这是元和十年柳宗元从贬谪地返京途中过汨罗时所作,经历了十年的谪居生活,也没有消磨这种精神。更为重要的是,革新失败后,虽然贬谪了一批人,除王伾死于贬所、王叔文被杀外,其余只是贬于蛮荒之地。有些人还陆续回到了朝廷,如程异"叔文败,坐贬岳州刺史,改郴州司马。元和初,……擢为侍御史,复为扬子留后,累检校兵部郎中、淮南等五道两税使"[①],在贬所时间就极短,从贬所回归的程异,依然持有革新精神:"江淮钱谷之弊,多所铲革。"后来"入为太府少卿、太卿,转卫尉卿,兼御史中丞,充盐铁转运副使"。柳宗元则直接把永贞革新措施带到了柳州:"柳州土俗,以男女质钱,过期则没入钱主,宗元革其乡法。其已没者,仍出私钱赎之,归其父母。"刘禹锡后来也回到了朝中。继位后的宪宗仍然能够任用一些文人参与政权,白居易、元稹等在踏

① (后晋)刘昫.旧唐书[M].中华书局,1975:3738.

入政途中仍然持有积极用世的精神。因此，从总体上看，革新失败并没使士人思想消沉，反而激起了他们的斗志。

其二，这一历史时期岳州诗歌的情感倾向与安史之乱后的岳州诗歌有所不同。前一时期的岳州诗歌充满着凄苦之音，诗人心中有一种深沉的忧虑感。本阶段的诗歌中多刚健激越之音，这种刚健激越之音来自于他们自身健全的人格与崇高的理想，如韩愈“德宗晚年，政出多门，宰相不专机务，宫市之弊，谏官论之不听。愈尝上章数千言极论之，不听，怒贬为连州山阳令，量移江陵府掾曹”。他谏迎佛骨，更是惹得宪宗大怒：“愈言我奉佛太过，我犹为容之。至谓东汉奉佛之后，帝王咸致夭促，何言之乖剌也？愈为人臣，敢尔狂妄，固不可赦。”由此可见其耿直性格。而刘禹锡“元和十年，自武陵召还，宰相复欲置之郎署。时禹锡作《游玄都观咏看花君子诗》，语涉讥刺，执政不悦，复出为播州刺史”。柳宗元则在刘禹锡出为播州刺史时“请以柳州授禹锡，自往播州”。至于白居易，《新唐书》对其人品更是赞不绝口：“观居易始以直道奋，在天子前争安危，冀以立功，虽中被斥，晚益不衰。当宗闵时，权势震赫，终不附离为进取计，完节自高。……呜呼，居易其贤哉！”[①]元稹在青年时代也以人品著称。而李绅“东归金陵，观察使李錡爱其才，辟为从事。绅以錡所为专恣，不受其书币，錡怒，将杀绅，遁而获免”。[②]“逢吉欲用僧孺，惧绅与德裕沮于禁中。……乃以吏部侍郎韩愈为京兆尹，兼御史大夫，放台参。知绅刚褊，必与韩愈忿争。制出，绅果移牒往来，论台府事体。而愈复性讦，言辞不逊，大喧物论，由是两罢之。愈改兵部侍郎，绅为江西观察使。”由此可见，李绅和韩愈在性格上非常相似。“凭工文辞，少负气节，与母弟凝、凌相友爱，皆有时名。重交游，尚然诺”。吕温与王叔文、柳宗元、刘禹锡善，但“然性多险诈，好奇近利，与窦群、羊士谔趣尚相狎”，是这个群体中唯一人品上有问题的人，但他去世之后，衡州、道州之民都为之哭泣。

这些诗人有个共同特点，想通过自身努力来改变唐王朝日渐衰颓的命运。但封建社会具有不可克服的致命弱点——帝王权力具有无限膨胀性：国

---

① (宋)欧阳修.宋祁等.新唐书[M].中华书局，1975：305.

② (后晋)刘昫.旧唐书[M].中华书局，1975：4397.

势越强大，帝王支配权力的欲望也就越大。由于缺乏对权力的有效监督，所以很多帝王取得一定成就后，往往变得穷奢极欲、刚愎自用、任人唯亲、刻薄寡恩。就统治时间较长的德宗与宪宗看，都有这个共性。再加上帝王的更替与权臣弄权，决定了那些性格耿直、不善钻营的文人在进入仕途之后不可能一帆风顺，当他们的言行危及君权或有妨君权无限扩大时，就会成为君主或弄权小人的眼中钉，会想尽一切办法把他们从眼前拔去。

这一时期的岳州诗人几乎都是在这种情况之下贬往岭南道或江南西道的，他们在贬途中或回归途中经过岳州时创作了大量岳州诗歌。他们把自己激越刚愤之情寓于岳州诗歌之中。如韩愈贞元十九年贬阳山令过岳州所作的《岳阳楼别窦司直》："前年出官由，此祸最无妄。公卿采虚名，擢拜识天仗。奸猜畏弹射，斥逐恣欺诳。新恩移府庭，逼侧厕诸将。于嗟苦驽缓，但惧失宜当。"德宗贞元二十年移江陵法曹参军所作《赴江陵途中……三学士》："孤臣昔放逐，血泣追愆尤。汗漫不省识，恍如乘桴浮。"以及贞元二十一年二月二十四日赦自南方，俱徙掾江陵，作于郴州的《八月十五夜赠张功曹》："同时辈流多上道，天路幽险难追攀。"从这些诗句中，可以看出诗风的激越、刚健与孤愤。

与刚健激越诗风相对应的是诗歌形式的转变。小巧的诗歌形式适于表现人物内心情感刹那间的触动。对于这一时期的贬谪诗人而言，他们到达岳州的心情是复杂的：有对前路的恐惧与担忧、对朝政黑暗的激愤、对流离失所的百姓的同情、对时间流逝而功业无成的焦叹以及心中还有些许回归的愿望。所有这些情感交织在一起，用小巧的诗歌形式很难表达出来。因而这一时期，大量长篇巨制的岳州诗篇开始出现，窦庠有《酬韩愈侍郎登岳阳楼见赠》，韩愈有《岳阳楼别窦司直》《八月十五夜赠张功曹》《洞庭湖阻风赠张十一署》等，白居易有《自蜀江至洞庭湖口有感而作》《东南行一百韵》等，刘禹锡有《韩十八侍御见示岳阳楼别窦司直诗，因令属和重以自述，故足成六十二韵》《洞庭秋月行》等。这些长篇的出现，固然还有其他因素，但最主要原因是其承载容量大，很适合于这一时期诗人情感表达的需要。因而在岳州诗歌史上，第一次出现如此多的长篇诗歌。

再有，这一时期贬谪诗人对北归不再怀太高期望，因而在诗中表现出异常冷峻的风格。虽然这一时期贬杀诗人较少,但较著名的诗人大多贬于蛮瘴之地,他们在这些贬谪之地,不仅要忍受着"下床畏蛇食畏药,海气湿蛰熏腥臊"(《八月十五夜赠张功曹》)等自然条件带来的痛苦,而且前途渺茫、回归希望遥遥无期。据《旧唐书》载:"左降官韦执谊、韩泰、陈谏、柳宗元、刘禹锡、韩晔、凌准、程异等八人,纵逢恩赦,不在量移之限。"因而他们的岳州诗歌除呈现出激越刚健之风,还表现出一种冷峻的风格。不仅刘、柳是这样,韩愈、元稹、白居易也是这样,这从韩愈自阳山徙掾江陵过洞庭时所作的《洞庭湖阻风赠张十一署》可以看出:

十月阴气盛,北风无时休。苍茫洞庭岸,与子维双舟。雾雨晦争泄,波涛怒相投。犬鸡断四听,粮绝谁与谋。相去不容步,险如碍山丘。清谈可以饱,梦想接无由。男女喧左右,饥啼但啾啾。非怀北归兴,何用胜羁愁。云外有白日,寒光自悠悠。能令暂开霁,过是吾无求。

诗中除了表现旅途之艰、自然条件恶劣及诗人难以抑制的忧愁外,还写到了自己"非怀北归兴",居然没有想到要返回朝廷。再看韩愈作于岳州的《湘中酬张十一功曹》《晚泊江口》等诗,也没一首表现回归的愿望。刘禹锡的《洞庭秋月行》《君山怀古》《望洞庭》,白居易的《自蜀江至洞庭湖口有感而作》《题岳阳楼》,元稹的《鹿角镇》《洞庭湖》《岳阳楼》《遭风二十韵》等岳州诗歌,多为他们前往贬谪或回归途中所作,他们的这些诗和韩愈诗歌一样,也没一首表现回归的愿望,这不能不说是一个较为奇特的现象。

初盛唐的岳州诗几乎每首都含有回归愿望,为什么此时的诗人却表现如此冷峻,似乎要与朝廷决裂呢?原因是他们大多因直道而贬谪,如元稹"奉使东蜀,劾奏故剑南东川节度使严砺违制擅赋,又籍没涂山甫等吏民八十八户田宅一百一十一、奴婢二十七人、草千五百束、钱七千贯。时砺已死,七州刺史皆责罚"①,"浙西观察使韩皋封杖决湖州安吉令孙澥,四日内死。徐州监军使孟升卒,节度使王绍传送升丧柩还京,给券乘驿,仍于邮舍安丧柩。稹并劾奏以法"。元稹后来遭受贬谪,从表面上看是因一些小事,而实际上是因其刚直

① (后晋)刘昫.旧唐书[M].中华书局,1975:4331.

性格而得罪了权贵，权贵欲除之而后快。

而白居易被贬谪，则更显得难为人接受，“十年七月，盗杀宰相武元衡，居易首上疏论其冤，急请捕贼以雪国耻。宰相以宫官非谏职，不当先谏官言事”。就这件事而言，白居易无任何私心，完全是为国事而担忧，但“会有素恶居易者，掎摭居易，言浮华无行，其母因看花坠井而死，而居易作赏花及新井诗，甚伤名教，不宜置彼周行。执政方恶其言事，奏贬为江表刺史”，“诏出，中书舍人王涯上疏论之，言居易所犯状迹，不宜治郡，追诏授江州司马”，一下由京官贬至了地方司马，在江州司马任上长达四年之久，直至元和十四年，才由江州司马升迁忠州刺史。

由此可看出，无论是韩愈、刘柳还是元白的贬谪，并不是由于自身人品原因，而是受到当权者的排挤与打压。而且他们被贬之时，朝政大多又重新陷入了较混乱状态中，所以在他们诗中，更多的是表现一种激愤之情，而对于朝政，则感到绝望。如韩愈在永贞元年在岳州三江口所作的《晚泊江口》就是这样：

郡城朝解缆，江岸暮依村。二女竹上泪，孤臣水底魂。双双归蛰燕，一一叫群猿。回首那闻语，空看别袖翻。

诗人选取暮村、二妃、屈原、蛰燕、哀猿等令人伤感的意象，来表达直行而受打击的痛苦。而白居易的《题岳阳楼》则是由江州司马升迁忠州刺史而作的，是一首回归诗，然而他的情感比初盛唐人的回归诗要深沉得多：

岳阳城下水漫漫，独上危楼倚曲栏。春岸绿时连梦泽，夕波红处近长安。猿攀树立啼何苦，雁点湖飞渡亦难。此地唯堪画图障，华堂张与贵人看。

正因为他们直道而行被贬谪，朝政也日益为朋党把持，朝廷中的斗争非常激烈，所以他们对于自己被贬谪后的前途，认识非常清醒，诗中缺少回归时的喜悦心情。

诗人在贬谪途中内心痛苦的体验非常深刻，以至若干年后还忘不了这种焦虑与痛苦。白居易就在多年后向朋友诉说其这种内心痛苦：

我说南中事，君应不愿听。曾经身困苦，不觉语叮咛。烧处愁云梦，波时忆洞庭。春畬烟勃勃,秋瘴露冥冥。春蚋经冬活,鱼龙欲雨腥。水虫能射影,山鬼解藏形。穴掉巴蛇尾,林飘鸩鸟翎。飓风千里黑,𦶟草四时青。客似惊弦雁,舟如委浪萍。谁人劝言笑,何计慰漂零。慎勿琴离膝,长须酒满瓶。大都从此去,宜醉不宜醒。(《送客南迁》)

这是一首送别诗,送客南迁按常理应在诗中多劝慰对方,使对方明白南迁后还是有回归希望的。但他似乎忘却了是在送别,也忘记了送人南迁应当说些什么言语才合适,结果一首送人南迁的诗却写得悲悲啼啼,如若不是切身体会,是不会写得如此感伤的。

2. 流寓、官宦、隐逸诗人和他们的岳州诗歌

这些诗人构成成分复杂,但他们有一个共同特征:他们与政治关系远不如贬谪诗人紧密,相对远离了国家政治权力中心。他们到达岳州并非遭受了严重的政治打击,因而在他们诗中的激愤之语减少。虽然宪宗朝出现了短暂中兴局面,但唐王朝并不太平。特别是宪宗之后,政局更是恶化。这使得一些尚未进入国家权力中心的诗人对自己的政治前途没有抱过多的热情。同时,由于位卑职小,他们对现实对民生的关注也要比第一类诗人少:

一径逗霜林,朱栏绕碧岑。地盘云梦角,山镇洞庭心。树白看烟起,沙红见日沉。还因此悲屈,惆怅又行吟。(张祜《洞庭南馆》)

汉阳无远寺,见说过汾城。云雨经春客,江山几日程。终随鸥鸟去,只在海潮生。前路逢渔父,多愁问姓名。(雍陶《岳阳晚景》)

这些诗歌虽抒发了诗人愁闷的心情,但言语之中,对当政者并无过分激愤之情。因为他们长期游离于政治权力中心之外,因而较少受到当政者直接迫害。他们的诗歌,多以自我为中心,把个人局限于一个狭小范围之内,而较少旁及与政治相关的国家大事。

但岳州并非京都,经济、政治、文化相对而言仍较落后,他们在饱览湖光山色同时,也遭受着冷雨凄风之苦。于是描写自然山水和抒写旅途空寂孤怨便成了他们诗歌的主题。万物有情皆含泪,在他们诗中,自然山水成了寄托内心愁怨的载体:

越风东南清，楚日潇湘明。试逐伯鸾去，还作灵均行。江蓠伴我泣，海月投人惊。失意容貌改，畏途性命轻。时闻丧侣猿。一叫千愁并。（孟郊《下第东南行》）

虽然他们饱尝仕途奔波或羁旅行役之苦，这一批诗人也没有完全绝望，他们以中唐人特有的务实精神为实现自己理想而奋斗，写下了一些富有个性的诗篇：

十年蹭蹬为逐臣，鬓毛白尽巴江春。……策马前途须努力，莫学龙钟虚叹息。（李涉《岳阳别张祜》）

据《唐才子传》载："（李涉）未几，以罪谪夷陵宰，十年蹭蹬峡中，病疟成痼，自伤羁逐，头颅又复如许。后遇赦得还，赋诗云：'荷蓑不是人间事，归去长江有钓舟。'遂放船重来，访吴楚旧游，登天台石桥，望海得风水之便。挂席浮潇、湘、岳阳，逢张祜话故。"[①]两个不幸的人意外相逢又旋即话别，本是一件令人十分伤心的事，但诗人却以"策马前途须努力，莫学龙钟虚叹息"结尾，从令人伤感的离别中跳离出来，体现了一种积极、乐观、顽强不屈精神风貌。

另外，岳州也是一个人文历史丰富的地方，不少诗人把眼光注视到了这里。因而他们创作的岳州诗中，登临怀古之作较多，如朱庆余的《题娥皇庙》、陈羽的《湘妃怨》等。

值得一提的是这一时期还有不少诗人创作了一些带有传奇或神仙鬼怪性质的诗歌，如沈亚之《湘中怨》、关盼盼的三首《燕子楼》、洞庭龙君吟唱的《宴柳毅诗》、水府君的《与郑德璘奇遇诗》、龙女的《感怀诗》、巴陵馆鬼留下来的《柱上诗》等，这些诗歌的出现是唐中叶市民文学和商业文学崛起的反映，是文学发展到一定阶段必然的产物。这些诗歌大多把现实中人物与虚构人物结合起来，使现实生活中人进入文学作品中，以增加文学的真实性。另外，表现在这些诗歌中的思想形态异常复杂，反映了唐中叶后随着王权的不断削弱，意识形态领域的控制也开始松动了。

① 傅璇琮主编.唐才子传校笺[M].中华书局，1989，(2)：301-306.

四

从大中元年(847)至天祐四年(907)是唐岳州诗歌发展的第四个阶段,也是岳州诗歌的转型期。此时的唐王朝终于进入了不可挽回的没落阶段。但这一阶段的岳州诗歌并没有随着唐王朝的没落而没落,相反,随着新的积极因素的注入,它依然焕发出新的活力。

(一)本阶段岳州诗歌发展概况及发展原因探析

据表 2-3 统计,这一时期创作岳州诗歌的诗人 93 人,创作诗歌 432 首,在四个阶段中都居于首位;作于岳州诗歌有 174 首,在四个阶段中居于首位;到达岳州人数有 50 人,也在四个阶段中居于首位;年均诗人数为 1.55 人,年均诗歌数为 7.2 首,居于第 2 位;人均诗歌数为 4.65 首,居于第 3 位。从这些数据可以看出,唐岳州诗歌经过三个阶段的发展再次迎来了创作的高峰。

为什么在如此糟糕的政治环境下岳州诗歌会全面发展呢?这还得从当时政治环境说起。僖宗乾符元年,濮州人王仙芝聚集数千人起义。乾符二年,冤句人黄巢聚众响应王仙芝起义。在朝廷内部,更有田令孜专权,挟持皇帝、欺凌群臣,南衙北司之间势同水火。唐天复四年,朱温使朱友恭、蒋玄晖等杀了昭宗。唐天祐四年,朱温即帝位,延续了 289 年的唐王朝被朱温篡夺。由此可见从大中元年至天祐四年,唐王朝局势更为混乱,边患、宦官专权、藩镇战乱愈演愈烈。

但这些战乱和政治权力的角逐大多发生在北中国,在江南特别是岳州,是相对安定的。仅天复三年荆南节度使成汭与淮南将李神福战于君山,败死,后来马殷攻取岳州这一事件影响较大。岳州政治军事的相对安定、人文历史的丰富、湖光山色的秀美,再加上所处地理位置的特殊(在政治军事混乱的情况下可以进退自如),使得这里成了官宦文人喜爱的地方。他们来到这里,畅怀抒情、咏史怀古,歌咏这里的湖光山色,岳州成了他们心灵休憩的最好场所。这也是这一阶段岳州诗歌得到长足发展的第一个原因。

其次,这一时期岳州诗歌的发展与江南地区特别是湖湘地区文化水平的提高有很大关系。中唐以前江南中进士者极少,刘、柳、韩、白等人贬谪南方,他们好为人师，广收弟子，促进了湖湘文化水平的提高，很多人开始对科举感兴趣。从表 2-3 统计可以看出：在大中元年前 228 年中，创作岳州诗歌的湖湘籍诗人无一人。而在唐王朝的最后 60 年里，却出现了 7 位湖湘籍诗人。他们是澧州人李群玉、李宣古，邵阳人胡曾，益阳人齐己，长沙人曾弼，湘中女子，湘阴人任炰，他们创作了诗歌 92 首，占这一时期诗歌总数的 21.3%。在最后一个时期，湖湘诗人终于以独立的姿态，开始登上唐代诗歌的大舞台，并为岳州诗歌的发展做出了突出贡献。

（二）本阶段的岳州诗歌的特征

这一时期的诗歌呈现出自己特色。首先，虽然诗人诗歌在五个阶段中都居于第一位，但人均诗作仅 4.65 首，居于第三位，诗歌继续呈现出分散趋势。存诗 10 首以上的诗人仅 9 人，他们是吕岩、薛莹、罗隐、温庭筠、杜牧、许浑、贾岛、李群玉、齐己。如果除去两位湖湘籍作家李群玉、齐己，分散趋势就更为明显。这种趋势出现的最主要原因是：虽然这一时期的诗人多，但大多是中小作家，他们创作的诗歌数量、质量上都难以和李、杜、白、韩等人相比。另外，也正因为他们多为中小作家，所以很难形成一个创作中心，缺乏一种向心力，作家与作家之间多缺乏联系，除几个湖湘籍作家外，他们创作的岳州诗歌没有明显的群体特色，这种分散趋势因而又呈现出零散化。

第二，诗歌题材上少羁旅行役之作，而多送别、交游唱和、咏史怀古、山水楼台隐逸之作。据统计，这一时期羁旅行役诗有 34 首，在本阶段中，这类题材诗歌数量排在第六位。交游唱和、赠友送别、咏怀抒情、咏史怀古、悼亡游仙的题材相对而言较多。这一时期诗人生活在一个万方多难的时代里，这使他们对那个时代失去了信心。频繁的战乱、屡试不中的科举、长期沉沦下僚的悲惨境遇时刻折磨着他们进取的心，最终使得他们不得不服从命运的安排。他们不愿意在诗中表现太多的磨难，于是寄情山水，咏史怀古。在诗歌中他们忘怀现实，在山水自然、历史陈迹中去释放那颗被压抑得快要破碎了的心，并希冀从中得到解脱。

另外，宴会与朋友之间的交游唱和也成了他们生活中少有的乐趣，这一阶段中，这类诗歌多达 95 首，这类题材成了他们最喜爱的题材。然而，有欢聚就有离别，也有死亡，他们在离别与死亡面前变得异常脆弱。“此路千余里，应劳楚客吟”(许浑《送客归湘楚》)、“遥知不语坐相忆,寂寞洞房寒烛微”(赵嘏《洞庭寄所思》)、“灵均如可问,一为哭清湘”(马戴《送客南游》)、“千里同来不同去,莫惊愁泪溅离杯”(李郢《早春送友人归江南》)、“从此蜀江烟月夜,杜鹃应作两般声”(裴澈《悼孟昭图》),从这些诗歌中,我们仿佛见到了诗人们感伤而脆弱的心。这两类诗歌在这一时期有 108 首,由此可见这类情感在当时的普遍性。

第三,此时的诗歌普遍呈现出一种卑弱的人格和衰飒诗风,诗中缺乏初盛唐那种对功名事业追求的进取心及关心民瘼、热爱家国的情感,也缺乏中唐时的那种锐意改革的热情。他们的诗中多残阳、斑竹、凄风、苦雨、黄叶、归雁等意象。他们中间很大一部分人受着科举的折磨,如贾岛、温庭筠、陆龟蒙、曹唐、李山甫、胡曾都深受科举之害。而曹松的境遇更为凄惨,“光化四年,……与王希羽、刘象、柯崇、郑希颜同登第,年皆七十余矣,号为‘五老榜’”[①]。更有大量诗人长期屈于幕府或任地方官,李商隐、喻凫、赵嘏、项斯、崔橹、贾岛、温庭筠、刘沧、许棠就是这样。由于长期饱受心理和生理上的双重折磨,他们原来希冀改变自身及国家前途命运的豪情壮志逐渐泯灭,最终不得不服从于命运的安排。这种卑弱人格发而为诗,便呈现出了衰飒的诗风。因而在这一阶段中,再也见不到孟浩然“气蒸云梦泽,波撼岳阳城”及杜甫“吴楚东南拆,乾坤日夜浮”那样雄壮的诗句了。而同样写洞庭湖的诗句,在元稹和许棠手中就不一样:

人生除泛海,便到洞庭波。驾浪沉西日,吞空接曙河。虞巡竟安在,轩乐讵曾过。唯有君山下,狂风万古多。(元稹《洞庭湖》)

惊波常不定,半日鬓堪斑。四顾疑无地,中流忽有山。鸟高恒畏坠,帆远却如闲。渔父闲相引,时歌浩渺间。(许棠《过洞庭湖》)

从这两首诗的对比可以看出,这一阶段中诗风与前几个阶段诗风有多么大的不同。

这种衰飒之气不仅表现在艺术风格上,也表现在艺术形式上,这一时期的诗歌多小巧玲珑的形式,很少出现长篇之制,因为这种小巧的诗歌形式更容易表现人物内心稍纵即逝的情感。这一时期的诗人选择这种小巧的诗歌形

① 傅璇琮主编.唐才子传校笺[M].中华书局,1990,(4):417.

式，恰到好处地表现出了他们内心隐微的感情，因而这一时期诗歌多绝句、律诗之作。

（三）湖湘诗人群的岳州诗歌创作

湖湘籍诗人在本阶段独放异彩，与这一时期的其他诗人相比，最具特色的是他们独特的人格魅力。在唐王朝最后60年时间里，大多数诗人在特殊的社会氛围中形成了卑弱的人格，但这批湖湘籍诗人不同，在元人辛文房《唐才子传》里，李群玉、李宣古、胡曾、齐己四人列有小传：

群玉，……清才旷逸，不乐仕进，……亲友强之赴举，一上即止。裴相公休观察湖南，厚礼延致之郡中，尝勉之曰："处士被褐怀玉，浮云富贵，名高而身不知，神宝宁久弃荒途，子其行矣。"①

宣古，……工文，极俊，有诗名。性谑浪，多所讥诮。……竟薄命无印绶之誉，落莫自终。

齐己，……七岁颖悟，为大沩山寺司牧，往往抒思，取竹枝画牛背为小诗。耆夙异之，遂共推挽入戒。……性放逸，不滞土木形骸，颇任琴樽之好。

曾天分高爽，意度不凡，视人间富贵亦悠悠。遨历四方，马迹穷岁月，所在必公卿馆谷。上交不谄，下交不渎，奇士也。……惜其才茂而身未颖脱，痛哉。

这些湖湘籍诗人的共同特点是恃才傲物，不乐仕进，视富贵如浮云，追求一种独立的人格。他们为了保持独立人格或不愿赴举，或讥诮权贵，或隐形山水饱览形胜。与同一时期诗人相比，显然人格更令人钦佩。

这一切影响着他们岳州诗歌的创作，使他们的诗歌呈现出鲜明的特色。这种特色主要表现在以下三个方面：

首先，诗歌中体现了他们独特的人格魅力。他们受传统湖湘文化特别是屈原的影响很深，在诗中多吊古抒怀之作。

襄王不用直臣筹，放逐南来泽国秋。自向波间葬鱼腹，楚人徒倚济川舟。（胡曾《汨罗》）

落日倚阑干，徘徊汨罗曲。冤魂如可吊，烟浪声似哭。我欲考鼋鼍之心，烹

① 傅璇琮主编.唐才子传校笺[M].中华书局，1990，(3)：388-392.

鱼龙之腹。尔既啖大夫之血,食大夫之肉。千载之后,犹斯暗伏。将谓唐尧之尊,还如荒悴之君。更有逐臣,于焉葬魂。得以纵其噬,[恣](咨)其吞。(齐己《吊汨罗》)

从这两首咏史怀古诗中可以看出,屈原正直人格对他们影响很深,同时他们也意识到在乱世之中要想实现自己理想是不可能的,因而他们在怜悯、同情、钦佩屈原的同时,却没有学习屈原的行为处世方式。他们把屈原的正直人格和渔父的处世方式相结合起来,形成了他们独具特色的人格魅力。他们的岳州诗歌中多体现这种独特的人格魅力,齐己的《渔父》就是这样:

夜钓洞庭月,朝醉巴陵市。却归君山下,鱼龙窟边睡。生涯在何处,白浪千万里。曾笑楚臣迷,苍黄汨罗水。(齐己《渔父》)

其次,他们热衷于描写湖湘地区人文历史和自然风光,岳阳楼、君山、洞庭湖等经常出现在他们的诗中:

楚色笼青草,秋风洗洞庭。夕霏生水寺,初月尽云汀。棹响来空阔,渔歌发杳冥。欲浮阑下艇,一到斗牛星。(李群玉《湖阔》)

汗漫铺澄碧,朦胧吐玉盘。雨师清滓秽,川后扫波澜。气射繁星灭,光笼八表寒。来从云涨迥,路上碧霄宽。(《中秋维舟君山看月二首》之一)

在他们的笔下,这些自然景物是他们心灵休憩的场所,他们长期劳累奔波于外,当看到家乡的自然景物时,心中自然不免有一种亲切感,他们用优美的笔调把所见所闻记录下来,在这里他们找到了心灵的港湾。除自然景物外,家乡的人文历史也成了他们笔下经常歌咏的对象,除了屈原之外,二妃也成了他们笔下常出现的形象:

黄陵庙前春已空,子规啼血滴松风。不知精爽归何处,疑是行云秋色中。(李群玉《题二妃庙》)

虞舜南捐万乘君,灵妃挥涕竹成纹。不知精魄游何处,落日潇湘空白云。(胡曾《湘川》)

他们不厌其烦地歌咏着二妃的凄美爱情，特别是李群玉，“归湘中，题诗二妃庙，是暮，宿山舍，梦二女子来曰：‘儿娥皇、女英也，承君佳句，徽珮将游于汗漫，愿相从也。’俄而影灭。群玉自是郁郁，岁余而卒。”[①]段成式为诗哭曰：“曾话黄陵事，今为白日催。老无男女累，谁哭到泉台。”(《哭李群玉》)他与二妃的故事更成了后人传颂的一段佳话。但二妃毕竟是舜的妃子，李群玉的这种行为，反映了唐王朝后期整个社会思想禁锢的松放。

虽然在本阶段中其他客籍诗人也喜欢用二妃形象入诗，但他们眼中的二妃形象与湖湘籍诗人眼中的二妃形象有所不同。在他们眼中，二妃不仅仅是爱情力量的化身，更是眼泪的化身。在二妃的身上，凝聚着他们自身的血泪。相比其他客籍诗人眼中的二妃形象，湖湘籍诗人诗中的二妃形象更着眼于爱情本身，而较少深刻含义。

再次，诗歌呈现出“清”的特色。无论是李群玉、齐己，还是其他湖湘籍诗人，他们的诗歌中都呈现出“清”的特色，这种清的特色主要表现在诗歌语言的清纯、描写对象的清凄、诗歌风格的清冷。下面是他们的诗歌：

已觉秋空极，更堪寥泬青。只应容好月，争合有妖星。耿耿高河截，翛翛一雁经。曾于洞庭宿，上下彻心灵。(齐己《秋空》)

雨过琉琉宫，佳兴浩清绝。松风冷晴滩，竹路踏碎月。月波荡如水，气爽星朗灭。皓夜千树寒，峥嵘万岩雪。后山鹤唳断，前池荷香发。境寂凉夜深，神思空飞越。(李群玉《湘西寺霁夜》)

在他们诗中，多是如冰的秋色、孤雁、寒涛、松风、唳鹤等，境界的清空丝毫不逊于贾岛。他们诗中所体现的这种特色首先来源于他们孤高耿直的性格。他们这群人，就如同诗中的景物一样，在经过社会的重重磨难之后，身上的热度全都冷却了下来。这种孤傲的性格发而为诗，自然呈现出一种清冷、幽寂的特色。其次，这也是大的社会环境使然。在如此社会环境之中，要实现个人的理想简直是不可能的，与其碰得头破血流，还不如把自己封存包裹起来，避免受到外界的刺激。特别是甘露之变后，他们强烈意识到从政的高度危险

① 傅璇琮主编.唐才子传校笺[M].中华书局，1990，(3)：394-395.

性，如果不慎，随时都会有失去生命的可能。天祐二年朱温以“浮薄”为名，贬逐大批朝官。李振认为他们自称清流，应该投入黄河，使成浊流，于是杀被贬的30余人于白马驿，投尸于河，这更是对文人生命的直接威胁。在如此恶劣的政治环境下，湖湘籍诗人的渔父情节便开始占据上风。

虽然在这一阶段中，湖湘籍诗人表现最为突出，呈现出鲜明的个性。但他们并没有独立于整个群体之外，他们仍然与其他诗人有许多相同的地方。这种相通之处主要表现在两个方面：一是诗中送别、交游唱和诗多，情感基调与其他岳州诗人一致。我们比较一下他们的诗：

凄凄霜日上高台，水国秋深客思哀。万叠银山寒浪起，一行斜字早鸿来。谁家捣练孤城暮，何处题衣远信回？江汉路长身不定，菊花三笑旅萍开。（李群玉《九日巴丘杨公台上宴集》）

无辞一杯酒，昔日与君深。秋色换归鬓，曙光生别心。桂花山庙冷，枫树水楼阴。此路千余里，应劳楚客吟。（许浑《送客归湘楚》）

从这些诗歌可以看出，李群玉与许浑的诗在本质上没有什么不同，这些诗都表现了对朋友怀才不遇的同情，对朋友分别时的安慰及对朋友前程的担忧。在他们的这些送别诗中，少了初盛唐送别诗中那种激昂向上的精神，也少了中唐时人的那种激切愤恨情感，因而诗的格调显得低沉，充满着无限的伤感。

另外，湖湘籍诗人也像其他诗人一样，很少对时事战争描写。综观湖湘籍诗人的这些诗歌，没有一首诗写战争时事的，他们对时局的冷漠，达到了令人吃惊的程度。文人全身远祸的思想深入到了这一阶段中绝大多数岳州诗人的心中。

（四）唐后岳州诗歌发展概况及走向

从梁太祖开平元年（907）至后周太祖显德七年（960），岳州诗歌创作进入衰落期。表2-3统计显示，在53年时间里有岳州诗人29人，诗歌43首，人均1.48首，年均诗歌0.81首，这一时期的诗人数、诗歌总数、人均诗歌数、年均诗歌数与唐代四个时期相比，都居于末尾。这些都表明岳州诗歌的发展重新进入了一个沉寂期。五代岳州诗歌相对沉寂有以下几点原因：首先，这一时期的29个作家，以中小作家为主，缺乏创造力强的大作家出现，这导致了他们留下的岳州诗歌相应减少。其次，这一时期的诗人除杨夔是江南人外（不一定是湖湘诗人),找不出一个湖湘籍诗人,本阶段没有产生具有较大影响力的本土诗人。从作家是否到过岳州来看,这一时期的29位诗人中,到过岳州的仅9位,正因为这一时期到过岳州的诗人较少,他们对岳州地区的风土人情及人文历史缺乏深入了解,所以在他们的诗歌中,较少涉及与岳州相关的内容。

除了上面这些原因外,政治上的原因也是造成这一阶段岳州诗歌相对沉寂的原因。唐天复三年,马殷割据湖南。907年,后梁封他为楚王。马殷死后,他的几个儿子相互争斗,政局混乱,951年被南唐攻灭。但南唐灭楚不久,楚将刘言又起兵击败了南唐军,继续据有湖南。以后刘言被他的部下杀死,周行逢和他的儿子周保权又先后统治湖南,后为北宋所灭。割据政权的形成,对岳州诗歌影响巨大,一方面,它限制了文人行动自由,使得文人相对集中于政治军事较为稳定的南唐和西蜀。另一方面也迫使本土文人从战乱较为频繁之地迁往到较为安定的政权之中。对于楚而言,它处于吴、南唐、西蜀和中原王朝的包围之中,马殷虽然厚重、沉毅,但也只能借助中原力量维系自身存在。岳州所处之地更是战略要冲,随时都可能遭遇战争。因而,不仅外地文人不愿进入岳州地区,而且本地文人也可能流入南唐和西蜀,这样使得楚地文化与江南其他政权相比要落后些。马殷死后,政局极度混乱,岳州成了战火频起的地方,文学的发展更不值一提。

这一时期的岳州诗歌也发生了一些新变,呈现出了一些新的特征。最突出的是体现在诗中的诗人的人生观开始发生改变,爱国思想与忠君思想非常薄弱。这一时期很少有诗人为国而死,合则留,不合则去,没有人会对他们朝秦暮楚的行为加以鄙弃。他们在诗歌中也会为自己的行为进行辩护:

屈平若遇高堂在,应不怀沙独葬鱼。(江文蔚句)

烟冷暮江滨,高歌散诞身。移舟过蓼岸,待月正丝纶。亦与樵翁约,同游酒市春。白头云水上,不识独醒人。(李中《渔父》)

从这两首诗歌对屈原的处世方式及人格的否定,我们可以大致窥视到那个时代文人和知识分子的整体精神风貌。可见,五代十国时期的岳州诗歌是唐岳州诗歌的尾声,唐岳州诗歌经过200多年的发展之后,重新陷入了发展的低谷。岳州诗歌要继续向前发展,必须注入新的时代内容。北宋时期,随着民族矛盾的加剧，爱国主义情感得到了增强。滕子京重修岳阳楼、范仲淹题记强化了这种爱国情感，此后，岳州诗歌再次进入了一个新的发展阶段。

以上两章主要从文化背景、地域特征、题材内容、发展阶段、审美艺术等方面分析了唐岳州诗歌。从地域角度看唐岳州诗歌，它可分为岳阳楼诗歌、君山诗歌、屈子诗歌和洞庭湖诗歌。由于地域特征的不同和对古代文化吸收上的差异，使得岳阳楼诗、君山诗、屈子诗在题材内容、情感表达方式、主体风格及语言方面有所不同。虽然岳阳楼诗、君山诗和屈子诗在许多方面具有相异性，但它们依然是一个不可分割的整体，洞庭湖诗歌就是联系它们的纽带，如果把岳州诗歌比作一个巨大的旋涡，那么洞庭湖诗歌就是这个旋涡的中心，岳州其他诗歌都紧紧围绕这个中心在旋转。

从唐岳州诗歌的发展阶段看，岳州诗歌的发展与当时重大历史事件紧密联系。虽然唐朝前期近百年时间岳州诗歌发展缓慢，但张说的到来，推动了岳州诗歌的发展，他也成了唐岳州诗歌史上写作岳州诗最多的诗人。李、杜在安史之乱后流寓于岳州洞庭一带，他们创作的岳州诗歌代表着唐岳州诗歌的最高艺术水平。贞元元和年间，经过岳州的贬谪诗人较多，他们大多因直道而行被贬，他们创作了大量的回归诗，这些回归诗呈现出异常冷峻的风格，诗风与前几个阶段明显不同。大中元年后，唐岳州诗歌进入转型期。这一时期岳州诗歌创作上最大的特色是出现了湖湘籍诗人群，他们以独特的人格魅力创作了大量的岳州诗歌，他们热衷于描写湖湘地区人文历史和自然风光，所作诗歌大多呈现出“清”的特色。但他们受时代影响，并没有独立于整个群体之外，他们仍然与这一时期其他诗人有许多相同的地方。

从唐代岳州诗歌的构成和发展轨迹可以看出，它所取得的辉煌成就，不仅唐前各朝不能比拟，就是唐后各朝也难以企及。它不仅是岳州文化史上的珍贵遗产，也是湖湘文化史上的珍贵遗产。唐岳州诗歌深厚的思想内容和独特的审美艺术成为后世文人学习的榜样。这一切成就的取得，虽然与岳州地域特征、时代背景及诗人特殊经历相关，但同时也与二妃和屈原开创的湖湘贬谪文化传统相关，正是因为有此文化背景的存在，才使得唐代岳州诗歌呈现出骚怨、爱国、悲戚等共同特征，从而引导湘北地区乃至整个湖湘地区文学的发展。

第十二章　二妃与湖湘文学精神

文学能否呈现出鲜明的地域特色与该地域的文化密切相关，积淀得越久的历史文化越能对该地域文学产生长远影响，从而形成特有的文学精神。在中国文学史上，二妃是出现得较早的文学形象，《尚书·尧典》载："帝曰：'咨！四岳。朕在位七十载，汝能庸命，巽朕位？'……师锡帝曰：'有鳏在下，曰虞舜。'……帝曰：'我其试哉。'女于时，观厥刑于二女。'厘降二女于妫汭，嫔于虞。"[①] 二女即舜帝之二妃。由二妃追舜而演绎出的"湘妃""斑竹"等意象，具有鲜明的湖湘地域特征。"湘妃""斑竹"往往又和眼泪结合在一起，和贬谪文人的生活结合在一起，从而使得湖湘文学充满骚怨精神。

一

在先秦典籍中，除屈原《湘君》《湘夫人》外，有关二妃的记载并不多见，即使是记载舜帝较多的《孟子》中也无记载，这大概与先秦时特别是父系氏族时期女性的地位相关。仅数条见存于《山海经》中：

（一）又东南一百二十里，曰洞庭之山……帝之二女居之，是常游于江渊。澧沅之风，交潇湘之渊，是在九江之间，出入必以飘风暴雨。[②]（《山海经》）

---

① （清）孙星衍.尚书今古文注疏[M].中华书局，1986：28-31.

② （晋）郭璞.山海经[M].上海古籍出版社，1987：51.

(二)大荒之中,有不庭之山,荣水穷焉。有人三身,帝俊妻娥皇,生此三身之国,姚姓,黍食,使四鸟。(《山海经》)

(三)丘方圆三百里,丘南帝俊竹林在焉,大可为舟。(《山海经》)

在先秦文献中,除《尚书·尧典》中的记载较少争议,《山海经》中的三条都存在不同的意见。如第一条中"帝之二女"就是娥皇和女英吗?不一定,郭璞就认为是天帝之二女。当然,也有人说天帝之二女就是尧之二女,但学者找不到直接相关的证据,因而有点臆测的意味。第二条似乎值得肯定,因为出现了娥皇,但娥皇是否就是二妃中间的一个?帝俊是否就是帝舜?都不能作十分肯定的回答,《帝王世纪》中就说:"帝喾……生而神异,自言其名曰'夋'。"[①]所以,郝懿行疑夋即俊也,古字通用。如果帝俊为帝喾,则第二、三条(袁珂以为竹林与二妃泣斑竹的神话传说相关)就完全与二妃无关了。

二妃的传说在汉代逐渐明晰和增多起来。首先是《史记》,《史记》中关于二妃的记载有三条:(1)众皆言于尧曰:"有矜在民间,曰虞舜。"尧曰:"然,朕闻之。其何如?"岳曰:"盲者子。父顽,母嚚,弟傲,能和以孝,烝烝治,不至奸。"尧曰:"吾其试哉。"于是尧妻之二女,观其德于二女。舜饬下二女于妫汭,如妇礼。[②](2)浮江,至湘山祠。逢大风,几不得渡。上问博士曰:"湘君何神?"博士对曰:"闻之,尧女,舜之妻,而葬此。"于是始皇大怒,使刑徒三千人皆伐湘山树,赭其山。(3)舜葬苍梧,二妃不从。《史记》关涉二妃的仍然较少,但由于《史记》影响巨大,这三条对二妃道德形象的演变起着重大作用。与《尚书》相比,第一条仅增加了"如妇礼",但这为二妃"以尊事卑"提供了想象的空间。第二条肯定了湘君为舜之妻,则湘夫人、湘灵便与二妃相关了;湘夫人葬于湘山,也与《山海经》中"又东南一百二十里,曰洞庭之山……帝之二女居之,是常游于江渊"[③]有了一定联系,这样帝之二女便是指娥皇和女英了。第三条则为悲剧形象的产生打下了基础,舜葬苍梧,二妃为什么不从,为什么又来到湘山,

① (晋)皇甫谧.帝王世纪[M].齐鲁书社,2010:11.

② (汉)司马迁.史记[M].中华书局,1982:21.

③ (晋)郭璞,袁珂校注.山海经校注[M].上海古籍出版社,1980:176.

最后又葬于湘山,这中间经历了哪些生离死别?这给后来者提供了极大的想象空间。虽然司马迁在《史记》中对二妃着笔不多,但却整合了《尚书》《山海经》及屈原作品中存在着争议的人物形象,开启了二妃形象塑造的新阶段。其后不久,刘向在《列女传》之首篇写到了“有虞二妃”,该形象具有如下特点:(1)恪守妇道。二妃下嫁给虞舜后,能够恪守女性应该遵守的道德规范。如孝敬瞽瞍、勤俭持家等。(2)以尊事卑。二妃是帝尧之二女,身份高贵,但下嫁于舜后,放下自己的身份和地位,操持好了家庭。(3)聪明贞仁。这主要体现在怎样处理舜和父母之间的关系上,二妃通过自己的聪明才智,多次化解了舜和父母之间的矛盾,解决了舜的家庭之忧。所以《列女传》后颂曰:“元始二妃,帝尧之女。嫔列有虞,承舜于下。以尊事卑,终能劳苦。瞽瞍和宁,卒享福祜。”[①]在这篇列传中,虽然也提到了“舜陟方,死于苍梧,号曰重华。二妃死于江、湘之间,俗谓之湘君”,但并没有就二妃的文学意义或文学精神作进一步发挥。

二

由于二妃与舜帝紧密联系在一起,而舜帝是中华道德文明的始祖,二妃的道德形象在秦汉时得到了充分发展,如果屈原没有作下《湘君》《湘夫人》,二妃也许会长久定格在道德范畴,她们与湖湘文学精神的形成也许就没有了任何关系。

屈原名平,与楚王同为芈姓,楚武王熊通的儿子屈瑕的后代。生活在怀王、顷襄王时。怀王时期的屈原曾有过君臣遇合。据《史记》载:“为楚怀王左徒。博闻强志,明于治乱,娴于辞令。入则与王图议国事,以出号令;出则接遇宾客,应对诸侯。王甚任之。”[②]然而由于“上官大夫与之同列,争宠而心害其能”,屈原遭到谗毁并且被疏远,从此开始了不遇期。屈原一生两次遭到流放,一次是怀王期间,因屈原主张齐楚联盟以抗秦,遭到了怀王及一批小人的反对,流放于汉北,作下了《离骚》。司马迁在《史记》中写道:“屈平正道直行,竭

---

① (汉)刘向著,张涛译注.列女传译注[M].山东大学出版社,1990:4.

② (汉)司马迁.史记[M].中华书局,1982:2481.

忠尽智以事其君，谗人间之，可谓穷矣。信而见疑，忠而被谤，能无怨乎？屈平之作《离骚》，盖自怨生也。”《离骚》中体现了强烈的骚怨精神，如“初既与余成言兮，后悔遁而有他；余既不难夫离别兮，伤灵修之数化”[①]“亦余心之所善兮，虽九死其尤未悔；怨灵修之浩荡兮，终不察夫民心”。第二次流放在楚顷襄王时，由于屈原责怪子兰（顷襄王之弟）以劝怀王入秦而导致怀王客死秦国，于是“卒使上官大夫短屈原于顷襄王，顷襄王怒而迁之”[②]。这次流放于江南，《九歌》等就作于这一时期。东汉人王逸在《楚辞章句》中说：“《九歌》者，屈原之所作也。……屈原放逐，窜伏其域，怀忧苦毒，愁思怫郁。出见俗人祭祀之礼，歌舞之乐，其词鄙陋。因为作《九歌》之曲，上陈事神之敬，下以见己之冤结，托之以风谏。”《湘君》《湘夫人》就是《九歌》中的两篇。

《史记》和《列女传》中都认定湘君就是二妃，是二妃在湖湘地区的俗称。但这带来了新的问题，湘夫人到底是谁？关于湘君、湘夫人是谁的争论极多，赵逵夫先生在《湘君、湘夫人的抒情主人公形象》中把其分为两大类、十一小类，有湘君是娥皇、湘夫人是女英的；有湘君是舜帝的、湘夫人是二妃的；还有的认为湘君、湘夫人是湘水配偶神[③]。但探讨湘君、湘夫人为谁时，不能够脱离文本，更不能脱离屈原创作《九歌》的目的。在这里，笔者认为湘君为舜帝、湘夫人为二妃。其理由如下：从文本的角度看，两诗是明显的恋情诗，从湘君、湘夫人名称看应该是一对配偶。文中表达的情感显然不是两个女子之间的思恋，故不存在湘君为娥皇、湘夫人为女英之说。其二，在《湘夫人》中，表达了湘夫人对湘君的思恋，其结尾有“九嶷缤兮并迎，灵之来兮如云”，来了很多九嶷山神，他们来迎接某人，某人是谁呢？这就是湘君，就是舜帝。司马迁《史记·五帝本纪》载：“践帝位三十九年，南巡狩，崩于苍梧之野。葬于江南九嶷，是为零陵。”[④]舜帝葬于江南九嶷，自然就成了九嶷山的保护神，所以才会有与湘夫人相约时被九嶷山神接走的情节。文本中出现的帝子是最能引起争议的，王

---

① （汉）王逸章句.楚辞章句（四库全书）[M].1781，(1).

② （汉）司马迁.史记[M].中华书局，1982：2485.

③ 赵逵夫.湘君、湘夫人的抒情主人公形象[J].北京社会科学，1987，(3)：134.

④ （汉）司马迁.史记[M].中华书局，1982：44.

逸在《楚辞章句》中解释说："帝子，谓尧女也。……言尧二女娥皇、女英，随舜不反，没于湘水之渚，因为湘夫人。"[①]而把"目渺渺兮愁予"，中的"予"理解为屈原自己，文本中原本为湘君、湘夫人的思恋变成了屈原对二妃的思恋。这样《湘君》《湘夫人》便成了不相干的篇章，这不大符合作品原意。其三，据王逸之说，屈原的这两篇文章作于沅、湘间。从屈原《哀郢》"将运舟而下浮兮，上洞庭而下江"、《怀沙》"浩浩沅湘，分流汨兮"、《涉江》"哀南夷之莫吾知兮，旦余济乎江湘"，可见其有较长时间滞留在湖湘地区，据司马迁《史记》载："于是怀石遂自沉汨罗以死。"[②]最后屈原自沉汨罗江而死。《括地志》载："黄陵庙在岳州湘阴县北五十七里，舜二妃之神。二妃冢在湘阴县一百六十里青草山上。"[③]学者根据出土文物考证，黄陵庙在今湘阴县三塘乡，距离屈子祠仅 20 余公里。显然，屈原《湘君》《湘夫人》应该是实地考证后再进行创作的。另外，黄陵庙应该是最早纪念二妃的庙。杜甫大历年间经过岳州时，作下了《湘夫人祠》一诗，诗题引《水经注》："世谓之黄陵庙"，其诗曰："肃肃湘妃庙，空墙碧水春。虫书玉佩藓，燕舞翠帷尘。晚泊登汀树，微馨借渚苹。苍梧恨不尽，染泪在藂筠。"[④]从其诗可以看出，黄陵庙是纪念二妃的，李群玉有《题二妃庙》，其诗曰："黄陵庙前春已空，子规啼血滴松风。不知精爽归何处，疑是行云秋色中。"[⑤]黄陵庙也称为二妃庙。如果按照韩愈《黄陵庙碑》载："尧之长女娥皇为舜正妃，故曰'君'。其二女女英，自宜降曰'夫人'也。"[⑥]则黄陵庙不可能称为湘夫人祠，应该称为湘君祠，因为按常理，当称大不称小。湘夫人祠之称法在杜甫前就已存在了，据《黄陵庙碑》："湘旁有庙曰'黄陵'，自前古以祠尧之二女——舜二妃者。庭有古碑，断裂分散在地。其文剥缺，考《图记》，言'汉荆州牧刘表景升之立'，题曰'湘夫人碑'。今验其文，乃晋太康九年。又其额曰'虞舜二妃之碑'，非景升立者。"也称二妃为湘夫人，《史记》中载"湘君"为帝尧之女恐怕有误，

---

① (汉)王逸章句.楚辞章句(四库全书)[M].1781,(2).

② (汉)司马迁.史记[M].中华书局,1982:2490.

③ (宋)司马光著,(元)胡三省音注.资治通鉴[M].中华书局,1956:240.

④ (清)杨伦笺注.杜诗镜铨[M].上海古籍出版社,1998:956.

⑤ (清)彭定求等.全唐诗[M].中华书局,1960:6608.

⑥ (唐)韩愈著,马其昶校注.韩昌黎文集校注[M].上海古籍出版社,1986:496.

司马迁虽也有过“窥九嶷，浮于沅、湘”，但毕竟与屈原长时间滞留沅湘一带还是有区别的。从史料来源看，湘君、湘夫人为演绎舜帝与二妃的爱情故事更为可信。

湘君不是指二妃还有一个更为重要的证据，这就是《湘君》《湘夫人》中的不遇情节。而这一不遇情节，引起了湖湘文人的共鸣，从而对湖湘文学的骚怨精神的形成起着重大影响。据王逸《楚辞章句·离骚经序》记载，《九歌》是祭祀的作品，是用来娱乐诸神的。如果联系一下湘北地区祭祀习俗，就会发现《湘君》《湘夫人》和祭祀习俗有相违背的一面。在湖湘地区，每逢重大节日要祭祀天地和列祖列宗。在不少人心中，既然是祭祀，至少在祭祀人心中神灵应该是可以请来的，但《湘君》《湘夫人》却不是这样。在《湘君》中：“鸟次兮屋上，水周兮堂下。”[①]《湘夫人》中：“麋何食兮庭中？蛟何为兮水裔？”这种反自然现象暗示了湘君和湘夫人最终都没有相遇。既然是祭祀，何以请神而神不来？这就有违祭祀的目的了。屈原之所以这样写，有以下方面原因。一是他确实是把湘君、湘夫人当作舜帝和二妃在写，既然是写舜帝和二妃，而且屈原写这两篇文章的地点，正是二妃殉情处，故《湘君》《湘夫人》是以该地民间传说为本事，并非作者完全虚构的文学作品，而其本事便是“舜葬苍梧，二妃不从”。正因为有此本事存在，决定了屈原作品中的湘君、湘夫人不能相遇。另外，任何一篇文学作品的产生，都是文人头脑中精心酝酿的结果，即使他的创作是以历史为基础。屈原的《湘君》《湘夫人》也是如此，屈原对二妃形象的塑造，虽有一定的历史依据，但更多的是依据神话（如《山海经》中对帝之二女的记载）和民间传说（如关于湘君的传说），因而有更大的想象空间，注入了作者更多的主观情志。屈原年轻时博闻强记，想改革楚国政治上的弊政，在短时间内得到楚怀王的重视，参与了政令的起草，然而，其政治主张还未得到实行，便遭到了怀王的疏远，后又两次遭受贬谪，最后自投汨罗江而死。可以说屈原的大半生都是不遇的，当他在湖湘大地上遭遇到二妃时，自然跨越时空与二妃产生了情感上的共鸣。于是，湘君、湘夫人本应该有所遇合的，但由于某些外来因素的干扰，两人无缘相会。可以说，屈原在《湘君》《湘夫人》中所写到二人的遭遇，与

① （汉）王逸章句.楚辞章句（四库全书）[M].1781，(2).

屈原自身遭遇高度契合。所以王逸说:“作《九歌》之曲,上陈事神之敬,下见己之冤结,托之以风谏。”《湘君》《湘夫人》不完全是祭歌,在这两篇文章中或多或少暗喻了作者自己政治上的遭遇和内心的忧愁。当一个人本应有所遇,但由于遭遇外在因素干扰而未遇合时,骚怨情绪便会产生,所以在《湘君》中:“捐余玦兮江中,遗余佩兮澧浦。”在《湘夫人》中:“捐余玦兮江中,遗余褋兮澧浦。”一种决绝、怨恨之情也由此产生。这种情绪与特定地域结合在一起,便会对文学乃至文学精神产生一定影响。

三

一定地域的文学,大抵由本土文学和外来文学组成。所不同的是二者所占比重的大小,由于所占比重的不同,文学会呈现出不同的色彩。如江浙地区,文化积淀较深,家族文学特征突出,文人大多热爱自己家乡,文学的本土色彩较浓;又由于江浙地区经济条件较好,可供文人享受处也甚多,即使外来文人,对江浙地区排斥也较少,所以这一地域的文学,写得比较温情、大多表现文人在该地的享乐生活。但岭南地区不同,岭南地区文化较落后,本土文人极少,而外来客籍文人较多。由于文化的未开发,文人往往对该地域充满畏惧感。如在唐代,岭南地区比较有名的文人大概只有张九龄了。他对曲江地区的描写充满温情。但张九龄不能主导岭南地区的文风,因为这里外来文人多,而且这些文人名气还比他大。刘长卿、刘禹锡、柳宗元、韩愈等人都去过岭南地区。他们的诗歌,大多写得很凄厉、悲凉,这样就决定了唐代岭南地区的文学属于悲情文学。

湖湘地区和岭南地区情况类似,也属于悲情文学,而且湖湘地区的悲情文学不仅仅只是政治、经济、交通等因素造成的,还有深层的文化原因。这种文化的源头始于舜与二妃的民间传说。据目前所存资料看,在有史书记载以前,民间传说便已存在。“舜逼尧,禹逼舜,汤放桀,武王伐纣,此四王者,人臣弑其君者也,而天下誉之。”[1]也就是说,舜之南巡是被禹所逼迫,所谓的禅让

---

① (清)王先慎集解.韩非子集解[M].中华书局,1998:406-407.

只是掩盖了事实真相的假象。这样，原有的舜帝化蛮行为变成了被逼迫离开自己的国都。这一说法有其合理性，因为舜帝南巡时已年近百岁，即使他真想南巡，禹也应该出面阻止才对，但禹却任凭舜以年迈之躯涉足蛮荒之地，其中缘由不能不令人浮想联翩。所以李白在《远别离》中写道："或云尧幽囚，舜野死，九嶷联绵皆相似，重瞳孤坟竟何是。"[①]《竹书》云："舜囚尧，复偃塞丹朱，使不与父相见。"[②]这一说法使得舜帝的故事具有了一定悲剧色彩。相比起先秦颂扬舜德的记载来说，这一说法不足为道。特别是到孔、孟时，舜帝成了道德高尚，无一点瑕疵的圣人。与舜帝相关的二妃在先秦文献中也开始出现，其中以《山海经》的记载较具文学性，"又东南一百二十里，曰洞庭之山……帝之二女居之，是常游于江渊。澧沅之风，交潇湘之渊，是在九江之间，出入必以飘风暴雨。"[③]后来在司马迁的《史记》中，也记载了湘君在洞庭湖上兴风作浪，致使秦始皇不得渡之事。应该说，这两则关于二妃的记载文学性比较强，有向文学意象转变的倾向。但两则中的二妃形象似乎有怨气，而且性情暴戾，在后世的文学作品中，二妃极少以这一形象出现。这一形象之所以难以为文人接受，主要在于其与湖湘文人的性情有相违的一面。正如前面所分析，在湖湘本土文人看来，他们热爱自己的家乡，很难接受这一形象；在客籍文人特别是贬谪文人看来，他们虽然充满怨恨，却怨而不怒。虽然《山海经》《史记》影响大，不少人物形象都转变成后世文学中的意象，但二妃这一形象在后世文学中却没有得到很好的发展。

二妃能够成为中国文学史上的一个典型形象，并且能成为代表湖湘文学精神的形象绝不是偶然的，其与屈原对二妃形象的重新塑造相关。从作品层面看，《湘君》《湘夫人》无论是其本事还是文学本身，都包含着不遇情节和骚怨精神；从作者层面看，屈原被贬谪到湖湘地区，在政治理想遭受到严重打击，其贬谪湖湘后，内心充满着骚怨精神。这种不遇情节和骚怨精神表现在屈原贬谪湖湘创作的大多数作品中，如《怀沙》："世既莫吾知兮，人心不可谓兮。

① (唐)李白著，(清)王琦注.李太白全集[M].中华书局，1977：157.

② 范祥雍订补.古本竹书纪年辑校订补[M].上海古籍出版社，2011：2.

③ (晋)郭璞，袁珂校注.山海经校注[M].上海古籍出版社，1980：176

怀质抱青，独无匹兮。伯乐既没，骥焉程兮。民生禀命，各有所错兮。定心广志，余何畏惧兮！”[①]二妃爱情上的不遇与屈原政治上的不遇有相通点，屈原的骚怨情感与二妃的幽怨情感也类同，故从作品内容和作者关系看，二者在情感契合程度上相当高。

一篇作品产生之后，能否流传，或者能否影响到后世作家的创作，在很大程度上取决于该作品是否能引起读者（包括后世作家）的共鸣。在文化产生的核心地域这种影响会更为明显，因为作家往往是应情、应景进行创作。根据相关史料记载，舜帝的南巡在渡江之后，经洞庭然后沿湘水南下，一直抵达苍梧（在今广西境内），最后崩于苍梧，葬于江南九嶷。二妃也是一样，二妃“死于江湘之间，俗谓之湘君”。二妃死后化为湘水之神，因为是湘水之神，故其传说也遍及湘水流域。从洞庭进入湘水，再沿湘水而上直至广西境内，分布着二妃祠、黄陵庙、湘妃庙、潇湘庙等与二妃相关的庙宇，可见二妃在该地域范围内影响之大。湖湘地区除北面是湖区和平原外，东、西、南三面分布着大大小小的山脉，即使是在中部，也有衡山横亘着，陆上交通极为不便，但湖湘地区水系较为发达，分布着湘、资、沅、澧四大水系，资、沅、澧三大水系主要流经湘西，沟通川、贵，在中国文学史上，除王昌龄等少数文人经历此地，很少有文人走此三条路线，因为入川、贵有比此三条路线更畅达的路线。

但湘水不同，湘水在整个唐代交通中地位重要，在唐代，要想进入岭南地区主要路线有两条，一是自鄱阳湖进入赣水，过大庾岭而到韶关，从而进入广东。一条是沿湘水或湘水支流而上进入岭南地区。相比较而言，第二条路线更为主要，这条路线主要经历的是出峡文人及大江以北从长安、洛阳南下的文人。而第一条路线主要经历的是江左一带南下岭南的文人，因而，相比较而言，第二条线路更为繁忙。以唐代为例，张九龄、张说、李白、杜甫、刘长卿、刘禹锡、柳宗元、韩愈等人都经历过这里。正如前所述，一个地区的文人主要由本土文人和客籍文人构成，在很长历史时间里湖湘地区属于落后地区，这种落后不仅仅是经济上的落后，还包括政治上的落后和文化上的落后，在政治上，从上古一直至唐代，湖湘地区从未做过全国政治中心，甚至连较有影响的

---

① （汉）王逸章句.楚辞章句（四库全书）[M].1781，(4).

局域性的政治中心都没有做过。湖湘文化虽在很长时间里属楚文化范畴，但在楚文化中的地位并不重要，文化上极为落后，本土文化缺失，其之所以能在中国文学史上占有一席之地，很大程度上取决于外来文化。以唐代为例，唐代湖湘地区本土文人屈指可数，能够在文学史上留下名字的仅李群玉、胡曾、齐己、刘蜕等数人，然而客籍文人却有张说、贾至、杜甫、刘长卿、刘禹锡、柳宗元、元结、吕温等大家。客籍文人又可以分为三类：贬谪文人、流寓文人、仕宦文人。在这三类文人中，贬谪文人最多，他们的遭遇也最凄惨，流寓文人也饱受旅途劳累奔波之苦；即使是仕宦文人，也大多是仕途不得意才至此。如张说，虽然做到了岳州刺史，但却是贬谪而来。这批客籍文人大多沿洞庭、湘水一线而行，自然受到了沿途的自然风物、风土人情的影响。湖湘地区的人文历史也会对他们产生一定影响，二妃、舜帝、屈原、贾谊，这些人文意象中都包含着不遇情节和骚怨精神，而这种不遇情节和骚怨精神正好和湖湘客籍文人特别是湖湘贬谪文人相契合，于是在他们的作品中，出现了大量的二妃意象。据统计，在《全唐诗》中“二妃”出现 33 次、“湘妃”出现 56 次、斑竹出现 60 次，如果再算上湘灵、湘君、湘夫人、帝子、黄陵庙等与二妃相关的意象，估计总数在 300 次以上。以二妃为中心，围绕着这个中心出现了一个庞大的意象群，且这个意象群与特定地域相关，大多出现在湖湘诗文中。这种以人物为中心，以特定地域为背景形成意象群的现象在中国文学史上并不多见，反映出了湖湘文学具有某种共同的创作倾向，当这种创作倾向持续数百年乃至数千年时，湖湘文学中特有的文学精神也开始形成。

这种文学精神便是湖湘文人在政治上的不遇而形成的骚怨精神。其有如下特点：(1) 借爱情上之不遇来表达政治上的不遇。如刘禹锡《酬瑞州吴大夫夜泊湘川见寄一绝》：“夜泊湘川逐客心，月明猿苦血沾襟。湘妃旧竹痕犹浅，从此因君染更深。”[①] 此诗作于开成三年，时吴士矩被流放端州。刘禹锡以“湘妃旧竹痕犹浅，从此因君染更深”，写出了吴士矩被贬的悲哀，同时触发自己身世之感（刘禹锡曾十年贬谪为朗州司马）。(2)通过二妃传达出一种幽怨或者是哀怨情绪。这与屈原贬谪湖湘之后的情感有所不同，屈原贬谪湖湘后，怨

① (清)彭定求等.全唐诗[M].中华书局，1960：4118.

楚王不明白自己的苦心，他在文中反复说“余既不难夫离别兮，伤灵修之数化”“荃不察余之中情兮，反信谗而齌怒”；对待小人更是不留情面，“惟夫党人之偷乐兮，路幽昧以险隘”“众皆竞进以贪婪兮，凭不厌乎求索”，语言里充满着激愤之情，但在湖湘文学中，文人在写湘妃过程中，用得最频繁的便是“斑竹”“泪”，相比起屈原来说，湖湘客籍文人大多在政治上不得意，有的甚至是因被贬谪、流放到湖湘地区。这些人大多政治遭遇挫折或经济上遭遇困顿。他们迫切需要在政治上有所作为，然而现实又基本上无望。他们往往通过二妃把这种情绪表达出来，但缺乏屈原直指时弊的勇气。(3)在幽怨之中包含着忠君、爱国的情感。这种忠君、爱国思想既与屈原忠君、爱国思想有一定联系，也与二妃与舜帝南巡本事有一定联系。正因为舜帝南巡，二妃追之不及，二妃于是时刻望夫、盼夫；而其夫是舜帝，是君，在古代，忠君与爱国在某种程度上是一致的，这对湖湘文人是一个启示，他们也需要借助这样的诗歌来表明自己的忠心。如邹绍先《湘夫人》：“枫叶下秋渚，二妃愁渡湘。疑山空杳蔼，何处望君王。日落水云里，悠悠心自伤。”这样的诗歌不能说没有寄托。湖湘客籍文人作品中体现的这种文学精神，甚至影响到了湖湘本土文人的创作。如李群玉《题二妃庙》：“黄陵庙前春已空，子规啼血滴松风。不知精爽归何处，疑是行云秋色中。”①

在南宋以前，湖湘文学的主导精神是骚怨精神，它反映出了该时期湖湘文学是以外来文人创作为主的文学，同时也反映出湖湘本土文学落后的现状，南宋以后，湖湘学派兴起，湖湘经济得到了一定程度发展，湖湘本土文人大量出现，湖湘文学中的骚怨精神才逐渐减弱，独立、自强的文学精神开始彰显，但文学中的骚怨精神并没有完全消失，一直影响到今天的文学创作。

---

① (清)彭定求等.全唐诗[M].中华书局，1960：6608.

附录1

舜帝法治考

一

舜帝时已有较明确的法治思想，据《尚书·舜典》载："象以典刑。流宥五刑，鞭作官刑，扑作教刑，金作赎刑。眚灾肆赦，怙终贼刑。"[①]用现在的语言解释是："舜令人把五种常用的刑法刻画下来，对于犯有五刑的人，舜帝通过'流'的方式宽宥他们。用鞭打作为官府执行刑罚的方式，用木条打作为教育其改正的刑罚，用铜可以为他们犯下的过错赎罪。因为疾苦或灾害犯下的罪行，就赦免他；依仗势力犯下过错而又不知悔改的，就当刑杀之。"从这里可以看出舜帝的法治思想与德治思想是相辅相成的。第一，把五种常用的刑罚刻画下来，公示于众。无疑对那些想犯罪或者准备犯罪的人起到某种警示作用。第二，对于因某些特殊原因而犯五刑的人，通过"流"的方式宽宥他们。第三，对于不同的人在处以五刑时，实施刑罚的方式有所不同。第四，可以通过罚金的方式减轻他们的罪行。第五，对于那些屡教不改的罪犯要加重惩罚。可见，舜帝时的刑法宽严结合，既体现了法制的威严，又体现了法制人性的一面。

《尚书·舜典》中，还有一处对五刑有记载："帝曰：'皋陶，蛮夷猾夏，寇贼奸宄。汝作士，五刑有服，五服三就。'"然而，何为"五刑"，也未有说明。《周礼·

① 周秉钧注译.尚书[M].岳麓书社，2001：8.

秋官·司刑》:“掌五刑之灋,以丽万民之罪,墨罪五百,劓罪五百,宫罪五百,刖罪五百,杀罪五百。”可见,周时五刑指墨、劓、宫、刖、杀,这是有关五刑的较早详细记载。从五刑看,墨刑是最轻的,郑玄注《周礼》云:“墨,黥也,先刻其面,以墨窒之。言刻额为疮,墨窒疮孔,令变色也。”墨刑对罪人身体并无多大影响,但在犯人的脸上或额头上刺字或图案,再涂以墨,作为受刑人的标志,而且这种标志一旦形成,便终生难以清除,故对犯人心理层面影响巨大。又郑玄注:“劓,截其鼻也。”割去鼻子,这是对身体的直接伤害。《尚书·吕刑篇》:“舜典五刑,宫。”同篇又有:“宫辟疑赦,其罚六百锾,阅实其罪。”汉人孔安国曰:“宫,淫刑也,男子割势,女人幽闭,次死之刑。”也即破坏男女的生殖功能,使之不能繁衍后代,这在古代社会,是仅次于死刑的一种刑罚。刖刑,即断足,清人段玉裁《说文解字注》说:“凡绝皆称刖。故劓下云刖鼻也。刖足则为跀。”最后才是死刑。从周代的五刑看,五刑的墨刑主要对犯罪之人心理层面进行打击,后四种则不仅从心理层面,还从生理层面对罪犯进行惩罚。这些惩罚,一旦予以实施,即使犯罪之人想改过自新,也难以重新恢复以前的身份。更有甚者,后代人为了达到惩治的目的,让犯罪之人尝遍五刑,《史记·秦始皇本纪》:“斯卒囚,就五刑。”[①]就是如此。《汉书·刑法志》:“汉兴之初,虽有约法三章,网漏吞舟之鱼,然其大辟,尚有夷三族之令。令曰:‘当三族者,皆先黥,劓,斩左右止,笞杀之,枭其首,菹其骨肉于市。其诽谤詈诅者,又先断舌,’故谓之具五刑。”[②]因为五刑极度残忍,故舜帝戒之“惟刑之恤哉”,也就是说,不是那种罪大极恶之人,不要轻易实施五刑。

《尚书·舜典》中另记载“五流”,其文载:“五流有宅,五宅三居。惟明克允!”[③]又有:“象以典刑。流宥五刑。”由于《尚书》中对“流”的记载往往出现在“五刑”前后,又唐宋以来,“五刑”之说中有“流刑”,如《旧唐书·刑法志》:“有笞、杖、徒、流、死,为五刑。”[④]流刑列在死刑之前,是一种惩罚十分严厉的刑罚。在隋唐之后,流刑还有等级制之分,有流二千里、二千五百里、三千里,

① (汉)司马迁.史记[M].中华书局,1959:272.
② (汉)班固.汉书[M].中华书局,1962:1105.
③ 周秉钧注译.尚书[M].岳麓书社,2001:11.
④ (后晋)刘昫.旧唐书[M].中华书局,1975:2136.

在时间上，也有流一年、三年、六年不等，故不少人以为，“流”在虞舜时代也为五刑之一。但是从“流宥五刑”看，如果“流”为五刑之一，五刑之一的“流”何以能宥（宽宥）五刑呢？犯了五刑的人，如果被“流”，便是得到了宽宥，则“流”显然是比五刑要轻的一种惩罚方式，它既是对五刑惩罚过于严厉的一种补充，同时又有其相对独立性。《尚书·舜典》：“汝作士，五刑有服，五服三就。五流有宅，五宅三居。”[①]五刑与五流相对提出，也可见“流”刑具有其自身的独立性。

那么，在先秦时代，流刑与后世的流刑有什么不同呢。对于“流宥五刑”，孔颖达疏曰：“流谓徙之远方，放使生活，以流放之法宽纵五刑也。据状合刑，情差可恕，全赦则太轻，致刑则太重，不忍依例刑杀，故完全其体，宥之远方，应刑不用，是宽纵之也。”可见，流刑的出现，主要是“完其全体”，这与五刑的割鼻、断足、去生殖器乃至断头有明显的不同。当一个人触犯刑法被五刑惩罚时，虽然达到了惩戒的目的，甚至某些刑法断绝了犯罪者再次犯罪的可能，但这种以暴制暴的行为并不能真正从内心转化罪犯的心理，达不到教育的目的，故在中国历史上，就有不少受过五刑的人走上了反叛的道路。诸如黥布，因受黥刑，后来揭竿而起，带领起义军进攻秦王朝，成为灭秦的一支重要力量。但虞舜时期的流刑不同，它的实施以保全躯体为前提，体现了统治者仁慈的一面，故受到流刑的人，往往会心生感激之心。《尚书·舜典》载，对待流犯，“五流有宅，五宅三居”，《唐律疏议》注解“流刑三”：“书云：‘流宥五刑。’谓不忍刑杀，宥之于远也。又曰：‘五流有宅，五宅三居。’大罪投之四裔，或流之于海外，次九州之外，次中国之外。盖始于唐虞。今之三流，即其义也。”然而，到后代，流刑发生了一些新的变法。流刑不再作为一种独立于五刑之外的刑罚存在。《隋书·刑法志》：“其制，刑名五：一曰死……二曰流刑，谓论犯可死，原情可降，鞭笞各一百，髡之，投于边裔，以为兵卒。未有道里之差。其不合远配者，男子长徒，女子配舂，并六年。”[②]到隋朝时，流刑已不是独立于五刑之外的刑罚，而是五刑之一，并且居于死刑之后。《旧唐书·刑法志》：“有笞、杖、徒、流、死，为五刑。”[③]可见，罪犯如处以流

① 周秉钧注译.尚书[M].岳麓书社，2001：11.

② （唐）魏征等.隋书[M].中华书局，1973：705.

③ （后晋）刘昫.旧唐书[M].中华书局，1975：2136.

刑,则必然要遭受笞刑。《大明律·刑律》:"谋杀人"条规定:"凡谋杀人,若伤而不死,造意者绞;从而加功者杖一百,流三千里;不加功者,杖一百,徒三年。"则把杖刑和流刑结合,故流刑依然是仅次于死刑的刑法。如此看来,至隋唐之后,虞舜时期的流刑中"宥"的一面便不复存在了。

二

对于《尚书·舜典》所载:"流共工于幽州,放欢兜于崇山,窜三苗于三危,殛鲧于羽山,四罪而天下咸服。"[①]我们现今大多理解为这是舜对"四凶"极为严厉的惩罚。事实上,宋人朱熹就曾说:"流遣之远去如水之流也,放置之于此不得他适也,窜则驱逐禁锢之,殛则拘囚困苦之,随其罪之轻重而异法也。"虽同为四凶,但处罚却各有不同。但究竟有何不同,朱熹也言之未详。但据《左传·昭公十七年》载:"共工氏以水纪,故为水师而水名。"[②]《淮南子·本经训》:"舜之时,共工振滔洪水,以薄空桑。"[③]则共工氏似为治水世家,其部落首领以共工名。但至舜时的共工,或许改变了治水方法,结果治水失败,于是被百姓认为是"四凶"之一。共工氏为治水世家,自然在百姓心中有一定威望,再加上共工(舜时)部落尚能服从于舜,故流于幽州。共工氏活动于尹洛和江淮一带,故流其于北方。欢兜也为四凶之一,欢兜又称欢头。《山海经·大荒南经》:"大荒之中,有人名曰欢头。鲧妻士敬,士敬子曰炎融,生欢头。欢头人面鸟喙,有翼,食海中鱼,抉翼而行。……有欢头之国。"[④]可见欢兜为鲧之孙。活动时间主要在尧舜禹时间。《史记·五帝本纪》载:"放欢兜于崇山,以变南蛮。"据清人王夫之《孟子稗疏》、王鸣盛《蛾术编》卷四六,崇山当在唐欢州境内,也即泗城之南(今广西凌云县和西林县一带),也有说在湖南大庸县境内的。《史记·五帝本纪》云:"昔帝鸿氏有不才子,掩义隐贼,好行凶慝,天下谓之浑沌。"或

---

① 周秉钧注译.尚书[M].岳麓书社,2001:8.

② 杨伯峻.春秋左传注[M].中华书局,1981:1386.

③ (汉)刘安撰,刘康德直解.淮南子直解[M].复旦大学出版社,2001:353.

④ (晋)郭璞,袁珂校注.山海经校注[M].上海古籍出版社,1980:387.

以为浑沌即欢兜，但此混沌生活时期不在帝舜时期，不可混同。如此看来，欢兜似是臣服于帝舜，与禹有一定关系。据《史记》载："欢兜进言共工，尧曰不可而试之工师，共工果淫辟。"其得罪在于进人不当，故放其于崇山。《说文解字》说："放，逐也。"《小尔雅》则解释为弃。《左传·宣公元年》："晋放其大夫胥甲父于卫。"可见，放也是因罪受到黜免而流于它地。所以《康熙字典》解释流时说："又放也。"可见，流和放都是同一义，故后人合之以为"流放"。

对于三苗，《尚书·舜典》载："窜三苗于三危。"[①]"窜"和"流""放"有何不同呢？《史记·五帝本纪》中记载，在尧舜时期："欢兜进言共工，尧曰不可而试之工师，共工果淫辟。四岳举鲧治洪水，尧以为不可，岳强请试之，试之而无功，故百姓不便。三苗在江淮、荆州数为乱。"三苗之罪与欢兜、共工不同，其罪责是反叛，因此罪行要大得多。那么，"窜"究竟是何意呢？《广韵》以为是："放也，诛也。"这大概是根据《舜典》中的话用互训的方式解释的。《说文》："匿也，逃也。从鼠在穴中。"这是一个典型的会意字。鼠何要逃匿于穴中？必然是受到某种外在力量的逼迫。由此可见，对于三苗的反叛，帝舜采用的方式是军事打击，用军事的力量逼迫他们离开原有的根据地，并一直追其至三危，也即西戎之地。对于三苗，舜何以不杀之，这是因为三苗是一个部落，人数众多，在当时舜可能无法一一杀之。当然，杀之也不符合帝舜以德治国的理念，以军事的力量迫使他们离开原来的地方，则不失为一种较好的方法。

那么，何为"殛鲧于羽山"？《尚书·今古文注疏》："诛，责遣之，非杀也。"朱熹也说："流遣之远去如水之流也，放置之于此不得他适也，窜则驱逐禁锢之，殛则拘囚困苦之，随其罪之轻重而异法也。"以为"殛"是拘囚困苦之义。《说文解字》："殛，殊也。"段玉裁注曰："殊谓死也……殊殺字也。……同殊。据此知古殊殺字作殊，与诛责字作诛迥别矣。"《山海经·海内经》就说："帝令祝融杀鲧于羽郊。"[②]《左传·昭公七年》也云："昔尧殛鲧于羽山，其神化为黄熊，以入于羽渊。"[③]屈原曾在《离骚》中咏道："曰鲧婞直以亡身兮，终然夭乎羽之野。"

---

① 周秉钧注译.尚书[M].岳麓书社，2001：8.

② (晋)郭璞，袁珂校注.山海经校注[M].上海古籍出版社，1980：472.

③ 杨伯峻.春秋左传注[M].中华书局，1981：1290.

从先秦的大量文献中，可以看出鲧死于羽山处，则段玉裁之说可信。帝舜何以要杀死鲧而不是宥鲧呢？《左传》说鲧“不可教训，不知话言，告之则顽，舍之则嚚，傲很明德，以乱天常”。《山海经·海内经》载：“鲧窃帝之息壤以堙洪水，不待帝命。帝令祝融杀鲧于羽郊。”[①]我们再来回顾帝舜的法治理念：“眚灾肆赦，怙终贼刑。”也就是对于依仗势力犯下过错而又不知悔改的，就当刑杀之。鲧治水多年，结果洪水滔天，导致民心大失，甚至影响到了政权的稳定。《竹书纪年·五帝纪》：“昔尧德衰，为舜所囚也。”[②]尧德衰与鲧治水不当有莫大关系。可见，鲧不听帝命又屡教不改，治水多年毫无效果，结果导致民心丧失，这才是帝舜要杀死鲧的原因。

三

《孟子·万章上》记录了孟子和万章的一段“舜封象于有庳”的探讨，现录如下：

万章问曰：“象日以杀舜为事。立为天子则放之，何也？”

孟子曰：“封之也，或曰放焉。”

万章曰：“舜流共工于幽州，放欢兜于崇山，杀三苗于三危，殛鲧于羽山，四罪而天下咸服，诛不仁也。象至不仁，封之有庳。有庳之人奚罪焉？仁人固如是乎？——在他人则诛之，在弟则封之。”

曰：“仁人之于弟也，不藏怒焉，不宿怨焉，亲爱之而已矣。亲之，欲其贵也；爱之，欲其富也。封之有庳，富贵之也。身为天子，弟为匹夫，可谓亲爱之乎？”

“敢问或曰放者，何谓也？”

曰：“象不得有为于其国，天子使吏治其国而纳其贡税焉，故谓之放。岂得暴彼民哉？虽然，欲常常而见之，故源源而来，‘不及贡，以政接于有庳’。此之谓也。”[③]

① （晋）郭璞，袁珂校注.山海经校注[M].上海古籍出版社，1980：472.

② 佚名.古本竹书纪年[M].齐鲁书社，2010：1.

③ 万丽华，蓝旭译注.孟子[M].中华书局，2006：201-202.

这是有关“舜封象于有庳”的第一次探讨，实际上也是关于法律的公平性与法律的人情性的一次探讨。在万章看来，舜封象于有庳破坏了法律的公平性；在孟子看来，则体现了法律的人情性的一面。就现在的观点看，似乎万章的观点更能为现代人接受。

但现在的问题不是探讨法律的公平性与人情性的问题，而是对“舜封象于有庳”的重新理解问题，也就是“舜封象于有庳”是否真破坏了法律的公平性问题。我们从以下三个方面来看这个问题：

一是“有庳”在哪儿？《汉书·邹阳传》：“昔者，舜之弟象日以杀舜为事，及舜立为天子，封之于有庳。”[①]颜师古注曰：“地名也，音鼻，今鼻亭是也，在零陵。”《永州府志》载：“舜封弟象于有庳，即今道州地，道州北五十里地方有庳亭，今其地有象祠，土人水旱必祷。”唐元和九年（一说元和五年）刑部郎中薛伯高刺道州时，曾毁此庙，柳宗元因此作了《道州毁鼻亭神记》来颂扬此事。此文写道：“鼻亭神，象祠也。不知何自始立，因而勿除，完而恒新，相传且千岁。”[②]据此可知，至唐时道州象祠存在已久，在汉或汉前就已存在。如有庳真在道州，则舜对象可能是放，而非后代意义上的封。因为道州地处僻远之所，为蛮族居住之地。如果舜真无惩治象之心，所封之地断无在有庳之理。《尚书·舜典》：“放欢兜于崇山。”[③]崇山一说在湖南张家界市西南，在那里现今还存有欢兜墓、欢兜屋场、欢兜庙等古遗迹。比起欢兜而言，象所封之地还在欢兜所放地之南，那这样的封还有何意义呢？或者说，与当时的“放”和“流”还有什么区别呢？

二是什么是“封”。如孟子第二种说法，是放象于有庳，那自然是无话可说。如若是封象于有庳，就会引起类似万章和孟子之间的争议。毕竟，据《孟子》中所载，象对舜的加害到了无以复加的程度，而且是一而再、再而三，属于《尚书》中所说的“怙终贼刑”之类。如果还封其于有庳，即使是僻远的南蛮之处，也会引起人们对舜执法公正的怀疑。但是，这其实是用后代的“封”代替了

① （汉）班固.汉书[M].中华书局，1962：2355.

② （唐）柳宗元.柳宗元集[M].中华书局，1979：743.

③ 周秉钧注译.尚书[M].岳麓书社，2001：8.

上古时期的“封”。自秦时起，由于推行了郡县制，皇族权力下移，许多普通平民由于军功或者其他原因，被封为侯，得到了自己的封地，这是极为荣耀之事，因为这意味着获得封地之人地位发生了巨大改变。但对于皇族而言，却并不见得有一块封地值得多么荣耀，在他们看来，这是他们理所应当获得的。封地距离都城的远近才决定他们的地位，那些封地僻远的，在他们看来，其实与流放无异。如曹魏时，黄初三年（222）四月，31岁的曹植被封为鄄城王，鄄城还不是太僻远之地，但在他的《赠白马王彪并序》中，贬谪之感是十分强烈的。《说文解字》是这样解释封的：“封，爵诸侯土也。从之从土从寸，守其制度也。公侯，百里；伯，七十里；子男，五十里。”段玉裁注曰：“从之土。从寸。……寸，逗。守其制度也。此说从寸之意。凡法度曰寸。”被封之人，大多不能随意离开自己的封地，特别是那些封地在僻远之处的诸侯，实与囚禁无异。考《尚书》中所封之人，大多是不才之人。如丹朱，据《尚书·逸篇》记载：“尧子不肖，使居丹渊为诸侯，故号曰丹朱。”《竹书》有：“昔尧德衰，为舜所囚也。……舜囚尧，复偃塞丹朱，使不与父相见也。”[①]帝舜儿子商均也是如此。可见帝舜真封象于有庳，那实际上与流、放并无多大异处，只不过用“封”比用“流”“放”声誉上好听些罢了。

三是“象”该不该杀。按后世的观点来看，象似乎应该被舜杀死，因为从历朝历代看，在皇族内部，那些曾经试图谋害过皇帝的人，其结果大多被处以极刑。但从《孟子》所载看，象之谋害舜，在舜继承帝位之前，而不是之后，因而不同于反叛。就舜登上帝位之后的所作所为看，他仅对那些危害天下百姓生存并且不知悔改的人处以极刑。象虽试图谋害舜，但是却没有成功，更主要的是，他的危害只是针对个人，而不是天下百姓。故即使象不是舜的弟弟，也不会对象处以极刑。因而，对象的处罚既体现了舜帝法治的公平性的一面，又体现了舜帝德治的一面，毕竟，从字面上看，他没有流（放）象于有庳，替他保存了一丝颜面。

理清了流、放、封与五刑的内涵，就能更好地理解舜帝法治与德治的关系，从而为当今社会的法治与德治建设提供经验和借鉴。

---

① 佚名.古本竹书纪年[M].齐鲁书社，2010：1.

附录 2
舜帝年寿考

唐代文人韩愈在《论佛骨表》中写道："昔者黄帝在位百年，年百一十岁；少昊在位八十年，年百岁；颛顼在位七十九年，年九十八岁；帝喾在位七十年，年百五岁；帝尧在位九十八年，年百一十八岁；帝舜及禹年皆百岁。"[①]从表中看出，除颛顼帝年九十八外，列举的其他帝王都在百岁以上。元人马端临在《文献通考》中也说："黄帝，……在位百年崩，年百一十岁。""帝颛顼高阳，……在位七十年崩，年百五岁。""帝尧，……在位九十八年。寿一百一十八。""帝舜，……寿一百岁。""夏禹，……在位二十七年，癸未崩，寿百岁。"韩愈、马端临关于上古帝王寿命说法虽略有出入，但都指出了他们寿命极长的特征。这并不是凭空虚构，而是源于先秦两汉时大量文献记载，现一一列举如下：

一、帝曰："咨！四岳。朕在位七十载，汝能庸命，巽朕位！"……师锡帝曰："有鳏在下，曰虞舜。"[②]（《尚书·尧典》）

二十有八载，帝（尧）乃殂落。（《尚书·舜典》）

二、舜生三十征，庸三十，在位五十载，陟方乃死。（《尚书·舜典》）

三、黄帝轩辕氏："元年，帝即位，居有熊。……一百年，地裂。"[③]

帝颛顼高阳氏："元年，帝即位，居濮。……七十八年，帝陟。"

---

① （唐）韩愈撰，马其昶校注．韩昌黎文集校注［M］．上海古籍出版社，1986：613.

② 周秉钧注译．尚书［M］．岳麓书社，2001：5.

③ 王国维．今本竹书记年疏证［M］．齐鲁书社，2010：40-41.

帝喾高辛氏:“元年,帝即位,居亳。……六十三年,陟。”

帝尧陶唐氏:“元年丙子。帝即位,居冀。……一百年,帝陟于陶。”

帝舜有虞氏:“元年己未,帝即位,居冀。……五十年,帝陟。”

帝禹夏后氏:“元年壬子,帝即位,居冀。……禹立四十五年。禹荐益于天。七年,禹崩。”(《今本竹书纪年·卷上》)

四、舜年二十以孝闻,年三十尧举之,年五十摄行天子事,年五十八尧崩,年六十一代尧践帝位。践帝位三十九年,南巡狩,崩于苍梧之野。葬于江南九嶷,是为零陵。[①](《史记·五帝本纪》)

五、故尧之禅乎舜也,如此也。古者圣人廿而冠,卅而有家,五十而治天下,七十而致政。(郭店楚简《唐虞之道》)

几乎所有相关历史文献都记载了上古帝王寿命之长,但同时也有不少史学家提出怀疑,因为先秦两汉时的这些记载偏离了生活真实。考秦以后的历代皇帝,寿命最长的是乾隆皇帝,享年八十八岁;其次是梁武帝萧衍,八十五岁;武则天八十一岁;宋高宗赵构和五代吴越武肃王钱镠两人均为八十岁。其余皇帝则均在八十岁以下。

应该说,无论是吃、穿、住、行,还是医疗条件,秦后皇帝的生活质量均应高于三皇五帝时期,他们的寿命也应高于三皇五帝时部落首领的寿命。然而,正史的记载却不是如此,三皇五帝的寿命不仅比秦后最高寿命的帝王长,而且比当代人的寿命都要高出许多,因而,可以肯定上述材料的记载有误。

据《夏商周断代工程》研究成果,西周共历十三位帝王,在帝位时间为:武王(4)、成王(22)、康王(25)、昭王(19)、穆王(55)、共王(23)、懿王(8)、孝王(6)、夷王(8)、厉王(37)、共和(14)、宣王(46)、幽王(11),帝王平均在位年数为21年,其中,穆王在位年数最长,为55年。商代共历帝王三十二位,帝王在位年数可考的有:武丁(59)、武乙(35)、文丁(11)、帝乙(26)、帝辛(30)[②],其中武丁在位最长,为59年。商王朝共历554年,帝王平均在位年数为17年。

① (汉)司马迁.史记[M].中华书局,1959:44.

② 夏商周断代工程专家组.夏商周断代工程1996—2000年阶段成果概要[J].文物,2000.

夏朝帝王在位年数均不可考，共有帝王17位，历时470年，帝王平均在位28年。夏商周三朝帝王在位时间平均为22年。如果把这一时间和最近王朝清代相比，清朝从顺治元年（1644）入关到中华民国成立（1912），共历时268年，经历了顺治、康熙、雍正、乾隆、嘉庆、道光、咸丰、同治、光绪、宣统十帝，平均在位时间为27年。这一时间和夏朝帝王平均在位时间十分接近，也和夏商周帝王平均在位时间相差不大。清朝在位时间最长的为康熙，在位61年，与夏商周时期帝王在位时间最长的武丁接近。

那么，清朝皇帝的平均寿命是多少呢？顺治（24）、康熙（69）、雍正（58）、乾隆（89）、嘉庆（61）、道光（30）、咸丰（68）、同治（19）、光绪（38）、溥仪（61），10位帝王的平均寿命为52岁。从帝王平均在位时间接近，最长在位时间接近可以推断，夏商周时期帝王平均寿命应该在42—62岁之间，而平均在位时间应在17—37年间。

禹是夏朝的开创者，也是三皇五帝中的最后一位，因而，夏商周时期，特别是夏朝，帝王的寿命及平均在位年数应该和上古帝王十分接近，但事实上如何呢？以下是依据上古史料作出的大致推断：

下面括号中第一个数是在位年数，第二个数是帝王寿命：黄帝（100，110）、少昊（80，100），颛顼（79，98），帝喾（70，105），帝尧（98，118），帝舜（50，100）、禹（27，100）。在上面列出的七位上古帝王中，平均在位时间为72年，帝王平均寿命为104岁。不管是在位时间还是平均寿命，上古帝王都令人不可思议。这与前面推断上古帝王平均寿命应在42—62岁间，平均在位时间在17—37年间有很大差距。但如果把上古帝王的平均在位时间及年寿对折，就会发现帝王平均在位时间为36年，平均寿命为52岁。此两数据，均在上面推算范围。

那么，这样把在位时间及年寿对折是否有科学依据呢？

据《尔雅》记载："夏曰岁，商曰祀，周曰年，唐虞曰载。"在这里，主要讨论"年""岁""载"三字的本意及与上古帝王年寿的关系。在甲骨文中，年有多种写法，如"[illegible]"[1]，"[illegible]"，此字由两部分组成：禾，甲骨文作"[illegible]"，另一部分"[illegible]"，在甲

① 崔恒昇编著.甲骨文词典[M].安徽教育出版社，2001.

骨文中,刀或匕均可作"□",因而,年的意思是用刀或匕(短剑之类器具)收割禾,故《尔雅》曰:"年者,取禾一熟也。"《谷梁传》曰:"五谷皆熟为有年,五谷皆大熟为大有年。"另,在甲骨文中"□"是今天的"伏"字,"禾伏"也可以表示谷物成熟。

再看岁字,它在甲骨文中有四种写法:"□""□""□""□",这四个字均由两部分组成。前两字中的"□"或"□"应为"屮"(□)字,读 chè,指草木的生长,为象形字;或作古"草"字,意思与前相差不大。"□"部或"□"部,实际上近乎戌"□"或戈"□",因而,可以把岁理解为持"□"或"□"收割(或保护)"□"或"□"。其意和"年"十分接近,这也是为什么后来"岁"和"年"通用的原因。"□"和"□"实际也是由两部分组成,"□"可能是"□"的进一步简化。"□"由"□"和"□"组成,"□"由"□"和"□"组成,"□"即戈,"□"和"□"可视为"屮"或"山"的侧倒形状,"屮"或"山"均可表示植物的生长,当其侧倒时,则表示成熟,此时以戈"□"收获之。

那么,"年"和"岁"在字义上是否完全没有区别呢?不是。在年中,仅有一"□",而在岁中则存在两个"□"或"□","□"和"□"也可视为两个侧倒的"屮"。也就是说,虽然同样是表示收获作物,但是岁却比年要多收获一次,联系到上古时期的粮食作物"黍、稷、麦、稻",双季作物有"黍""稷""麦"等,"稻"在北方为单季作物。故"年""岁"虽同样是指收获作物,但收获的作物却不同,这就是为什么会在"岁"的甲骨文中出现成对的"□"或"□",或表示两个"屮"的侧倒,也即"□"和"□",从上推测可知,"年"表示一年收获一次,"岁"表示一年收获两次,则年的时间是岁的两倍。

其实,不仅甲骨文中可以看出"岁"是收获双季作物,岁的异形字同样也表达了这种意思。"𡴘""𡵎"均为岁的异形字。其中,"𡴘"表示在一年中,"屮"可以两次生长,"𡵎" 则表示作物成熟收割后, 要用火烧两次, 也即古代的"燔",《大雅》曰:"载燔载烈。"《列女传》曰:"传火曰燔。"所以,在表示时间上,一"年"应该是一"岁"的两倍,这应该是岁的最初含义。而这种含义,应该在夏朝之前就存在着,因为到夏朝时,岁由每年收获两次的含义向收获的含义转变,这样岁便和年等同了,后来岁的后起之意一直沿用了下来,最初意却逐渐消失,所以才有了"无衣无褐,何以卒岁?"(《诗经·豳风·七月》),又有了"闵闵焉如农夫之望岁。”[①]（《左传·昭公三十二年》）另外，“岁”与“穗”音同，或许“岁”为古“穗”字，这依然与作物成熟收割有一定关系。

但令人遗憾的是，对于“载”这一唐虞时期与“年”“岁”有一定关系的字，当代学者尚未在甲骨文中找到相对应的字，我们只能从小篆中略窥一二，其小篆为“𢦏”，通过观察可以发现，“载”与“车”“戈”有关，大概有保护的意思在里面，但保护的是什么呢？小篆的载字，“⺘”部透露出了保护内容的信息，其中“丨”表示生长，“二”表示次数，故“载”的最初意与“岁”的最初意基本等同，只是后来，进行了简化，“𢦏”成了“载”，于是便具有了“年”的含义。周人在著书立说时，岁与载都具有了年的含义，于是取其衍生义而用之，这样便出现了上古帝王寿命超过百岁之说。

通过以上研究可以发现，上古帝王平均在位时间为 36 年、平均寿命为 52 岁之说是较有说服力的。

① 杨伯峻.春秋左传注[M].中华书局，1981：1517.

附录 3

历代舜文化遗迹在湖湘地区的分布

虞舜与二妃对于湖湘地区影响巨大，湖湘地区的人民也以各种方式纪念他们。舜帝南巡路线较具明确性，大致是在渡过长江后，进入洞庭湖，然后再进入湘水流域。湘水支流极其发达，其流域遍及大半个湖南，因此，与舜帝和二妃相关的遗迹遍及湖湘大地。根据《山海经》《楚辞》等记载，舜帝去世后化为九嶷山神，而二妃化为湘水之神，故湖湘民众极其崇拜舜帝与二妃。这里的一山一水、一草一木都与舜帝有密切的关系。他们还在沿洞庭湖—湘水一带修建了各种陵墓、庙宇、祠堂及众多的纪念性建筑物。从中原、巴蜀、吴越等地而来的游宦者、流寓者、贬谪者，还有湖湘地区的本土文人，在众多的舜文化遗迹的熏陶之下，创作出了动人的文学艺术作品，从而使得政治、经济落后的湖湘地区，在文化上取得了较高的成就。历代文献中有关舜文化遗迹的记载众多，从这些遗迹在时间和空间上的分布情况可以看出虞舜、二妃文化对湖湘文化影响之深远。下面从《虞舜大典》(古典文献卷)中撮其要而列之。①

先秦·佚名撰；汉·孔氏传，唐·孔颖达疏○尚书注疏·虞书

(舜)五月南巡守，至于南岳，如岱礼。

① 万里、刘范弟编撰.虞舜大典·古典文献卷[C].岳麓书社，2009.

战国·佚名撰；晋·郭璞注○山海经·中山经

又东南一百二十里，曰洞庭之山，……帝之二女居之，是常游于江渊。澧沅之风，交潇湘之渊，是在九江之间，出入必以飘风暴雨。是多怪神，状如人而载蛇。

战国·佚名撰；晋·郭璞注○山海经·海内南经

兕在舜葬东，湘水南，其状如牛，苍黑，一角。

苍梧之山，帝舜葬于阳，帝丹朱葬于阴。

狌狌知人名，其为兽如豕而人面，在舜葬西。

战国·佚名撰；晋·郭璞注○山海经·海内东经

湘水出舜葬东南陬，西环之。入洞庭下。一曰东南西泽。

战国·佚名撰；晋·郭璞注○山海经·大荒东经

帝舜生戏，戏生摇民。

战国·佚名撰；晋·郭璞注○山海经·大荒南经

南海之中，有氾天之山，赤水穷焉。赤水之东，有苍梧之野，舜与叔均之所葬也。

战国·佚名撰；晋·郭璞注○山海经·海内经

南方苍梧之丘，苍梧之渊，其中有九嶷山，舜之所葬，在长沙零陵界中。

汉·刘安撰；汉·高诱注○淮南鸿烈·修务训

舜作室，筑墙茨屋，辟地树谷，令民皆知去岩穴，各有家室。南征三苗，道死苍梧。

汉·戴圣○礼记·檀弓上

舜葬于苍梧之野，盖二妃未之从也。

汉·司马迁撰○史记·五帝本纪

三苗在江、淮、荆州数为乱。于是舜归而言于帝，请流共工于幽陵，以变北狄；放欢兜于崇山，以变南蛮；迁三苗于三危，以变西戎；殛鲧于羽山，以变东夷。四罪而天下咸服。

汉·司马迁撰○史记·五帝本纪

(舜)践帝位三十九年，南巡狩，崩于苍梧之野。葬于江南九嶷，是为零陵。

汉·司马迁撰○史记·秦始皇本纪

(秦始皇)乃西南渡淮水，之衡山、南郡。浮江，至湘山祠。逢大风，几不得渡。上问博士曰："湘君何神？"博士对曰："闻之，尧女，舜之妻，而葬此。"于是始皇大怒，使刑徒三千人皆伐湘山树，赭其山。

汉·刘向撰○列女传·有虞二妃

舜既嗣位，升为天子，娥皇为后，女英为妃，封象于有庳，事瞽瞍犹若焉。

汉·刘向撰○列女传·有虞二妃

舜陟方，死于苍梧，号曰重华。二妃死于江、湘之间，俗谓之湘君。

魏·郦道元撰○水经注·卷三十八·湘水

"湘水出零陵始安县阳海山……又东北过泉陵县西"。营水出营阳泠道县南山(案："南下"，近刻衍"流"字)，西流，径九嶷山下。蟠基苍梧之野，峰秀数郡之间，罗岩九举，各导一溪，岫壑负阻，异岭同势，游者疑焉，故曰九嶷山。大舜窆其阳，商均葬其阴。山南有舜庙，前有石碑，文字缺落，不可复识。自庙仰山极高，直上可百余里，古老相传，言未有登其峰者。山之东北泠道县界，又有舜庙，县南有舜碑，碑是零陵太守徐俭立。……零陵郡治，故楚矣，汉武帝元鼎六年，分桂阳置。太史公曰舜葬九嶷，寔惟零陵，郡取名焉。王莽之九嶷郡也。……湘水又东北，与应水合，水出邵陵县历山，崕隥险阻，峻崿万寻。澄源湛于下，应水涌于上，东南流，径应阳县南。晋分观阳县立，盖即应水为名也。应水又东南流，径有鼻墟南。王隐曰：应阳县，本泉陵之北部(按："陵"，近刻讹作"阳")，东五里有鼻墟，言象所封也。山下有象庙，言甚有灵，能兴云雨。余所闻也，圣人之神曰灵，贤人之精气为鬼，象生不慧，死灵何寄乎应水？

“又东北过重安县东，又东北过酃县西，承水从东南来注之”。承水，出衡阳重安县西邵陵县界邪姜山，东北流至重安县，径舜庙下，庙在承水之阴，……为南岳也。山下有舜庙，南有祝融冢。

“又北过罗县西，涓水从东来流注”。湘水……其水上承大湖，湖水西流，径二妃庙南，世谓之黄陵庙也。言大舜之陟方也，二妃从征，溺于湘江，神游洞庭之渊，出入潇湘之浦。潇者，水清深也。

晋·张华撰○博物志·卷八

尧之二女，舜之二妃，曰湘夫人，帝崩，二妃啼，以涕挥竹，竹尽斑。

南朝·任昉撰○述异记

舜南巡，葬于苍梧。尧二女娥皇、女英泪下沾竹，文悉为之斑。

唐·李泰撰；清·孙星衍辑○括地志·卷八

黄陵庙在岳州湘阴县北五十七里，舜二妃之神，二妃冢在湘阴北一百六十里青草山上。盛弘之《荆州记》云：青草湖南有青草山，湖因山名焉。《列女传》云：舜陟方，死于苍梧。二妃死于江湘之间，因葬焉。按：湘山者，乃青草山，山在湘水，庙近山南，故言湘山祠。

唐·李吉甫○元和郡县志·卷二十八·江南道三·岳州湘阴县

舜二妃冢，在县北一百六十三里青草湖上。

唐·李吉甫○元和郡县志·卷三十·江南道五·道州弘道县

大阳原，在县南五十步，多小斑竹，相传云舜崩之后，二妃寻湘水，以手拭泪把竹，遂成斑也。

唐·李吉甫○元和郡县志·卷三十·江南道五·道州延唐县

九嶷山在县东南一百里，舜所筑也。九山相似，行者疑惑，故为名。舜庙在山下。

宋·王存等撰○元丰九域志·卷六·荆湖路南路中·道州江华郡军事·古迹

舜陵在九嶷山女英峰下。

宋·欧阳忞撰○舆地广记·卷二十七·澧阳县

有大浮山、崇山,昔舜放欢兜于此。有澧水、涔水,涔东南流入澧。

宋·祝穆撰○方舆胜览·卷二十三·湖南路·潭州

舜溪,在衡山安上峰,相传舜因陟方过此。

宋·祝穆撰○方舆胜览·卷二十四·湖南路·道州

九嶷山在宁远县南六十里,亦名苍梧山,九峰相似,望而疑之,谓之九嶷。山有九峰,峰各有一水,四水流灌于南海,五水北注合为洞庭。其一曰朱明峰,其下湘水源。二曰石城峰,其下淹水源,女冠鲁妙典所居。三曰石楼峰,其下巢水源。四曰娥皇峰,其下池水源。五曰舜源峰,其下瀑水源,亦曰华盖,此峰最高。六曰女英峰,其下砯水源。七曰萧韶峰,其下洊水源。八曰桂林峰,其下洑水源。九曰梓林峰,其下湎水源。

斑竹岩,在营道县南五十里,多小斑竹,相传云舜葬九嶷,二妃寻湘水,以手拭泪,把竹遂成斑色也。刘长卿诗:梧桐在何处,斑竹自成林;点点流残泪,枝枝寄在心。

舜陵,或云在女英峰之下。《环宇记》云:名永陵,自古禁樵采,置守陵六户。

有庳国,舜封象于有庳,后世以道州为有庳之国始封,今失其地。唐《通典》为有鼻,柳宗元记薛伯高刺道州,斥鼻亭神事,亦有庳为有鼻云。

麓状三级,在舜庙前,萧韶峰之东北无为观后,相去十余里,古有道之士作之以栖息。

舜祠,在舜峰下。

宋·范致明撰○岳阳风土记

郭景纯谓巴陵是湘君所游处,故曰君山。《湘州记》言秦皇欲入湘观衡山,遇风涛漂溺到此山而免，因号君山。或言秦皇遭风于此，问博士曰：湘君何神？曰：尧女舜妃也，神游洞庭之湖，出入多风雨。秦皇大怒，乃赭其山。汉武帝亦发卒以射蛟。《郡国志》：洞庭山院，尧女居之，内有君山。然则君山，洞庭之分耳。《博物志》云：君山即洞庭之山，尧之二女居之，长曰湘君，次曰湘夫人。今黄陵庙，二妃庙也。

明·李贤等撰○明一统志·卷六十三·长沙府

舜二妃墓，在黄陵庙西。唐高骈诗：舜帝南巡去不还，二妃幽怨水云间；当时珠泪知多少，直到如今竹泪斑。

明·李贤等撰○明一统志·卷六十三·宝庆府

大舜庙，在府城北一里。

明·李贤等撰○明一统志·卷六十四·衡州府

舜峰山，在临武县西北二里。旧名千仞，上平而北垂，邑民避难，尝据其颠筑栅拒守。

舜庙，有二：一在衡阳县西仙上峰，宋郡守刘清之命主簿程洵重建；一在蓝山县西一十五里。

明·李贤等撰○明一统志·卷六十五·永州府

舜源水，在宁远县南六十里。源出舜源峰，流至县东西折而北，与沲、潇二水合流，至本府入湘。

帝舜庙，在府治南，世传舜巡狩曾憩于此。

帝舜陵，在九嶷山，一名永陵。太史公云舜南巡，崩于苍梧之野，归葬于零陵之九嶷。秦皇、汉武皆望祀焉。宋时禁樵采，置守陵五户。本朝载祀典，仍建庙于萧韶峰下。

有鼻墟，在零陵县，宋《类苑》云：道州、永州之间，有地名鼻亭，穷崖绝徼，非人迹可历，去两州各二百余里，舜封象于有庳，盖此地。

鼻亭祠，故址在道州城北六十里，旧传象封于此，后人祠祀之。唐刺史薛伯高毁其祠。柳宗元作《斥鼻亭神记》云：河东薛公，由刑部郎中刺道州，考民风，披地图得是祠,骇曰:象之道以为子则傲,以为弟则贼,君有鼻而天子之吏实理,以恶德而专世祀,殆非化吾人之意哉!命亟去之,于是撤其屋,墟其地,沉其主于江。

明·徐宏祖撰○徐霞客游记·卷二下·西南游日记二·湖广

二十四日。西五里为太平营,由此西北入山,多乱峰环岫,盖掩口东峰,排列为剑戟。此处诸岫如队合围,中环成洞,穿一隙入,如另辟城垣。山不甚高而窈窕回合,夹道皆宛转之洞、卓立之峰、崆峒之石,喷雪惊涛之初涨,如是十里至圣殿。圣殿者,舜陵也。予初从岐路望之,见颓垣一二楹,路复芜没,竟从其东踰岭北二里,问耕夫已过圣殿,抵斜岩矣。……益南,过永福寺故址,础石犹伟,已犁为田。又南过一溪,即潇江上流。西转,共三里,入书字岩。岩不甚深,后有垂石,夭矫岩外,镌"玉琯岩"三隶字,宋人李挺祖笔。岩右镌"九疑山"三大字,为宋嘉定六年知道州军事莆田方信儒笔。侧又隶刻汉蔡邕《九嶷山铭》,乃宋淳祐六年郡守潼川李袭之属郡人李挺祖书。袭之既新其宫,因镌铭于侧,以存曩迹。后人固鄙,执岩有巨书,遂以书字名岩,反失玉琯之实。盖此地为九嶷中峰,故镌题于此。

二十六日。雨仍不止。下午往圣殿,仍由来道。逾岭稍东,转出萧韶峰北,萧韶自南而北,屏峙斜岩前,上分两岐,北尽为舜陵。陵前环绕数峰,正中者上岐为三,稍西者顶有石独耸。陵有二大树夹道,大四人围,庙僧呼为珠树,结实大如指,去壳可食。两旁巨杉,亦有大四人围者,寻丈以上即分岐高耸。冒雨返斜岩。

二十七日。雨止,急饭。踰马蹄石岭,抵玉琯岩南,觅所期刘猺,猺以云雾未尽,已他往。同居一人,于山中甚熟谙,惜患创不能导,为余言:由此东行五十里,有三石参天,水分三处,俗呼舜公石,即三分石也,路已湮;由此南行三十里,有孤崖,如髻盘突山顶,俗谓之舜母石,有径可达。

二十八日。仍过玉琯南,觅导猺,肩火炬前行,东上杨子岭。

明·蒋镄纂辑○(万历)九嶷山志·卷二·山川

九嶷山,在县南六十里,亦曰苍梧山。《汉志》注:九嶷在营道南。《汉纪》注:应劭曰舜葬苍梧九嶷山,今在零陵营道。文颖曰:山半在零陵,半在苍梧。如淳曰:舜葬九嶷,在苍梧冯道县,或云舜葬苍梧也。颜师古曰:文说是也。

……唐太宗贞观元年，凡天下州县有古帝王陵寝在者皆加唐字，县以舜陵更名延唐。……郭璞曰：其九溪皆相似，或云九峰参差相隐映，望而疑之，故名。九峰曰朱明，曰石城，曰石楼，曰娥皇，曰舜源，曰女英，曰萧韶，曰桂林，曰杞林。……舜陵山在女英峰下。《环宇记》曰：永陵，汉司马迁云舜南巡狩，崩于苍梧之野，葬江南之九嶷。秦始皇、汉武帝皆望祀焉。唐诏州县致祭。宋禁樵采，置守陵五户。国朝洪武四年，遣官致祭，列于祀典。

玉琯岩，在旧舜祠后，即何侯石室也。汉哀帝时，零陵郡文学奚璟得玉琯十二于此，献之朝，因以名岩。当时为舜巡狩，至九嶷，十二州牧执以觐者。按《风俗通》《尚书大传》，舜之时至西王母来献白玉琯，不知景所得何属。岩去舜峰十五里，突兀轩豁，不与群山相附，中可容数十座。崖右有"九疑山"三大字，乃宋道州刺史方信儒所书字岩，汉蔡邕《九嶷山碑铭》刻于此。旁有天皇元年《何侯记略》，述帝舜巡之事实，咸通中道士所撰，其文诞妄不经，嘉靖改元，编修严襄来游，命錾去之。

明·蒋镆纂辑○（万历）九嶷山志·卷三·古迹

舜鼎。今在舜陵，大可函牛，百人可移置。

韶歌。昔舜帝南巡，至九嶷，每奏九成，则有凤仪兽舞之异。一女子颇解音律，效为《韶》歌，极其柔婉。近传《韶》歌自此始。

太平乐。相传象受封有庳，舜情不自已，制小笛令人依《韶》韵协奏，以其行象悦。

明·蒋镆纂辑○（万历）九嶷山志·卷三·建置

舜祠。在舜源峰下。按旧志在大阳溪，盖三代时也。今遗址在白鹤观前，土人呼为大庙。秦汉以来立祠玉琯岩前，相传为何侯故宅，至唐湮废，刺史元结奏立于郡城之西。僖宗朝，长沙胡曾权延唐令，始请于朝，复立于玉琯岩下。有敕建舜庙碑，今亦废。宋建隆初，刺史王继勋奉诏重修，知制诰张澹奉敕撰碑，亦湮没不可考。我朝洪武四年，御制祭文，遣翰林编修雷燧迁庙于舜源峰下，即今祀奠之所，制以春秋仲月上甲，县令具牲帛致祭。

舜坛。在由郚，去舜祠三十里，近周由寺，仙改之水绕之。

明·蒋镄纂辑○(万历)九嶷山志·卷四·游寓

许由。尧时人,相传避地居九嶷由村源口。后人慕之,故村名由村,水名许由水。

皋陶。唐虞士师。从舜南巡,有功德及民,立祠享祀。

奚璟。汉零陵郡文学,尝游九嶷,至何侯石室,得玉琯十二,献于朝。今名玉琯岩。

王继勋。宋检校太保,行道州刺史事,奉诏重修舜庙。

明·蒋镄纂辑○(万历)九嶷山志·卷四·仙释

何侯真元。唐尧时人,隐居九嶷,阴行善。三子十孙,皆寿百岁,至立五世,真元尤敦家训。舜南巡,止其家。五老降庭,授仙药一器。舜封何侯,遂慕长生之求。凿九井,炼丹宅后。七月七日,以仙药投酒中,聚族欢饮,余酒洒宅壁。举家三百口并鸡犬,拔宅上升。

清·顾祖禹撰○读史方舆纪要·卷七十五·湖广一

衡山。在衡州府衡山县西北三十里,五岳之一也。《舜典》:五月南巡狩,至于南岳。

九嶷山。在永州府道州宁远县南六十里。《衡郡志》:山在衡州府桂阳州蓝山县西南五十里。盖山接衡、永之界也。太史公曰:舜崩于苍梧之野,葬于江南九嶷。故老相传,舜尝登此。《秦纪》:始皇三十七年,行至云梦,望祀虞舜于九嶷。汉武元封五年亦望祀焉。郭璞云:其山九溪皆相似。郦道元曰:九嶷山盘基苍梧之野,峰秀数郡间,罗岩九举,各道一溪,岫壑负阻,异岭同势,游者疑焉,故曰九嶷。元结曰:九嶷山方四百里,衡、永、郴、道四州各近一隅,九峰各道一溪,四水流灌于南海,五水北注于洞庭。

清·顾祖禹撰○读史方舆纪要·卷七十七·湖广三·岳州府(澧州·慈利县)

崇山。县西三十里。相传即舜放欢兜处。《国语》:内史过曰夏之兴也,融降于崇山。隋置崇州,盖以山名。

清·顾祖禹撰○读史方舆纪要·卷八十·湖广六·长沙府·湘阴县

黄陵山。县北四十里，上有舜二妃墓。《括地志》谓之青草山。孔颖达以为湘山也。

湘江，在县西。自府北流经县界，又北达青草湖，谓之湘口。志云：县南三十五里有哀江，亦名哀江浒。旁有大哀、小哀二洲，以舜二妃哀思于此而名也。

笙竹岐，在县城南，世传舜采笙竹于此。今为笙竹驿。

清·顾祖禹撰○读史方舆纪要·卷八十·湖广六·常德府·沅江县

重华城。在县东南。《通典》：县有重华城，亦谓之虞舜古城。梁因置重华县，属药山郡。

清·顾祖禹撰○读史方舆纪要·卷八十一·湖广七·永州府

应阳城。府西北百里。晋惠帝分祁阳县地置应阳县，宋以后因之。隋省入零陵县。王隐曰：应阳本泉陵之北部，东五里有鼻墟，即舜封象处矣。《水经注》：应阳县即应水为名。应水东南，经有鼻墟南，又东南注湘水。

清·顾祖禹撰○读史方舆纪要·卷八十一·湖广七·永州府·道州

鼻亭。州北七十里。旧有象祠，唐元和中，刺史薛伯高毁之。宋《类苑》云：道州、永州之间，有地名鼻亭，穷崖绝徼，非人迹可历，去两州各二百余里，舜封象于有庳，盖此地云。

九嶷山。县南六十里，山有九峰，参差相峙，又有九溪出其下。详见名山九嶷。

玉琯岩。在县南二十里古舜寺侧。汉哀帝时，零陵郡文学奚璟得玉琯十二于舜祠后石室，因名。

清(雍正)迈柱等监修○湖广通志·山川志·湘阴县

黄陵山，在县北四十五里大江之滨，上有舜二妃庙。《水经注》：黄水西流入于湘，谓之黄陵口。

清(雍正) 迈柱等监修○湖广通志·山川志·衡阳县

雨母山,在县西二十里,亦云云阜。其上有石坛。《湘水记》:舜南巡经此,后立祠,每祭有云气起。按《唐书·地理志》:衡阳有西母山,或西、雨字近,讹称也。

清(雍正) 迈柱等监修○湖广通志·山川志·衡山县

舜溪,在衡山,又名舜井。

清(雍正) 迈柱等监修○湖广通志·山川志·临武县

舜峰山,在县西三十,相传舜南巡驻此,上有舜祠。山顶平衍,四面壁立,邑民尝据巅筑寨,为避兵之地。

舜岩,在县西舜乡石窟中,有水腾沸,即舜水之源。

舜水,在县西,源发舜岩,经县西合岿水,历桂阳、常宁界入湘。

蓝溪水,在县北四十里,出蓝岭,下与舜水合。

清(雍正) 迈柱等监修○湖广通志·山川志·零陵县

焦山,在县西北一百里。晏殊《类要》:帝舜南巡憩息之所。

清(雍正) 迈柱等监修○湖广通志·山川志·东安县

金字岭,在县西四十里,下有舜庙,亦名舜峰。

清(雍正) 迈柱等监修○湖广通志·山川志·道州

斑竹岩,在州南五十里。《述异记》:昔舜南巡,葬苍梧之野,尧之二女娥皇、女英追之不及,相与协哭,泪下沾竹,竹文上为之斑斑然。

清(雍正) 迈柱等监修○湖广通志·山川志·宁远县

九嶷山,在县南六十里,亦名苍梧山。《山海经》:南方苍梧之丘,苍梧之渊,其中有九嶷山,舜之所葬,在长沙零陵界中。郭璞曰:山今在零陵营道县南,其山九峰皆相似,故云九嶷,古者总名其地为苍梧也。《汉书·武帝纪》注:九嶷山半在苍梧半在零陵。又《地理志》:营道县九嶷山在南。《水经注》:盘基苍梧之野，峰秀数郡之间。罗岩九举，各导一溪；岫壑负岨，异岭同势。游者疑焉，故曰九嶷山。唐《元结集》：九嶷山方二千余里，四州各近一隅，世称九峰相似，望而疑之，谓之九嶷。亦曰舜登九嶷，疑己而悲，从人有作《九悲之歌》，因谓之九嶷。有九水出于山中，四水南流注于南海，五水北注合为洞庭。若度其高卑，比洞庭、南海之崖，直上可二三百里，海内之山如九嶷者，则几焉。《九嶷山图说》九峰：萧韶、女英、石城、娥皇、朱明、桂林、华盖、巴林、石楼也。

玉琯岩，在县南九嶷山，去舜源峰五里。《晋书·律历志》：汉章帝时，零陵文学奚璟于泠道舜祠下得玉管十二，上于朝。

高士岩，在县南舜祠之西。《明一统志》：旧名野猪岩，亦名啸父。昔有猎者见群豕，逐入岩不见，因得乐器一部，无为观道士献于朝。

碧虚洞，在县南，亦名嘉鱼洞，唐元结名曰无为洞。上有李峤篆刻，中有水通九嶷山之碧虚桥，南注舜溪。

舜源水，在县南六十里，源出舜源峰，流至县东，西折西北与沲潇二水合流，经府城入湘。

清(雍正) 迈柱等监修○湖广通志·关隘志·临武县

舜峰隘，在县西三里舜峰山，山顶平衍，三面壁立，前开一径，以通上下。元末乡民，于此垒石避寇。明天顺间，猺人以三千众入寇，主簿李浚合众御之，据舜峰树栅对垒者三昼夜，猺人遂退。

清(雍正) 迈柱等监修○湖广通志·祀典志·湘阴县

黄陵庙，在县北，祀虞舜二妃。《后汉书·郡国志》罗县注：《帝王世纪》曰有黄陵亭，《湘中记》亦云二妃之神，《水经注》湖水西流径二妃庙南，世谓之黄陵庙也。言舜之陟方也，二妃从征，溺于湘江，神游洞庭之渊，出入潇湘之浦，故民为立祠于水侧焉。《方舆胜览》：黄陵庙在县北八十里，唐韩愈有碑。

清(雍正) 迈柱等监修○湖广通志·祀典志·衡阳县

舜庙，在县西，宋郡守刘清之命主簿程洵重建。

清(雍正)迈柱等监修○湖广通志·祀典志·临武县

舜庙,在县西舜峰,元至正四年,知县闵孝纯重建,明嘉靖间修。

清(雍正)迈柱等监修○湖广通志·祀典志·蓝山县

舜庙,在西南四十五里。

皇英祠,在县东十五里百迭山。

夔庙,在县西二里夔山下。

清(雍正)迈柱等监修○湖广通志·祀典志·零陵县

帝舜庙,在县治南。

清(雍正)迈柱等监修○湖广通志·祀典志·东安县

舜庙,在县杨江源。

清(雍正)迈柱等监修○湖广通志·祀典志·道州

虞舜庙,在州西门外儒学旁,石刻"虞山"二字。

皋陶庙,在州西营乐乡,世传皋陶随大舜至此。

清(雍正)迈柱等监修○湖广通志·祀典志·宁远县

舜宁庙,在县南九嶷山下。《营阳郡记》:九嶷山下有舜祠,故老相传,舜登九嶷。《水经注》:九嶷山南有舜庙,前有石碑,文字缺落,不可复识。自庙仰山极高,直上可百余里。

清(雍正)迈柱等监修○湖广通志·祀典志·邵阳县

大舜庙,在城北一里。

清(雍正)迈柱等监修○湖广通志·祀典志·巴陵县

湘妃庙,在君山。

清(雍正) 迈柱等监修○湖广通志·祀典志·武陵县

舜二妃庙,在城西。

善卷祠,在县东南善德山上。宋李焘有记。

清(雍正) 迈柱等监修○湖广通志·祀典志·辰溪县

善卷祠,在县江南岸。宋祥符间诏春秋致祭,赐号遐世高蹈先生。

清(雍正) 迈柱等监修○湖广通志·仙释志·永州府

唐、虞、何侯。《列仙传》:尧时隐苍梧山,慕长生,舜南巡狩,止何侯家。夏禹时,五帝以药一器与何侯,使投酒中,一家三百余口饮不竭。以余酒洒屋宇,拔宅上升,位为太极仙人。

清(雍正) 迈柱等监修○湖广通志·古迹志·衡山县

玛瑙瓮,在衡岳。《拾遗记》:高辛时,丹丘国献玛瑙瓮,以盛甘露,舜迁瓮于衡山之上,故南岳有宝露坛。舜于坛下起月馆,以望夕月,舜南巡至衡山,百辟皆得宝露之赐,时有云气生于坛。

清(雍正) 迈柱等监修○湖广通志·古迹志·蓝山县

玉磬,在县西舜岩石窟中,悬石如磬,击之声闻数里。

清(雍正) 迈柱等监修○湖广通志·古迹志·道州

有鼻墟,在州北。《水经注》:有鼻墟,言象所封也。山下有象庙,言甚有灵,能兴云雨。余所闻也,圣人之神曰灵,贤人之精气为鬼,象生不惠,死灵何寄乎?《类苑》:道州、永州之间,有地名鼻亭,穷崖绝徼,非人迹可历,去两州各二百余里。

鼻亭祠,故址在州北。唐刺史薛伯高毁,柳宗元有《斥鼻亭神记》。

清(雍正) 迈柱等监修○湖广通志·古迹志·宁远县

舜宫,在县大阳溪中。

清(雍正)迈柱等监修○湖广通志·陵墓志·永州府

虞帝舜陵,在宁远县九嶷山,一名永陵。

清(雍正)迈柱等监修○湖广通志·陵墓志·岳州府

虞舜二妃墓,在巴陵县君山。《括地志》:二妃冢在湘阴北一百六十里青草山上。《列女传》云:舜陟方,二妃死于江湘之间,因葬焉。朱子《韩文考异》:湘君湘夫人墓,在岳州君山。按二说互异,今据山名,则朱子是也。

清(雍正)迈柱等监修○湖广通志·杂纪二

舜陵古杉。舜陵有古杉十五,左十一:连理而三者一,连理而二者二,各植者四;右四:连理而二者一,各植者二。围可八尺,稍次亦六七尺,高可三百尺,势俱参天。先是凡十六,宁远以修孔庙伐其一,伐之日,风雷震动,声闻数十里,工师奔仆欲绝。(《永州志》)

斑竹。《述异记》:湘水,去岸三十许里,有相思宫、望帝台。舜南巡不返,殁,葬于苍梧之野。尧之二女娥皇、女英追之不及,相思恸哭,泪下沾竹,文悉为之斑斑然。

舜庙。《异苑》:衡阳山、九嶷山皆有舜庙,每太守修理祀祭洁敬,则闻弦歌之声。汉章帝时,零陵文学奚璟于泠道县祠下得笙。白玉琯,舜时西王母献。

清·和珅等○钦定大清一统志·卷二百七十七·长沙府二·陵墓

虞舜二妃墓,在湘阴县北。萧德言《括地志》:二妃冢,在湘阴县北一百六十里青草山。杜佑《通典》:湘阴县有地名黄陵,即二妃所葬。

清·和珅等○钦定大清一统志·卷二百七十八·宝庆府·祠庙

帝舜庙,在邵阳县北十里,唐张谓有碑。

清·和珅等○钦定大清一统志·卷二百八十·常德府

舜二妃庙,在武陵县西。

清·和珅等○钦定大清一统志·卷二百八十一·衡州府

帝舜庙，在衡阳县西仙上峰，宋建。

清·和珅等○钦定大清一统志·卷二百八十三·永州府二

有庳墟，在道州北，接东安县界。《孟子》舜封象于有庳。《水经注》引王隐曰：应阳东五里有鼻墟，山下象庙。萧德言《括地志》谓之鼻亭。唐元和九年，薛伯高刺道州，命撤其屋，墟其地，沈其主于江，柳宗元为之记。

清·和珅等○钦定大清一统志·卷二百八十三·永州府二·陵墓

虞帝舜陵，在宁远县东南。《史记·五帝本纪》：舜葬于江南九嶷，是为零陵。注：《皇览》曰舜葬在零陵营浦县。《汉书·武帝纪》：元封五年，望祀虞舜于九嶷。《水经注》：九嶷山，大舜窆其阳，商均葬其阴。《环宇记》：亦名永陵，自古禁樵采，置守陵户。《方舆胜览》：在女英峰下。本朝顺治九年，康熙七年、二十一年、四十二年，雍正元年、二年，乾隆元年、九年、十四年、十七年，俱遣官致祭。

清·和珅等○钦定大清一统志·卷二百八十三·永州府二·祠庙

帝舜祠，有二：一在道州西半里儒学后，《后汉书·郡国志》引《营阳郡记》曰：营浦县南三里余，有舜南巡止宿处，今立庙。县志：唐元结建。一在宁远县东南，《水经注》：九嶷山南有舜庙，前有石碑，文字缺落，不可复识。《方舆胜览》：祠在舜峰下。县志：在玉琯岩下，明洪武初，迁于萧韶峰下。

潇湘庙，在祁阳县东门内，祀帝舜及湘君、湘夫人。

皋陶庙，有二：一在道州西八里，一在宁远县西江浒上。

清·和珅等○钦定大清一统志·卷二百九十·桂阳州

舜峰山，在临武县西三里。三面壁立，前开一径，以通上下，山顶平衍，可二百亩，上有巨石曰韶石。

九嶷山，在蓝山县西南，接永州府宁远县界，亦曰苍梧山。《元和志》：在县西南五十里，九嶷山出此。按，此山属永州府宁远县界为多，详见宁远县。

舜岩，在蓝山县西三十里，洞门偪窄，中有石旗、石帐、石榻。岩下出水，即舜水之源,泝流而入,可径达九嶷。

舜峰隘,在临武县西三里舜峰山。明天顺间,猺以三千人入寇,主簿李濬合众,御之于舜峰隘三昼夜,猺人遂遁。

清·和珅等○钦定大清一统志·卷二百九十·桂阳州·祠庙

帝舜庙,在蓝山县西四十五里。又临武县舜峰山亦有舜庙。

清·吴绳祖重编,樊在廷纂辑○(嘉庆)九嶷山志·卷一·山水

九嶷山。在县南六十里。《汉书》作“疑山”,亦曰苍梧山。《汉书》注:九嶷在营道南。梁任昉云:九嶷山隔湘江跨苍梧野,连营道县界。文颖曰:山半在零陵,半在苍梧之间。郭璞曰:其九溪皆相似,或云九峰参差相隐映,望而疑之,故名九嶷。九峰曰舜源,曰娥皇,曰女英,曰桂林,曰杞林,曰石城,曰石楼,曰朱明,曰萧韶。

清·吴绳祖重编,樊在廷纂辑○(嘉庆)九嶷山志·卷一·陵庙

舜冢。舜葬九嶷,相传有冢。《郡国志》注谓:舜冢在女英峰下,旧志谓三峰石上有冢,以铜为碑,字不可识,或疑为舜冢。考前代帝王崩,依山为陵,未有所谓冢也。况三峰皆非葬所,惟舜源峰虎踞龙蟠,外山拱护周密,舜陵当在此峰。今庙建其下,自明初以来,遣官致祭,列于祀典。

舜陵。《环宇记》名永陵。旧志云:《檀弓》曰舜葬苍梧之野。蔡邕《九嶷山铭》曰:舜葬九嶷。《汉纪》注:应劭云舜葬苍梧九嶷。《风俗通》:袁伯楚云舜葬九嶷。朱子曰:九嶷山,名舜所葬也。……自太史公言之,蔡邕为之《铭》,历汉唐以迄于今,皆遣官祭祀焉,其舜陵在宁远之九嶷山,明矣。

舜庙。舜庙在大阳溪,盖三代时祭于此,其遗址在白鹤观前,土人呼为大庙。秦汉以来,立庙在玉琯岩前百步。至唐,旧庙湮废。刺史元结奏立于营道城西。僖宗时,长沙胡曾权延唐令,请复立于玉琯岩下,有敕建舜庙碑记。宋建隆初,刺史王继勋奉诏重修,知制诰张澹奉敕撰碑,皆湮灭无存。明洪武四年,遣编修雷燧致祭,乃迁庙于舜源峰下。

清·吴绳祖重编，樊在廷纂辑○（嘉庆）九嶷山志·卷二·古迹

舜宫。在大阳溪，三代时祭舜于此，其遗址在白鹤观前，土人呼为大庙。

舜祠。在玉琯岩前，秦汉以来祭舜于此，其龟趺文础，磊磊犹存。

舜坛。在由村，去舜祠二十里，近周由寺，仙改水绕之。

舜鼎。旧在舜陵，大可函牛，百人可移置，其形圆足峙，今失所在。

清·吴绳祖重编，樊在廷纂辑○（嘉庆）九嶷山志·卷二·物产

竹。有曰斑竹者，其斑点中有罗纹，白苔封之，用细砂刷洗始见。相传舜崩，葬九嶷，二妃痛泣，洒泪着竹，因成斑点。又曰泪竹。

清·吴绳祖重编，樊在廷纂辑○（嘉庆）九嶷山志·卷二·寓贤

许由。尧时人，尧让天下，不受，避地九嶷由村源口。后人慕之，故村曰由村，水曰许由水。

皋陶。唐虞士师，从舜南巡至此，有德于民，立庙祀之。

清·吴绳祖重编，樊在廷纂辑○（嘉庆）九嶷山志·卷二·仙侣

何侯。名真元，尧时人。其祖隐居九嶷，阴行善，三子十孙，寿皆百岁。五世至真元，尤敦家训。尝遇黄衣人，引入无为洞，历览仙境，顷之出洞，不见其人。遂思慕玄学，修真炼气，筑台栖息，凿九井，汲水炼丹。后以仙药置酒中，聚族欢饮，皆拔宅上升，位为太极仙人。秦汉以来，虞庙即其故宅。《府志》云：舜南巡，止其家，封为何侯。

清·张大煦等纂修○（光绪）宁远县志·卷二·祠祀

虞庙，在舜源峰下。庙制：正殿三楹、龙亭一座，后殿一楹、拜亭一座，东、西朝房各三间，大门一楹，两旁碑亭一座，周围墙六十丈。

清·张大煦等纂修○（光绪）宁远县志·卷三·物产

竹木之属，虞陵古楮……又有斑竹（名芝麻斑），泪竹（罗纹者为上，雀眼者次之）。

清·张大煦等纂修〇(光绪)宁远县志·卷四上·山川名胜

九嶷山,在县南六十里。《山海经》所谓“南方苍梧之丘苍梧之渊,有九嶷山”,及注云“舜之所葬在长沙零陵界”者也。《史记》云“舜葬于江南九嶷,是为零陵”,迁尝探窥九嶷古册文焉。《汉书》文颖注云:山半在零陵,半在苍梧。自汉迄隋,隶营道县。山下有舜祠,历代祀之。其山蟠基苍梧之野,峰秀数郡之间。罗岩九举,各导一溪;岫壑负阻,异岭同势。游者疑焉,故曰九嶷。九峰曰舜源,曰娥皇,曰女英,曰桂林,曰杞林,曰石楼,曰石城,曰朱明,曰萧韶。

玉琯岩,在舜源峰后五里。汉哀帝时,零陵文学奚璟于泠道舜祠下得玉琯十二,献之朝。《方舆胜览》谓今舜祠后石室即奚璟得玉琯处也。

清·张大煦等纂修〇(光绪)宁远县志·卷四下·山川·古迹

舜宫。在大阳溪。三代时祀舜处。

舜祠。在舜峰下玉琯岩前。秦汉祀舜之处,其龟趺文础,磊磊犹存。

舜坛。故址在由郙。

舜鼎。旧在舜陵,大可函牛,形圆足峙,今失所在。

舜池。在舜坛之前,仙政水之右坎有水,不见其源。

古槲。在舜祠左右,共十六株,大数围,高百丈。常见上有天灯,照耀远近,盖神木之精光所见,真数千年物也。明时犹存。

清·张大煦等纂修〇(光绪)宁远县志·卷四下·山川·陵墓

帝舜陵。在今县东南。舜践帝位四十九载,南巡狩,崩于苍梧之野,葬于江南九嶷,是为零陵(《史记·五帝纪》)。习凿齿云:舜葬零陵。(注:舜冢在零陵营浦县),一名永陵。自古禁樵采,置守陵户(《环宇记》:旧志云宋置守陵五户)。禹南巡,至衡山,筑紫金台望九嶷而祭舜。三代祭舜于大阳溪,遗坛犹在(《省志》称舜宫)。秦皇、汉武皆望祀于九嶷山下(《山志》云:秦汉庙在玉琯岩前。今往访之,古碑赑屃尚在,岩东南阛垣中,且多古砖瓦)。石室中尝得玉琯(详见《名胜志》)。其冢,唐时传在女英峰(《元和郡县图志》《方舆胜览》《零陵总志》),旧谓在三分石上,有铜牌,明初以来,始立庙舜源峰焉(《陵庙考》)。国朝遇大庆典,遣使祭告。春、秋二仲月上甲日,县令具牲帛致祭,如明制。

后 记

我是湖南岳阳人,自小学至高中一直没有离开过岳阳,那时心思主要在学习上,很少关注地方文化。后来进了湖南理工学院读书,湖南理工学院地理环境非常好,处在南湖边上,岳阳楼和君山与学校也近在咫尺,因此有较多机会去游玩。这一时期我才对岳阳地方文化有所了解,才知道君山与舜帝之二妃有关系,才知道了斑竹的故事。后来又去过汨罗的屈子祠,对于屈原的身世遭遇颇为同情,同时也为其爱国热情所感动。但我也只是把岳阳楼、君山和屈子祠当作旅游景点来看待, 更多的是想通过旅游来获得身心的愉悦,很少想过要为岳阳的地方文化做点什么。但毫无疑问,岳阳深厚的文化底蕴深深印入了我脑海中。

2006 年,我考取了湖南师大的硕士研究生,师从赵晓岚教授,我的学术生涯也就从此开始了。2007 年, 湖南师范大学召开了一次 "中韩学术交流会",老师嘱咐我写一篇文章,在写什么的问题上,我思考了很久,后来决定写《〈全唐诗〉中'洞庭'名称考证》。应该说这篇文章的写作有一定难度,但那是我第一次参加学术会议,因此态度特别认真。文章写出来后,虽然没有参与大会发言,但还是获得了一定好评。这是我第一次从学术的角度关注岳阳地方文化。这篇文章对我影响较大,后来在硕士学位论文选题时,我决定写《唐岳州诗歌研究》。在研究过程中,对岳州文化进行溯源,自然追溯到了二妃和屈原。据《山海经·中山经》载:洞庭之山,"帝之二女居之,是常游于江渊。澧沅之风,交潇湘之渊,是在九江之间,出入必以飘风暴雨。"《史记》则载:“浮江,至湘山祠。逢大风,几不得渡。上问博士曰:‘湘君何神?’博士对曰:‘闻之,尧女,舜之妻,而葬此。’”从这些文献的记载中,可见二妃对岳州文化影响之大。到战国末年,屈原“于是怀石遂自投汨罗以死”。应该是在屈原贬谪湖湘后不久,创作了《九歌》,其中有《湘君》《湘夫人》两篇。这样,二妃、屈原和岳州贬谪诗歌自然而然就联系在了一起。在硕士论文完成后,也就是 2009 年时,我又从导师赵晓岚先生攻读博士学位,也自然涉及了博士论文的选题问题,在经历多次对比论证后,决定以“唐洞庭湖诗和太湖诗比较研究”为题。这其实还是在延续硕士论文研究的问题,不过范围有所扩大。相比而言,洞庭诗歌的研究范围要比岳州诗歌广泛得多,几乎整个湘北地区乃至部分湘中地区都属于洞庭湖流域, 而且还从地域的角度与太湖诗歌作了横向的对比。三年之后,我博士毕业,也认为自己对洞庭湖诗歌的研究可以告一段落了。

2012 年 7 月,我进入湖南科技学院工作。湖南科技学院地处永州,永州属于湘南地区,远离了岳州。研究如同创作,往往也具有应景性,从进入湖南科技学院后,与二妃相关的研究基本上停了下来。永州地域文化深厚,这里分布着舜文化、瑶文化、柳文化、理学文化、女书文化、石刻文化等,故进入永州听到最多的一句话便是“永州是一本书,是一本值得好好读的书”。但在较长的时间里,我对于怎样去阅读“这本书”却产生了较多迷惑。最先尝试过研究柳宗元,也试图写过两三篇与柳宗元相关的文章,但柳宗元作品众多,研究内容庞杂,不容易把握,而且柳宗元研究已经进入了较为成熟的时期,先后出现过吴文治、罗联添、尚永亮、尹占华等大家。湖南科技学院的柳宗元研究成果也颇为丰硕, 翟满桂教授先后著有《一代宗师柳宗元》《柳宗元在永州》《柳宗元年谱长编》等。前辈的成果如大山般横亘在面前,使我有了畏惧之感,故不得不转研他途。

后来由于工作的原因,我和舜文化也有了一定交集。湖南科技学院是一个很好的舜文化研究平台,湖南省舜文化研究基地、湖南省舜文化研究会的主体研究成员都在湖南科技学院。研究成果也硕果累累,出版了《虞舜大典·古代文献卷》《虞舜大典·近现代文献卷》,资料的整理已相当完备,具备了良好的研究基础。而且在进入湖南科技学院后不久,基地首席专家陈仲庚教授想让我做基地秘书,当时也没有多想便答应了。这样便有了较多与舜文化接触的机会,诸如参加相关的舜文化研究学术会议,参加每年一度的宁远祭舜活动等。后来,感觉既然是舜文化研究基地的秘书,也该为基地做点什么。于是再次捡起了原来的老本行,这样便有了我的第一部长篇小说《湘妃怨》。再到后来,我又参与了《虞舜大典·图像卷》的编撰,开始逐渐了解虞舜文化了。其实虞舜文化于我并不陌生,娥皇和女英是舜帝二妃,长久对二妃的研究使得我对虞舜文化有种亲近感,于是便申请了"虞舜文化与湖湘精神的动态建构研究"的课题。

课题后来申请下来了,但究竟怎样去研究其实并没有多少头绪,只是在参加历年舜文化学术会议的过程中积累了几篇文章,如《舜帝年寿考》《论舜帝法制与德治的关系》《论二妃意象的形成、流传与新变》《舜帝归葬地考》等。后来我爱人胡娟也写了《论虞舜孝文化的生成及其地域接受与传播——以元结湖湘经历为依据》《虞舜文化数据库的初步设想》等,积累下来,也近十万字,于是便有了成书的想法。再联想到以前在硕士和博士阶段的一些研究,书的大致构建才逐渐明朗起来,于是决定把研究分为上、下两编,上编写虞舜影响下的湖湘文化,下编写二妃影响下的湖湘文化。又考虑到二妃与舜帝不同,舜帝是从道德等层面对湖湘文化产生影响,而二妃更偏重于文学的影响,于是决定下编主要写二妃影响下的湖湘文学,一并把原来的硕士论文《唐岳州诗歌研究》收录了进来。在收录时作了适当修改,原来题目也改为了"二妃、屈原与唐岳州诗歌研究"。

为了让本书更具整体性,使内容与书名一致,在整理书稿过程中,又加入了不少内容。如在全书前加上了绪论,对21世纪(2000—2019)虞舜文化研究现状进行述评,从文献整理、学术研究、文艺创作、文化交流四个方面概述了虞舜文化的研究现状,其中学术研究述评又分为舜帝与上古史研究、舜帝神话传说研究、舜帝与德文化研究、舜帝后裔研究、虞舜文化与当代社会研究、舜帝与地方文化研究等六个方面。通过综述21世纪虞舜文化研究现状,指出本世纪以来虞舜文化研究的特点及今后研究的方向,并建议虞舜文化的研究要与地域文化特别是与地域文化精神的建构结合起来。

书稿上编为"虞舜影响下的湖湘文化"。首章主要探讨虞舜文化的精神内涵及其在当代的实践价值，指出虞舜文化是由五帝之一的舜帝开创。虞舜文化是近五千年历史中对整个中华民族影响最为巨大的文化之一，不管是时间因素、场域因素，还是文化源因素都决定了虞舜文化在整个中华文明史上的突出地位，并对虞舜的孝道精神、民本思想、治国理念进行了阐释，指出舜文化在当代的实践价值。第二章对舜帝归葬九嶷从学理上进行考证，指出正是因为舜葬九嶷，使得历代帝王和湖湘民众开始对虞舜崇拜。第三到五章分别探讨虞舜与湖湘孝道精神、革新精神、道统的关系。第六章对舜文化与湖湘地区民族融合等进行了深入探讨。第七章则探讨舜帝南巡对湖湘地域精神的影响。

下编为“二妃影响下的湖湘文化”。该部分首先论述二妃与湖湘贬谪文学，从《韩非子》中“舜逼尧，禹逼舜，汤放桀，武王伐纣，此四王者，人臣弑其君者也，而天下誉之”的记载中，考证舜帝南巡可能为湖湘贬谪文化的开端，进而探讨了二妃对湖湘贬谪文学的影响。接着指出“二妃”作为文学作品中常出现的意象，其形成经历了一个长期过程。二妃故事在形成初期，道德因素远远大于文学因素。在《湘君》《湘夫人》中，二妃文学形象开始形成，并探讨二妃形象在湖湘地区的形成、传播及流变。在此基础上，以二妃传说所处核心地区岳州为例，探讨唐代湖湘本土文人及流贬湖湘文人作品中的舜与二妃形象及其蕴含的文化精神内涵，同时对士人爱国、忧民、贬谪之悲的情感内涵进行了深入分析，并对不同阶段的二妃与屈原影响下的岳州诗歌进行了深入分析。最后指出二妃的文学形象虽然最早出现在神话中，但最终是在屈原手中定型的。屈原把其政治上的不遇情结注入二妃爱情本事中，并通过《湘君》《湘夫人》表达了其骚怨的精神。这种骚怨精神结合湖湘客籍文人的不幸遭遇，对湖湘文学产生了长远的影响，进而形成了特有的湖湘文学精神。

附录部分对舜帝与法治、舜帝年寿等问题进行了考证，同时对历代舜文化遗迹在湖湘地区的分布进行了整理，通过这种形式试图从文献、地理的角度论证虞舜文化对湖湘文化或文学的影响源远流长。

然而，由于本人在知识结构上的缺陷，对明清及近代湖湘文化了解不够，导致本书很少篇幅论及虞舜文化与明清及近代湖湘文化的关系。另外，本书不少篇章为我本人及夫人胡娟老师之前撰写的学术论文，插入本书中难免有拼凑之嫌，但不管怎样，也算是对自己多年来从事虞舜文化工作的一个交代，或许不会形成多大学术影响，姑且以后敝帚自珍吧。

在本书即将出版之际，感谢我的导师赵晓岚先生长期以来对我的指导，感谢舜文化研究基地首席专家陈仲庚教授及人文学院院长潘雁飞教授多年来在舜文化研究上提供的帮助，感谢湖南读书会会长张立云老师及我的学生周贤斌在书稿校对上付出的辛勤劳动，同时也感谢我的夫人胡娟老师在本书上付出的一切，正是因为有你们的存在，本书才最终得以出版。

肖献军

2019 年 12 月 20 日

参考文献

B

(东汉)班固撰.汉书[M].中华书局,1962.

(唐)不著撰人.大唐传载[M].上海古籍出版社,1987.

C

(晋)陈寿.三国志[M].中华书局,1959.

(唐)陈子昂.陈拾遗集[M].上海古籍出版社,1987.

(清)陈运溶辑.麓山精舍丛书[M].岳麓书社,2008.

(清)陈运溶纂.湘城访古录.湘城遗事记[M].岳麓书社,2009.

柴继光.尧舜禹故都纪行[M].中央文献出版社,2003.

陈锋.舜的故事[M].黑龙江人民出版社,1963.

陈尚君等辑.全唐诗补编[M].中华书局,1992.

陈寅恪.唐代政治史述论稿[M].上海古籍出版社,1982.

陈应基.舜裔姓氏及历史影响[M].甘肃人民出版社,2004.

陈泳超.尧舜传说研究[M].南京师范大学出版社,2016.

陈正祥.中国文化地理[M].生活·读书·新知三联书店,1983.

陈仲庚.舜文化传统与和谐境界[M].湖南人民出版社,2011.

陈仲庚.寻根文学与舜文化根源性地位[M].湖南人民出版社,2011.

陈仲庚等.德祖大舜[C].湖南人民出版社,2010.

陈仲庚等.虞舜大典(近现代文献卷)[C].岳麓书社,2011.

陈仲庚等.虞舜大典(图像卷)[C].岳麓书社,2018.

程树德.论语集释[M].中华书局,1990.

D

(晋)杜预.春秋左传集解[M].上海人民出版社,1977.

(唐)杜甫撰,(清)杨伦笺注.杜诗镜铨[M].上海古籍出版社,1998.

(唐)杜甫撰,(清)仇兆鳌注.杜诗详注[M].中华书局,1979.

(唐)杜佑.通典[M].中华书局,1988.

(清)邓显鹤编纂.沅湘耆旧集[M].岳麓书社,2007.

(清)邓显鹤编纂.资江耆旧集[M].岳麓书社,2010.

(清)董诰等编纂.全唐文[M].中华书局,1983.

丁福保辑.历代诗话续编[C].中华书局,1983.

董俊高.舜的传说[M].三晋出版社,2017.

杜宝彦等.舜都蒲坂永济人[M].中国社会出版社,2008.

F

(刘宋)范晔.后汉书[M].中华书局,1965.

(唐)封演撰,赵贞信校注.封氏闻见记校注[M].中华书局,2005.

(唐)房玄龄.晋书[M].中华书局,1971.

(宋)范致明.岳阳风土记[M].成文出版社,1976.

(清)方玉润.诗经原始[M].中华书局,1986.

范祥雍.古本竹书纪年辑校补订 .上海古籍出版社,2011.

方诗铭等.古本竹书纪年辑证[M].上海古籍出版社,1981.

傅雷.傅雷译文集[M].安徽文艺出版社,1981.

傅璇琮编.唐人选唐诗新编[M].陕西人民教育出版社,1996.

傅璇琮主编.唐才子传校笺[M].中华书局,1990.

G

(晋)郭璞.山海经[M].上海古籍出版社,1987.

(清)顾炎武.顾亭林诗文集[M].中华书局,1983.

顾颉刚.古史辨[M].上海古籍出版社,1982.

郭沫若主编.中国史稿地图集[M].中国地图出版社,1996.

H

(晋)皇甫谧.帝王世纪[M].齐鲁书社,2010.

(唐)韩愈撰,马其昶校注.韩昌黎文集校注[M].上海古籍出版社,1986.

(唐)韩愈撰,钱仲联集释.韩昌黎诗系年集释[M].上海古籍出版社,1981.
(宋)洪兴祖补注.楚辞补注[M].中华书局,1983.
(清)和珅.大清一统志[M].上海古籍出版社,1987.
(清)胡渭.禹贡锥指[M].上海古籍出版社,1987.
(清)惠栋.易例[M].中华书局,2007.
何光岳.南蛮源流史[M].江西教育出版社,1988.
何光岳.舜裔源流[M].湖南教育出版社,2000.
何文焕.历代诗话[M].中华书局,1981.
胡平生等译注.礼记·孝经[M].中华书局,2007.
胡若隐.翰墨经典颂虞舜[M].北京大学出版社,2015.
湖南地方志编纂委员会.岳阳楼志[M].湖南人民出版社,1998.
黄崇岳.黄帝、尧、舜和大禹的传说[M].书目文献出版社,1983.
霍万清.尧天舜地溪之源[M].人民日报出版社,2015.
[德]黑格尔著,王造时译.历史哲学[M].商务印书馆,1963.
[德]黑格尔.哲学史讲演录[M].三联书店,1956.

J
(唐)纪有功.唐诗纪事[M].中华书局,1965.
(清)焦循.孟子正义[M].中华书局,1987.
蒋华.《十三经》中舜文化内涵研究[M].湖南人民出版社,2011.
蒋华.神话传说中舜文化探赜[M].湖南人民出版社,2011.
[德]伽达默尔.诠释学Ⅰ:真理与方法[M].商务印书馆,2007.

L
(秦)吕不韦等,许维遹集释.吕氏春秋集释[M].中华书局,2009.
(汉)刘安撰,刘康德直解.淮南子直解[M].复旦大学出版社,2001.
(汉)刘安撰,刘文典集解.淮南鸿烈集解[M].中华书局,1989.
(汉)刘向,张涛译注.列女传译注[M].山东大学出版社,1990.
(汉)刘向.战国策[M].上海古籍出版社,1985.
(北魏)郦道元撰,王国维校.水经注校[M].上海人民出版社,1981.
(南朝)刘勰撰,范文澜注.文心雕龙注[M].人民文学出版社,1958.
(南朝)刘勰撰,杨明照校注.订增文心雕龙注[M].中华书局,2000.
(唐)李白撰,(清)王琦注.李太白全集[M].中华书局,2011.
(唐)李白撰,安旗等编年注释.李太白全集编年注释[M].巴蜀书社,1990.

(唐)李百药.北齐书[M].中华书局,1972.
(唐)李吉甫.元和郡县图志[M].中华书局,1983.
(唐)李延寿.北史[M].中华书局,1971.
(唐)李延寿.南史[M].中华书局,1975.
(唐)令狐德棻等.周书[M].中华书局,1971.
(唐)刘禹锡撰,卞孝萱校订.刘禹锡集[M].中华书局,1990.
(唐)刘禹锡撰,瞿蜕园笺证.刘禹锡集笺证[M].上海古籍出版社,1989.
(唐)刘禹锡撰,陶敏等校注.刘禹锡全集编年校注[M].岳麓书社,2003.
(唐)刘长卿.刘随州文集[M].上海书店出版社,1989.
(唐)刘知几.史通[M].中华书局,1961.
(唐)柳宗元.柳宗元集[M].中华书局,1979.
(唐)柳宗元撰,王国安笺释.柳宗元诗集笺释[M].上海古籍出版社,1993.
(唐)吕温.吕衡州文集[M].商务印书馆,1935.
(后晋)刘昫等.旧唐书[M].中华书局,1975.
(宋)李昉等编.太平广记[M].中华书局,1961.
(宋)李昉等辑.文苑英华[M].北京图书馆出版社,2006.
(宋)李昉等编.太平御览[M].上海古籍出版社,1987.
(清)李瀚章,(清)裕禄等编纂.光绪湖南通志[M].岳麓书社,2009.
(清)李元度.重修南岳志[M].线装书局,2002.
(清)刘宝楠.论语正义[M].中华书局,1990.
(清)刘采邦、张延珂等编纂.同治长沙县志[M].岳麓书社,2010.
(清)吕肃高修,(清)张雄图、王文清纂.乾隆长沙府志[M].岳麓书社,2008.
雷运福.舜帝与九嶷山[M].湖南人民出版社,2011.
冷明权.舜[M].太白文艺出版社,1999.
冷明权.远古大帝[M].中国文联出版社,2014.
李生顺.有虞舜帝[M].湖南人民出版社,2015.
李学勤.中国古代文明十讲[M].复旦大学出版社,2004.
李学智.舜耕历山在洪洞[M].三晋出版社,2009.
李泽厚.美学三书[M].天津社会科学院出版社,2003.
梁启超.中国历史研究法[M].华东师范大学出版社,1995.
鲁永平.舜的传说[M].中国文联出版社,2012.
逯立钦辑校.先秦汉魏晋南北朝诗[M].中华书局,1958.
吕芳文.舜文化论文集[C],湖南人民出版社,2008.
[英]罗素著,秦悦译.中国问题[M].学林出版社,1996.

M
(清)马骕撰.绎史[M].中华书局,2002.
(清)迈柱监修,夏力恕等编纂.湖广通志[M].上海古籍出版社,1987.
马茂元整理,马其昶校注.韩昌黎文集校注[M].上海古籍出版社,1986.
马志正.尧舜与古历山研究初集[M].地质出版社,2011.
毛奇龄.舜典补亡[M].中华书局,1985.
梅新林.中国古代文学地理形态与演变[M].复旦大学出版社,2006.

O
(唐)欧阳询编.艺文类聚[M].中华书局,1959.
(宋)欧阳修、宋祁等.新唐书[M].中华书局,1975.
欧利生.舜帝南巡 历代帝王祭舜[M].湖南美术出版社,2012.

P
(清)彭定求等辑.全唐诗[M].中华书局,1960.
(清)皮锡瑞撰.今文尚书考证[M].中华书局,1989.

Q
芊里.舜耕历山[M].新世界出版社,2016.
钱穆.晚学盲言[M].东大图书股份有限公司,1987.
钱穆.中国文化史导论[M].商务印书馆,1991.
秦建华.德孝天下[M].山西人民出版社,2014.

R
阮其龙.虞舜文化学术论文集[C].中国文史出版社,2014.

S
(汉)司马迁.史记[M].中华书局,1959.
(梁)沈约.宋书[M].中华书局,1971.
(宋)司马光编著,(元)胡三省音注.资治通鉴[M].中华书局,1956.
(清)孙星衍.尚书今古文注疏[M].中华书局,1986.
(清)孙诒让.墨子间诂[M].中华书局,2001.
沈起炜.中国历史大事年表[M].上海辞书出版社,1983.

孙钦香.王夫之[M].南京大学出版社,2015.
茗木匠.揭秘尧舜的治国方略[M].中国和平出版社,2014.

T

(清)同德斋主人编.湖南考古略[M].湖南教育出版社,2010.
谭其骧主编.中国历史地图集[M].中国地图出版社,1982.
谭政.九嶷山舜帝陵[M].湘潭大学出版社,2012.
唐曾孝.舜文化与九嶷山民间传说[M].湖南人民出版社,2011.
唐之享.虞舜与九嶷[M].岳麓书社,2012.
涂可国.儒学与人的发展[M].齐鲁书社,2011.

W

(汉)王逸.楚辞章句[M].上海古籍出版社,1987.
(前秦)王嘉.拾遗记[M].上海古籍出版社,1987.
(北齐)魏收.魏书[M].中华书局,1971.
(唐)魏征等.隋书[M].中华书局,1973.
(宋)王应麟.玉海[M].上海古籍出版社,1987.
(明)王阳明,谢廷杰刻本.王阳明集[M].1572(明隆庆六年).
(清)王夫之.船山全书·尚书稗疏[M].岳麓书社,1988.
(清)王夫之.船山全书·尚书引义[M].岳麓书社,1988.
(清)王先谦辑.湖南全省掌故备考[M].岳麓书社,2009.
(清)王先慎.韩非子集解[M].中华书局,1998.
(清)魏禧.日录[M].昭代丛书(康熙刻本),1697.
万里.舜帝历史文献选编[C].湖南大学出版社,2011.
万里.虞舜大典(古代文献卷)[C].岳麓书社,2009.
万丽华,蓝旭译注.孟子[M].中华书局,2006.
王炳熹.虞舜[M].中国文史出版社,2016.
王德明主编.孔子家语译注[M].广西师范大学出版社,1998.
王国维.今本竹书纪年疏证[M].齐鲁书社,2010.
王金铃.虞舜大传(出世篇)[M].作家出版社,2000.
王金铃.虞舜大传(御世篇)[M].作家出版社,2000.
王田葵.舜文化传统与现代精神[M].上海三联书店,2005.
王田葵.中国伦理的贞下起元[M].湖南人民出版社,2011.
王田葵.中国伦理的轴心突破[M].湖南人民出版社,2011.

王晚霞编著.濂溪志新编[M].中国社会科学出版社,2019.
王万旭.帝舜故里垣曲人[M].中国社会出版社,2008.
王养怡.尚书本义[M].文听阁图书有限公司,2013.
王展威.大洪水——帝舜时代[M].华中师范大学出版社,2011.
王宗石.诗经分类诠释[M].湖南教育出版社,1993.
吴宝炎.虞舜文化戏曲曲艺集[M].中国文史出版社,2015.
吴德.虞山舜水[M].中国摄影出版社,2016.
吴冠宏.圣贤典型的儒道义蕴试诠[M].里仁书局,2000.
吴文志.中国文学史大事年表[M].黄山书社,1987.
吴文治.柳宗元资料汇编[M].中华书局,1997.

X

(东汉)许慎著,藏克和等校订.说文解字新订[M].中华书局,2002.
(梁)萧子显.南齐书[M].中华书局,1972.
(明)谢榛.四溟诗话[M].人民文学出版社,1996.
夏承焘.唐宋词人年谱[M].上海古籍出版社,1979.
谢玉堂.论大舜[M].山东人民出版社,2010.
熊飞.张九龄年谱新编[M].香港教育出版社,2005.
徐川.揭秘尧舜的治国方略[M].中国和平出版社,2014.
续文琴.历山舜王坪[M].山西古籍出版社,2007.

Y

(唐)元结,孙望校.元次山集[M].中华书局,1960.
(唐)元稹.元氏长庆集[M].上海古籍出版社,1994.
(清)姚诗德、郑桂星修,(清)杜贵墀编纂.巴陵县志[M].岳麓书社,2008.
(清)应先烈修,(清)陈楷礼纂.嘉庆常德府志[M].岳麓书社,2008.
(清)永瑢等.四库全书总目提要[M].中华书局,1965.
严可均辑.全上古三代秦汉三国六朝文[M].中华书局,1958.
杨伯峻注.春秋左传注[M].中华书局,1981.
杨天宇译注.礼记译注[M].上海古籍出版社,2004.
叶雨青.舜帝传说故事[M].山西古籍出版社,2004.
叶雨青.舜陵漫步[M].三晋出版社,2011.
俞日霞.绍兴虞舜文化研究[M].浙江人民出版社,2006.
袁珂.中国古代神话[M].中华书局,1960.

袁珂.舜的故事[M].人民美术出版社、连环画出版社,2016.
袁珂校注.山海经校注[M].上海古籍出版社,1980.
袁庆宏.山东省大舜文化研究会年鉴(2007–2010)[R].山东人民出版社,2011.
运城市盐湖区虞舜文化研究会.舜乡圣迹[M].山西古籍出版社,2004.

Z
(春秋)左丘明撰,(晋)杜预集解.春秋左传集解[M].上海人民出版社,1977.
(西晋)张华撰.博物志[M].上海古籍出版社,1987.
(唐)张九龄撰、刘斯翰校注.曲江集[M].广东人民出版社,1986.
(唐)张说.张燕公集[M].上海古籍出版社,1992.
(唐)朱景玄撰.温肇桐注.唐朝名画录[M].四川美术出版社,1985.
(宋)郑樵撰,王树民点校.通志二十略[M].中华书局,1992.
(宋)周去非著.杨武泉校注.岭外代答校注[M].中华书局,2006.
(宋)朱长文.吴郡图经续记[M].江苏古籍出版社,1999.
(清)赵宁纂,(清)丁善庆续纂.岳麓志[M]. 1861(清咸丰十一年).
翟满桂.柳宗元与舜文化研究[M].湖南人民出版社,2010.
翟满桂.舜文化与中华民族道德文明研究[C].中国社会科学出版社,2014.
张飞.舜耕历山[M].山西人民出版社,2016.
张福秀.诸城大舜研究[M].人民出版社,2010.
张光直.考古学六讲[M].文物出版社,1986.
张京华.湘妃考[M].湖南人民出版社,2011.
张培莲.圣帝虞舜[M].山西经济出版社,2002.
张培莲.舜帝陵庙[M].山西经济出版社,2005.
章士钊.柳文指要[M].文汇出版社,2000.
赵镇琬等.舜耕历山[M].新世界出版社,2015.
郑国茂.舜帝之谜[M].人民出版社,2007.
周秉钧注译.尚书[M].岳麓书社,2001.
周甲辰.舜帝传说与传统道德的深层建构[M].湖南人民出版社,2011.
周亚平等.依法治国与舜文化[C].岳麓书社,2016.
周振鹤.中国历史文化区域研究[M].复旦大学出版社,1997.
邹逸麟主编.中国历史人文地理[M].科学出版社,2001.